U0547581

一个人，遇见一本书　TopBook
　　　　　　　　　　　饕书客

持戈典争
008
宋毅 主编

徳川家康
とくがわいえやす

图书在版编目（CIP）数据

德川家康 / 代路著 —西安：陕西人民出版社，2016（战争特典）
 ISBN 978-7-224-12073-8
 Ⅰ.①德… Ⅱ.①代… Ⅲ.①德川家康（1542-1616）—传记 Ⅳ.① K833.137=332

中国版本图书馆 CIP 数据核字（2016）第 271332 号

出 品 人：惠西平
总 策 划：宋亚萍
策划编辑：关 宁 王 凌
责任编辑：王 倩 韩 琳
整体设计：侣哲峰 崔 凯
图文制作：毛小丽 唐懿龙 李 静 杨 博 赵文龙 张英利 王 芳
　　　　　张玉民 符媛媛 张 静 任敏玲 张 斌 任海博

德川家康

主　　编	宋　毅
作　　者	代　路
出版发行	陕西新华出版传媒集团　陕西人民出版社
	（西安北大街 147 号　邮编 710003）
印　　刷	陕西金和印务有限公司
规　　格	787mm×1092mm　16 开　16.75 印张
字　　数	280 千字
版　　次	2017 年 3 月第 1 版　2020 年 11 月第 2 次印刷
书　　号	ISBN 978-7-224-12073-8
定　　价	45.00 元

CONTENTS 目录

序章 /001

卷之一：三河篇

    第一章　征夷大将军传说 /003
    第二章　三河松平氏 /006
    第三章　悲运的清康、流转的广忠 /009
    第四章　人质竹千代 /012
    第五章　骏府岁月 /015
    第六章　回归三河之路 /018
    第七章　风雨桶狭间 /021
    第八章　三河独立 /024
    第九章　一向宗暴动 /028
    第十章　三河统一 /034

卷之二：东海篇

    第十一章　远江错乱 /037
    第十二章　瓜分今川 /040

001

第十三章　姊川合战 /045

第十四章　武田袭来 /050

第十五章　一言坂、二俣城 /053

第十六章　三方原合战 /057

第十七章　猛虎之死 /061

第十八章　反攻 /064

第十九章　长篠前夜 /066

第二十章　决战设乐原 /070

卷之三：甲信篇

第二十一章　甲斐的余晖 /081

第二十二章　时代之转变 /084

第二十三章　妻与子 /088

第二十四章　高天神之舞 /092

第二十五章　武田征伐 /095

第二十六章　征服者之道 /100

第二十七章　本能寺之变 /104

第二十八章　穿越伊贺 /109

第二十九章　信长的遗产 /112

第三十章　天正壬午之乱 /117

卷之四：秀吉篇

第三十一章　第二次"织·德同盟" /123

第三十二章　小牧·长久手之役 /127

第三十三章　北陆来的肿毒 /134

第三十四章　上田的村正 /137

第三十五章 臣从秀吉 /141
第三十六章 东海道探题 /147
第三十七章 小田原之阵 /151
第三十八章 移封关东 /158
第三十九章 桃山时代 /162

卷之五：关原篇

第四十章 太阁之死 /167
第四十一章 五大老五奉行 /172
第四十二章 文治与武断 /177
第四十三章 石田起兵 /181
第四十四章 小山评定 /186
第四十五章 战机一瞬 /190
第四十六章 对阵关原 /195
第四十七章 人间五十年，关原一日 /200

卷之六：江户篇

第四十八章 硝烟散尽，沧海桑田 /213
第四十九章 幕府开基 /221
第五十章 大御所与大将军 /226
第五十一章 海之风暴 /231
第五十二章 方广寺钟铭 /236
第五十三章 大坂冬之阵 /241
第五十四章 大坂夏之阵 /248
第五十五章 元和偃武 /254
第五十六章 东照大权现 /258

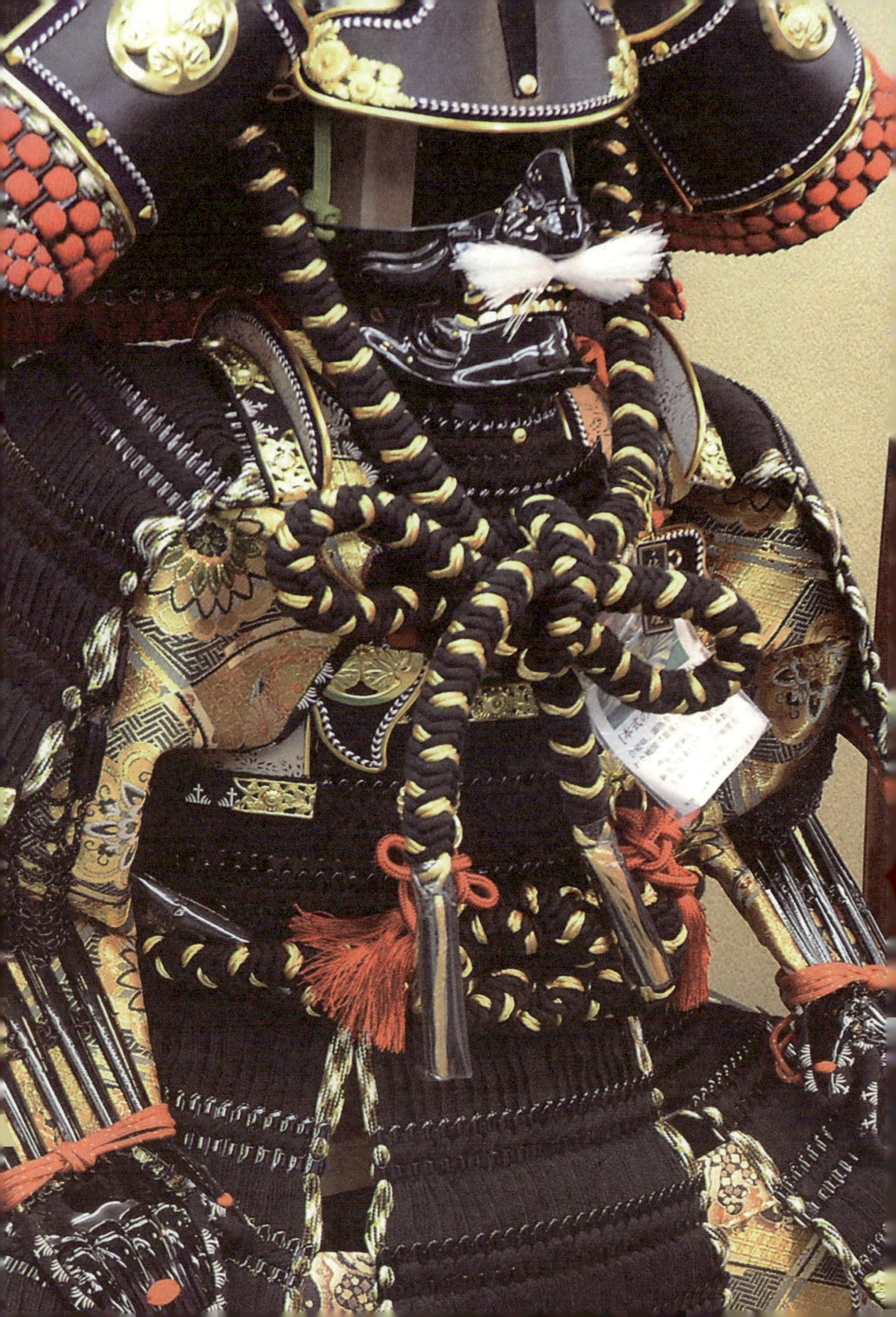

序 章

"人生如负重而行远，欲速则不达。"这是日本江户幕府的奠基者德川家康的人生格言。

人生的成就高低与否，存在多种衡量的标准，有的人只在意过程，有的人唯追求结果。到目前为止，没有任何客观理论去判定过程和结果孰重孰轻，但正是因为不同的人有着不同的人生目标和态度，所以由众多人生历程构造的历史，才有着千万种风景。

织田信长以短短49年的人生，开辟出日本战国时代的安土盛世。但是，信长的生命之火燃烧得太过猛烈，一往无前，甚至来不及给自己的子孙和家族留好退路，就在本能寺最后的火光中化为了灰烬，织田家也从此黯淡无光，迅速由天下霸者沦为三流大名。

丰臣秀吉无疑是织田信长死后最壮丽的一道风景。墨俣一夜城、金崎殿后、西国大反转、水淹高松、山崎合战，这个平民出身的男子，没有任何家族背景作为建功立业的支撑，只靠最大限度地运用智慧与手腕，营造了一个个奇迹与经典，最终走出了一条由徒手小民到一统天下的辉煌之路。

然而丰臣秀吉的基业，如沙塔般风吹即散。秀吉昏耄之年的冒失侵朝，使得丰臣政权内部产生了无可挽回的裂痕，整个丰臣政权最后也随着秀吉的去世走向崩溃，丰臣家族转眼间族灭绝后，成败相续之短暂，足为天下叹。

◇ 德川家康

与信长与秀吉在壮年便将生命能量发挥到极致、一时间呼风唤雨、为天下尊的快意人生相比，德川家康70余年的人生中，有50年左右却是以人质与臣服者、协作者的身份度过。

与以上身份相伴的还有无穷无尽的屈辱与无奈，甚至连风雨同舟生死与共的妻子与至爱的长子都要被迫割舍，称得上压抑至极。但是，家康以他50年忍耐积累起来的，是德川家江户幕府的300年太平基业，是子孙后代的长久盖世荣华。

从这种结果来看，"人生如负重而行远，欲速则不达"这条隐忍者的感悟，也是一种强大人生智慧的体现。

卷之一

三河篇

— 第一章 —

征夷大将军传说

从1336年到1573年，统治日本的是征夷大将军足利氏一族。"征夷大将军"，最初取自中国的"征东大将军"，是日本中央的最高军事长官。日本将东北部的阿伊努人称为"夷"，创出了"征夷"这个新名词。

在古代天皇专制时期，征夷大将军只不过是负责统兵打仗的大将。但是到了武士集团统治日本、天皇成为傀儡的镰仓、室町时代，征夷大将军就成为武士首领清和源氏的特有称号。

日本古代贵族，主要有"源、平、藤、橘"四大家族。藤，即藤原氏，世代为天皇的外戚，而另外的源、平、橘三家都是天皇的子孙分支。清和源氏，是清和天皇的后代。四姓之中，与天皇渊源较深的家族，留在京都当了公卿。而五服之外的远亲庶族，大多被派到日本66国（州）的各个角落，成为地方上的小领主，这就是武士阶层的前身。

时间一长，地方上的武士逐渐繁衍出庞大的家族，并保有武装、垄断庄园的收入，由此形成大武士集团。武士家族的首领清和源氏与桓武平氏，为争夺对中央朝廷的控制权，于1180年至1185年之间，爆发了一场"源平合战"，最终桓武平氏战败，随之从历史的舞台上消失。

源平合战结束后，清和源氏的总领源赖朝于1192年就任征夷大将军，在镰仓开创幕府，将天下武士纳为自己的"御家人"（重臣）或"地头"（地方长官），成为日本实际上的统治者。

镰仓幕府建立之后不到30年，源赖朝的嫡系子孙在一系列政治阴谋中被残杀殆尽。此后六代镰仓将军皆由天皇的皇子或公卿中的九条氏担任，而实际掌控幕政的，乃是源赖朝的妻家一族北条氏（平氏出身）。北条氏成为幕府执权后，一方面继续打压天皇的权威，另一方面大肆迫害源氏一族与幕府御家人，将各国的领土收归己有，由此遭到了天下武士的愤恨。

1331年，后醍醐天皇争取到京都周边地区有力武士楠木正成、赤松圆心，以及比睿山的寺院武装支持，首先对北条氏发难。尽管同年天皇就因兵变失败被流放到隐岐岛，不过此后的两年中，幕府的驻京部队却与各地的倒幕势力僵持不下。

1333年，北条氏以有力御家人足利高氏为大将，由关东西上畿内（京都周边地区）。然而这个足利氏虽然与北条家有着姻亲关系，但是在源赖朝一系绝嗣之后，却是清和源氏最接近嫡流的家族。足利高氏进入京都之际，亮出象征源氏的白旗，宣布举兵讨伐北条，立刻得到了天下武家的响应。

足利高氏率领各地汇集过来的军势攻克京都，消灭了北条在京都的执政代表六波罗探题。与此同时，关东的源氏同族新田义贞也在上野起兵，与足利高氏之子千寿王会合后，集结关东的武士攻入镰仓，一举将北条氏消灭。

这个新田义贞的新田氏，与足利高氏的足利氏，系出同源，遭遇却各有不同。源氏中兴之祖八幡太郎源义家，第三个儿子名叫源义国。上野国的新田氏出自源义国嫡子新田义重，而下野国的足利氏则出自源义国次子足利义康。与足利氏相比，新田氏更称得上是源氏的嫡流。不过新田义重先在源赖朝时代受到排挤，后在北条氏时代受到打压，一直在幕府中得不到重用，势力也仅限于上野一国之内。而足利氏是源赖朝最早的盟友，后来又代代与北条联姻，并充当北条的爪牙在各地作战，由此获得了大量作为恩赏的土地，最盛时领有六个郡、三十个庄与乡，并且长期

◇ 源赖朝像

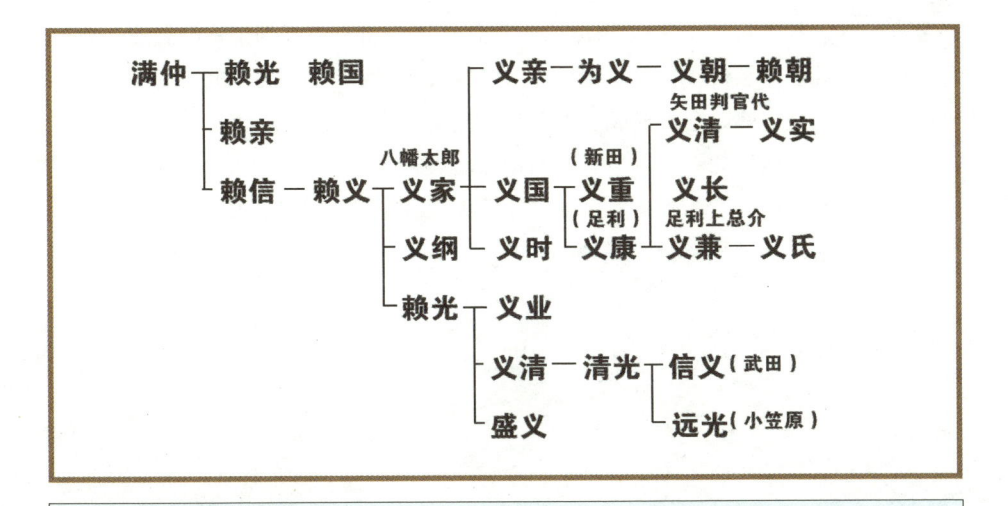

```
满仲─赖光  赖国        义亲─为义    义朝─赖朝
      ├赖亲                         矢田判官代
      │        八幡太郎    (新田)    义清─义实
      └赖信─赖义─义家─义国─义重    义长
                  │          (足利) 足利上总介
                  ├义纲─义时─义康    义兼─义氏
                  ├赖光─义业
                  │     义清─清光    信义(武田)
                  └盛义              远光(小笠原)
```

◇ 足利与新田关系图

担任三河与上总的国主，势力仅次于北条家。故而在镰仓北条氏腐朽衰败之际，足利高氏振臂一呼，幕府内的众多武士便转头投向了足利家。

北条氏灭亡之后，倒幕运动的发起人——后醍醐天皇由流放地隐岐回到京都重登帝位，当仁不让地总揽政务，是为天皇重新亲政的"建武中兴"。然而作为公卿阶层的代表，天皇将大量的土地封给毫无战功的公卿以及自己的嫡系武士，无视大多数武士的利益。此外天皇也没有重新在源氏中任命征夷大将军的想法，而是扶植势力较弱的新田氏，与众望所归的足利氏对抗。

尽管足利高氏受赐天皇名讳"尊良"中的"尊"字，改名为足利尊氏，但是此人仍然有着继承源赖朝的轨迹，开创源氏幕府的雄心。

1335年，北条氏的余裔在关东起兵，足利尊氏未经天皇许可，便率兵前往关东讨伐，平定北条余党之后又拒绝上京，由此正式向天皇举起了反旗。另一方面，新田义贞、楠木正成等受到天皇破格提拔的武家，作为天皇的干将与足利对抗。

由于得到大部分武士的支持，足利尊氏在1336年制压京都，另立光明天皇，并颁布了武士政权的

◇ 足利尊氏

指导方针《建武式目》，旋即于 1338 年就任征夷大将军，开创了室町幕府。此后足利尊氏的嫡子一系代代担任征夷大将军坐镇京都，次子一系代代担任"关东公方"坐镇关东武士的首都镰仓，形成了"京都—镰仓"的二元统治体系。

而源氏总领地位的有力竞争者、新田家首领新田义贞，于 1338 年 8 月在越前的灯明寺战死，他的子孙后来多次发起过反抗，最终仍被足利氏扑灭。

本书的主角德川家康，就是以新田氏的子孙身份，向着征夷大将军之位发起了挑战。

— 第二章 —

三河松平氏

三河国，又称"三州"，以境内有男川、丰川、矢作川三条河流纵向穿过而得名，同时也是日本古代的六十六国（州）之一。日本西南部沿海平原，被称为"东海道"，是由关东平原通往畿内的要道。东海道上有三个国：三河、远江、骏河。三河就是东海道西端的出口，向西与靠近畿内的尾张国相接。

从镰仓时代起，三河国就是足利氏的知行国之一。足利氏直接对这里拥有行政及收税权，后来更把一些同族的庶家派到三河的各庄园担任庄官与乡官，由此产生了一些以三河的地名为姓氏的小豪族：幡豆郡吉良庄的吉良氏、碧海郡今川庄的今川氏、额田郡细川乡的细川氏。

在足利尊氏打天下建幕府的过程中，这些三河的同族也都跟着飞黄腾达：今川氏成为骏河国世袭的守护（国主、太守），一度还领有远江；吉良氏的一支成为陆奥的世袭探题，另一支担任过因幡、但马的守护；而细川氏最盛时更是拥有四国与畿内的八个领国守护，与斯波、田山两家轮流担任着京都足利将军的宰相"管领"。但从血缘关系上来说，吉良氏是足利氏的庶长子出身，今川氏仅是由吉良派生出来的一个分家，细川的亲缘则更为疏远。所以在室町时代，有着"御所（将军家）绝嗣吉良继，吉良绝嗣今川继"的古谚。

尽管吉良氏与今川氏都是三河出身，但是三河作为足利将军的根本据点之一，守护职通常是由幕府的重臣或将军的亲信领有，不存在单一的家族世袭。宽正六年（1465），浪人丸山中务与大庭次郎左卫门在三河的额田郡策划了一场暴动，使整个三河陷入了混乱。当时的三河守护虽然是细川成之，不过细川成之一直以四国岛的阿波为根据地，他的三河守护仅是有名无实的荣誉称号。三河一发生暴动，细川便向幕府的政所执事（政务主管）伊势贞亲求助，为此伊势贞亲派出自己属下的两个代官松平信光与户田宗光领军讨伐。不久松平信光在深沟消灭大庭兄弟，户田宗光在额田郡的大平斩杀丸山父子，重新平定了三河。

◇ 三河国位置图

松平与户田这两位代官，本身已经定居到三河，代替幕府管理在三河的土地。户田宗光居住在三河碧海郡上野城，作为碧海郡的代官，在平定丸山、大庭之乱后，进一步获得了渥美郡的管理权，同时得到相邻的尾张国知多郡作为封赏，成为西三河的有力豪族。而松平信光的老家为三河国松平乡，据说他的祖父松平亲氏本是新田氏一族的得川义季之子孙，流落到三河后，入赘成为松平乡土豪松平信重的女婿，继承了松平的家名。松平信光一直代足利将军经营着三河的直辖地，平定丸山、大庭之乱后，他在三河的权限又得到了增加。借助手中的权力，松平信光把自己的子孙分派到西三河各地做了小领主。信光的寿命极长，据说活到了89岁（一说是76岁），在他去世之前，他的子、孙、曾孙三代，已经在西三河的平野上派生出十八个分家，史称"松平十八家"。

实际上，户田宗光是松平信光的女婿兼盟友，因此松平一族实际上已成为西三河第一大势力。另外，松平亲氏与酒井氏之女生下了一个儿子，名叫酒井广亲。在松平信光平定暴动的过程中，小豪族石川氏、本多氏跟随信光一起作战。酒井、石川、本多这三个家族，后来代代侍奉松平氏，成为"谱代重臣"。

和松平氏的蓬勃发展相比，三河的吉良氏却一直停滞不前。虽然吉良氏曾担任有过但马、因幡的守护，但却在室町初期的战乱与倾轧中被削职，此后吉良氏再未获得过一国的守护职，仅是以将军身边的近臣和三河的小领主身份存续。而

◇ 松平十八家

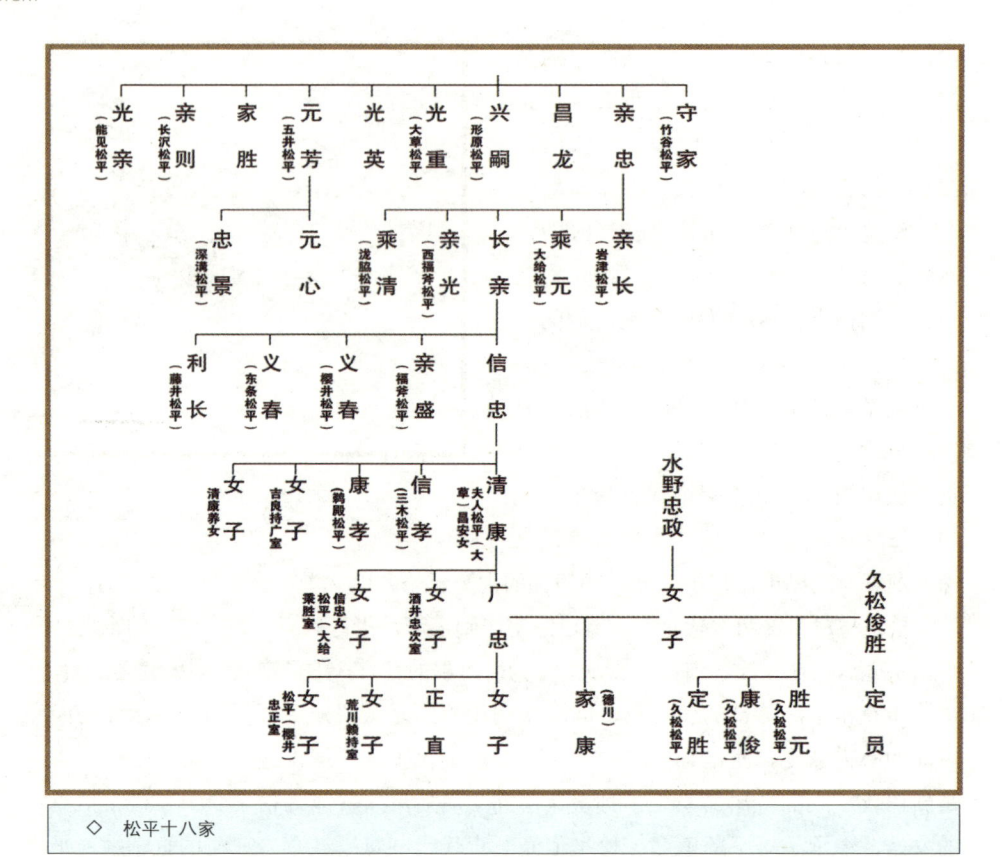

在三河，吉良氏又分裂为东条吉良与西条吉良两家。吉良这个家名的尊贵，使得两家都坚持自己为正统而争斗不休。

1467年，围绕着足利将军的继承权，爆发了一场波及整个日本的"应仁之乱"，争夺的双方是第八代将军足利义政的弟弟足利义视与嫡子足利义尚。在这场大乱中，以幕府侍所头人（军事主管）山名持丰为首，拥立足利义视的一方称为西军；以管领细川胜元为首，拥立足利义尚的一方称为东军。西条的吉良义贞加入了东军，东条的吉良义藤加入了西军，双方将战火引向了三河。吉良氏的内乱前后持续了近一个世纪，在此期间，他的庶家骏河今川氏却不断向西扩张，继领有骏河之后，又夺取了吉良氏在远江的领地引间庄，进而制压了整个远江国。

在应仁之乱的硝烟中，迎来了足利将军权威扫地、各国豪族互相攻伐吞并的战国时代。

— 第三章 —

悲运的清康、流转的广忠

永正八年（1511）9月7日，松平家第五代家主、安祥城主松平信忠的嫡子诞生，这个孩子幼名"竹千代"，成年后被称作松平清康。

清康的父亲松平信忠，据称是一位愚钝无能的武将。与他同时代的骏河今川家家主今川氏亲（1473—1526），则是位稀世的名将。在与今川了的战斗中，松平信忠屡战屡败，招致同族和重臣们不满，松平的众多分家也与宗家貌合神离。最后大家联合向隐居的松平长亲（信忠之父）进言，促使松平长亲让信忠隐居出家，另立13岁的嫡孙松平清康为家督。

这位松平清康，《三河物语》中记载他身材矮小，但是目光锐利如鹰，不论身份高低，对人皆慈悲宽宏，善恤士卒，作战时常身当先锋，故

◇ 松平清康

能得人死力。清康在1523年继位，第二年即出兵攻打离心的叔祖父松平昌安（大草松平家）。迫使松平昌安降服后，清康破坏昌安的居城旧冈崎城，在冈崎之地建起一座新城，并以之为自己的居城。同年，松平清康又出兵迫使足助城的铃木重政降服，以小小14岁之龄，称雄整个西三河。

享禄二年（1529），松平清康攻取三河西南角的尾岛城，第二年（1530）又出兵尾张，夺取了岩崎、品野两个乡。当时号称"尾张之虎"的名将织田信秀，也不敢与清康争锋。

这一时期，今川氏亲的去世，使得今川家在三河、远江方面的控制力削弱，松平清康乘机进军东三河。在清康的军势面前，东三河的户田政光、牧野信成以及三河北部山区的菅沼、奥平等小豪族先后开城降服，唯有三河最东端宇利城的

009

◇ 三河与尾张分国图（三河与尾张两国，即日本现在的爱知县）

熊谷氏拒不投降。而三河最有名望的吉良氏，因为东条的吉良持广与西条的吉良义安各自娶了松平家的女子为妻，在没有强大军力支撑的情况下，只能成为松平家的坚定盟友。

享禄三年（1530）秋，松平清康率领3000余人进攻宇利城，其间东三河的野田城主菅沼定泽与作手城主奥平贞胜充当了松平军的向导。越过宇利城西的凤越岭之后，松平清康将兵力分作两部：两个叔父松平右京亮亲盛（福釜松平氏）与松平内膳信定（樱井松平氏）率领2000人作为先锋，清康自率1000余人为后诘。然而在松平军的先锋刚刚到达城门口之际，宇利城城主熊谷备中守实长大吼着从城内突出，将松平军切作两端，又将最前端的松平亲盛部包围。由于松平信定援救不及，号称松平家中武勇第一的松平亲盛以下主从13人全部战死。松平清康看到前方形势危急，急忙从山上冲下，与菅沼定则、奥平贞胜两军合围，将熊谷军赶入城内。不久熊谷方的武士近藤满用兄弟临阵倒戈，将熊谷实长杀死，随后菅沼定则在城外点起狼烟，城中的内应见状便乘乱在箭楼、城门等多处放火。11月4日，宇利城在内外交困中陷落。

这一年，统一了整个三河的松平清康，才刚刚20岁。

在此前后，松平清康在公事文书中通常自称为"世良田次郎三郎"，世良田氏乃是清和源氏新田一族，松平清康此举一则是恢复祖先的家名，二则是借着源氏名门的地位扩大自己的影响力。清康20岁即表现出来的雄才大略，使得《三河物语》中称他为"若能活到三十岁，就可统一天下"的伟人。

天文四年（1535）12月，松平清康率领1万余人的大军西上攻入尾张，在南尾张的守山城下布下阵地。

当时清康在尾张的对手织田信秀，也并非寻常人物。尾张国分为上四郡与下四郡，上四郡国主为岩仓织田氏，下四郡国主为清洲织田氏。织田信秀仅是清洲织田氏的同族重臣，却在有生之年攻灭众多小领主，统领各地的同族，成为下尾张实际上的主人。

遭到松平清康大举进攻后，织田信秀一面集结兵力，一面又向松平阵营内放出流言：松平家重臣阿部定吉已与织田家内通，待到织田的大军到来，就会对松平反戈一击。尽管松平清康对于这个流言不屑一顾，但是不少松平家臣却信以为真。

阿部定吉看到家内的重臣们因自己的存在而互相猜疑，便把儿子阿部正丰叫到身边，说道："现在遭受谋反的嫌疑，我将穿上洁白的浴衣自杀，以向殿下证明自己的清白。"说着把一封誓书交给正丰，托正丰呈给松平清康。此时阿部正丰便认为是松平清康的怀疑使得父亲要走上绝路。

12月5日早上，松平清康正与重臣们在阵中议事，突然他的马受到刺激跑离了阵地，引起营内一阵骚动。乘着大家都上前围观之机，松平清康被阿部正丰用一把宝刀"村正"从背后砍倒，时年只有25岁。而凶手阿部正丰被在座的植村新六郎氏明当场斩杀。

事后阿部定吉欲承担连坐的责任自杀，却得到了豁免。当时松平清康的嫡子兼继承人千松丸，年仅10岁，能够做出这种豁免裁断，肯定是因为松平清康认为阿部定吉始终无辜，在临死之际留下了赦免他的遗言。

在松平清康横死、守山城下的松平一族各自逃散之际，清康的叔父松平内膳信定，联合清康的一个弟弟松平信孝，夺取了冈崎城，并拒绝千松丸入城。这位松平信定，在宇利城之战时因行动迟缓导致松平亲盛战死，为此受到松平清康的斥责，信定便一直怀恨在心。另外他又娶了尾张织田信秀的妹妹为妻，得到织田氏的支持。夺取冈崎城之际，信定把同谋的松平信孝撇开，独揽了三河的国政，并发布《信定所制国中法度次第》，又到处搜捕逃亡的千松丸。

千松丸在阿部定吉的保护下，先是逃到了姑父东条吉良持广的领地，接着又逃往伊势国的神户，在那里度过了四年的流亡时光。

1539年1月11日，阿部正吉为千松丸举行了元服仪式，成年的千松丸获得吉良持广的"广"字，得名"松平广忠"。

当时三河东西两面有两大强者：尾张的织田信秀与骏河的今川义元。今川义元为今川氏亲第五子，在兄长今川氏辉英年早逝之后，于1536年继承了家主之位。义元在母亲寿桂尼与师父太原雪斋的辅佐下，再一次振兴了今川家。而两家吉良各自以两大强者作为靠山：西条的吉良是织田氏盟友，东条吉良持广则以今川家为后援。十分遗憾的是，在松平广忠元服的这一年9月，吉良持广也去世了，他没有亲生子嗣，生前立东条出身的吉良义安为养嗣子。而吉良义安在接手西条之后，立刻带领东条家投向了织田阵营。由于"吉良—织田—松平信定"的同盟关系，吉良氏停止了对松平广忠一行的庇护。

失去吉良家的保护后，阿部正吉带着松平广忠回到三河，将广忠托付给长篠的村民，自己东上骏河，前去直接请求今川义元的援助。当时今川义元刚稳定了国内，正想一展抱负、立功于西方，而助松平家的嫡系继承人复位，正是他控制三河的最好契机。于是今川义元毫不犹豫地派出军势，送松平广忠到三河的牟吕城。以这座城池为基点，阿部正吉不断笼络松平家的同族与谱代重臣，终于促使广忠的两个叔父松平信孝和松平康孝与重臣大久保忠俊联合起来，在1542年5月31日，乘着松平信定外出之机，将松平广忠迎入冈崎城内。

此后各地的松平同族也纷纷向广忠效忠，同年6月8日，松平信定降服，松平广忠重新成为松平家之主。

— 第四章 —

人质竹千代

松平广忠的正室，是尾张知多郡豪族水野忠政的女儿，名叫於大。水野家虽然居城在尾张，但是领地横跨尾张、三河两国，水野忠政为了巩固在三河的领地，在1541年把女儿嫁给了有今川家做后台的松平广忠。

天文十一年（1542）12月26日，松平广忠与於大夫人的长子诞生。希望孩子长大后成为祖父松平清康那样的名将，把他的幼名也取为"竹千代"。

不过在竹千代两岁的时候，尾张的水野忠政突然去世，其子水野信元成为水野家新主人。此后水野信元一改其父忠政的政策，与远方的今川家绝交，转而向更近的织田信秀靠拢。在此背景下，为了得到今川的支持，松平广忠被迫与於大夫人离婚。三年后，由水野信元做主，於大嫁给了尾张武士久松俊胜，后来於大

与久松俊胜又生下了三男三女。而松平广忠则娶了三河田原城主户田康光的女儿真喜姬为继室。

当初在松平广忠入主冈崎城之际，即宣告了"织田信秀—松平信定"的同盟瓦解。织田信秀不再掩饰自己的野心，对三河展开了全面侵攻，不久连松平家的旧居城安祥城也被织田家占领。

天文十一年（1542）8月，织田信秀与松平广忠、今川联军在冈崎城东南的小豆坂发生激战，此战织田军一度被击溃败走。但是联军在追击过程中，反遭到以信秀三弟织田信光为首一群勇士的冒死反击，使得这场合战以织田方的胜利告终。战后织田家在西三河的影响力得到加强，竹千代生母家的水野信元即是在此背景下投向织田家的。松平一族的山崎城主松平信孝、上和田城主松平忠伦以及上野城主酒井忠尚也先后受到织田信秀策反。

◇ 於大夫人像

为了挽回劣势，松平广忠不得不再次向今川义元求助，这一次今川义元要求广忠将嫡子竹千代与夫人真喜姬送到骏府城做人质。在战国时代，一家向另一家献上至亲为人质，除了暗含信任之意以外，更多是向对方表示臣服。万般无奈之下，松平广忠在天文十六年（1547），让岳父户田康光护送着正室夫人真喜姬与年仅6岁的竹千代前往骏府。

然而，这个户田康光却不愿意自己的女儿被送去当人质。另一方面，康光也长期与织田信秀有着来往。护送人质的队伍由冈崎城出发，在三河南部的老津之滨上船，原本准备走海路前往骏府。但是开船之后，户田康光便勒令从人驾船西行，绕过三河湾进入了尾张。随后竹千代被户田康光以1000贯（一说500贯）的价格卖给了织田信秀，这在当时相当于一座城池一年的收入。

尽管竹千代成了织田家手中的人质，松平广忠依然保持着自己在今川阵营的立场。而户田康光回到居城田原城后，不久便遭到了今川义元的攻击，最后与嫡子户田尧光一起战死。但是户田康光的弟弟户田光忠、次子户田宜光等户田同族，仍然侍奉着松平广忠。

此后的两年时间里，松平竹千代一直作为人质，留在尾张的那古野城内。所谓的人质，并非是囚禁，只是有专人看守。

在此期间，竹千代结识了织田信秀的嫡子织田三郎信长。在织田信秀的这个继承人身上，丝毫看不到任何武士的严谨作风，信长每天的生活，便是穿着奇装异服从闹市中穿过，到平野上放鹰遛马，而且时常与乡间农民的孩子嬉闹到一起，每天用竹枪斗殴，因而得了一个外号"尾张的大傻瓜"。大傻瓜虽然年长竹千代8岁，但是这两个孩子却极为投缘，有一段时间信长每天都带着竹千代骑马、游泳，让他的人质生涯变得不那么苦闷。可以说，信长也是竹千代幼年时代唯一的朋友。

在竹千代被留于尾张期间，织田信秀与松平广忠之间又爆发了第二次小豆坂合战。

天文十七年（1548）3月，织田信秀出兵4000进攻冈崎城。今川方面，以太原雪斋为大将、朝比奈泰能为副将，出动2万人西上支援，于3月19日在小豆坂再次遭遇。这一次织田方一开始便占据了上风，一举将松平军突破，紧接着又击败了今川家的先锋。关键时刻，太原雪斋军扇一指，数路伏兵齐发，从侧面将深入突击的织田军切作数段，一举将织田信秀部击破。

第二次小豆坂之战后，织田家在东三河的据点次被松平、今川联军夺回。松平广忠叛变的叔父松平信孝在同年4月曾孤注一掷地向冈崎城发动突袭，却在攻城的战斗中被广忠旗下士兵一箭射死。

松平广忠的为人，比起其父松平清康来，只能说是平庸又软弱。但这个人也有着笃实和对盟友忠诚的优点，即使嫡子被织田家夺取，也仍然不改变投向今川的立场。这一点让今川方面十分感动，一旦松平家有难，今川方面便会全力支援。所以尽管织田信秀各方面的能力远强于松平广忠，但是在十年的拉锯战中却始终奈何不了冈崎城。

强攻无效的情况下，织田家的阴谋诡计就开始登场了。

天文十八年（1549）3月6日，冈崎城内，松平广忠正围着炭炉烤火，身后的近侍岩松八弥（又作片目弥八）冷不丁抽出一把宝刀"村正"，将广忠一刀突杀。松平广忠时年24岁，比其父松平清康横死时还小一岁。

这个岩松八弥，据说是被织田家臣佐久间九郎左卫门买通。他在刺死松平广忠之后，便翻出府邸准备逃往城外，当时松平家中反应力第一的勇士植村新六郎氏明，及时追了出去，并在城下的壕沟内追上岩松八弥，一枪将他刺死。这个植

村氏明，就是14年前松平清康被害时，手刃凶手阿部正丰之人。世间的事，就是如此巧合。而岩松八弥刺杀松平广忠所用的刀，与杀死松平清康的刀一样，又是由伊势国刀匠千子村正打造的印有"村正"字样的宝刀。此后"村正"在松平一族被看作是不祥之刀，被冠以妖刀之名。

松平广忠被杀后，织田信秀还未出动，今川家的朝比奈泰能就迅速带兵进驻冈崎城，将松平家的领地全部接管。同年11月，太原雪斋率领今川与松平联军，攻陷织田家在西三河的重要据点安祥城，将城主织田信广俘虏。这个织田信广，乃是织田信秀的庶长子、织田信长的庶兄。今川方以织田信广为人质，换回了在那古野城羁留了两年之久的松平竹千代。

— 第五章 —

骏府岁月

今川家换回竹千代之后，并没有把冈崎城交还给他，而是向三河的武士宣布，由于竹千代年幼，要把他接到骏府城去抚养。今川家同时承诺，待竹千代成人之后，再让他回归三河。此时松平家根本没有拒绝的可能，不过这一回酒井忠次、石山数正等谱代重臣之子也跟着竹千代前往骏府，随身陪侍。

此外今川家又分兵驻守三河的重要城池，让松平家臣鸟居忠吉与松平重吉作为冈崎城的奉行（行政长官），负责将全三河的租税按时上缴给今川家。就这样，今川家名正言顺地把三河变成了自己的直辖地。而三河的武士作为今川家的非嫡系部队，此后每次战争中最艰苦的战斗或是会付出重大伤亡的出击，都由他们担当前锋。在今川的役使下，三河武士默默地在艰难中求存，同时也无时无刻不在期盼着竹千代长大成人，回归三河领导松平家。

今川家的居城骏府，有"东国小京都"之称，经过历代的今川家家主的开拓，已成为当时关东最繁华的城池之一。加上今川义元仰慕京都公卿们的连歌、园林、书法等文化，经常邀请公卿、连歌师、茶人来访，因而骏府成为当时日本重要的文化中心。

振兴骏府城的今川义元，最盛时统领了骏河、远江、三河三个国，被时人称为"东海道第一强弓"，而在他的成功背后，军师太原雪斋功不可没。

太原雪斋，又名"太原崇孚"，本为今川家臣庵原政盛之子，早年出家为僧，先后在骏河的善得寺与京都建仁寺修行，一度被视为骏河国学问最深厚的僧人。主君今川氏亲听说雪斋的大名之后，便邀他回国，希望他承担自己第五子芳菊丸（今川义元）的教育工作。中世纪的一些武士家族，由于子嗣过多，为了避免出现支系强大，削弱主家影响力的情况，通常在确定做继承人的嫡子之后，会让剩余的儿子进入佛门。今川氏亲有了嫡子今川氏辉，便让其余的几个儿子都出家当了和尚。芳菊丸由太原雪斋安排，在京都的建仁寺剃度，获得法名"梅岳承芳"，此后一直跟着雪斋修习佛法与兵法。

当时日本的主要佛教山门有近江国的比睿山延历寺、大和国奈良的兴福寺、摄津国石山的本愿寺等。奈良兴福寺与比睿山延历寺合称南都北岭，皆是真言宗的寺院，由于倡导念咒作法，中古以来颇有灵效，得到历代天皇的尊崇。本愿寺的一向宗，则纯是以因果循环、今生来生学说麻醉人民安贫乐道、修来世之福，在日本的下层百姓中拥有众多的信徒。而太原雪斋的佛学属于临济宗（属禅宗），讲求的是开启人智慧的顿悟，从而颇多涉及事理，由于这个宗派对于政道多有裨益，从室町幕府建立时起，就得到了历代足利将军的尊崇。有名的临济宗僧人，时常也会担任统治者的政治顾问。由于太原雪斋学识兼优，本来已经脱离了武门的梅岳承芳师从雪斋反而学到了更多的武将处世之道，这也为他后来成长为一代名将今川义元奠定了基础。

今川义元继承今川家之后，太原雪斋作为临济寺的住持长驻骏府，在政治、军事、外交等方面全面辅佐义元。外交上，太原雪斋促使今川家与北方甲斐的武田氏结成了婚姻同盟。军事上，作为三河远江方面的总大将，雪斋领导的今川军，在对织田信秀的战争中一直保持着主动地位。政治与文化上，雪斋协助今川义元制定了领国的法度，保护城下往来的商人，还主持出版了许多中国的史书与经籍。

◇ 太原雪斋木像

少年的松平竹千代，在骏府时期一度跟随在雪斋身边，学习兵法与为人处世之道。每当老年的德川家康与人谈起这个时期，便会细数自己当年从雪斋身上学到的无数感悟。与竹千代一起跟随雪斋学习的，还有今川义元的嫡子今川五郎氏真，这个孩子年长竹千代4岁，在兵法与政治方面似乎有些迟钝，但是在和歌、连歌、蹴鞠等文化方面则天赋过人，或许是在骏府城长期耳濡目染、加上为父亲义元的欢心而苦心钻研的缘故。

◇ 太原雪斋教授竹千代兵法

天文二十三年（1554），在太原雪斋的斡旋下，今川义元与甲斐的武田信玄、关东的北条氏康，以互相联姻的方式，结成了牢固的同盟。

武田信玄，是号称"甲斐之虎"的名将，占有东海道北方的甲斐、信浓之地。北条氏康，其家族乃是今川家的外戚，三代以来皆以相模的小田原为据点，向关东扩张。北条氏康本人更是在1546年的"河越夜战"之中，击破以关东管领上杉氏为首的8万敌军，将关东公方足利晴氏、足利义氏父子变成了自己手中的傀儡。长年以来，这三家的边境摩擦不断。太原雪斋促使三家结成同盟，使得三方可以互为后盾，武田氏得以向信浓北方展开深入侵攻，北条氏得以腾出手来消灭关东的抵抗者，而今川义元则可以武田与北条为后方，专心地向京都进军，去拯救已经权威扫地的足利将军和幕府。

这三家之间的婚姻牵绊关系为：今川义元之女岭松院嫁给了武田信玄嫡子武田义信，武田信玄之女黄梅院嫁与北条氏康嫡子北条氏政，北条氏康之女早川殿嫁与今川义元嫡子今川氏真。三家的婚姻同盟，以他们原来的领国甲斐、相模、骏河的名字为名，被称为"甲相骏同盟"。

在甲相骏同盟成立之际，北条氏康派出自己的第五个儿子北条助五郎前往今川家充当人质。据说这个北条助五郎与同为人质的松平竹千代比邻而居，成为十分要好的朋友，他后来的名字，叫作"北条氏规"。

弘治元年（1555），即甲相骏同盟成立的第二年，太原雪斋在骏河的长庆寺去世，享年60岁。临死前他一直担心今川义元心思不够谨慎、今川氏真不具备当武将的才干，曾对人说道："我去世之后，今川家恐怕就要衰落了。"

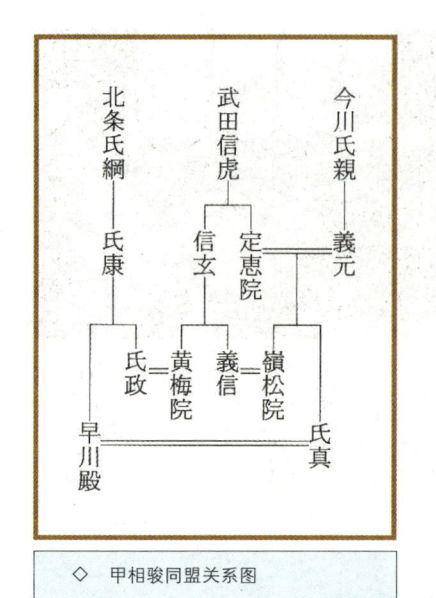

也是在这一年，松平竹千代在骏府城元服，当时负责给他理发的，是东条吉良家的吉良义安。在织田被击退之际，吉良义安也被今川家押入骏府城，留为人质。东条西条两家吉良氏，全部由吉良义安的弟弟吉良义昭继承。而吉良义安本人又娶了松平广忠的妹妹为妻，称得上是竹千代的姑父。

在竹千代元服之际，今川义元把自己的"元"字下赐，为竹千代取名为"松平元信"。这种赐字之礼，又称作结"乌帽子亲"。在青年武士元服之际，身份高贵者将自己名字中的一字下赐，即表示愿意充当元服者的保护人，结成了类似义父义子的关系。

◇ 甲相骏同盟关系图

— 第六章 —

回归三河之路

元服之后的这一年冬天，松平元信向今川义元请示："在下少年时便离开故乡，辗转流寓于尾张骏河，数年来一直恳望返回故乡，祭扫先人的坟墓，还请您恩准。"得到义元的许可，松平元信返回了三河冈崎城。

不过冈崎城的本丸（主城）当时已被今川家派驻的城将占据，松平元信回城后只能居住到外围的二之丸。尽管如此，在今川统治下艰难挣扎的原松平家臣，仍然争先恐后地来到二之丸参见元信。众人一面向他讲述祖父清康时代的光辉事迹，一面诉说着三河近年来为今川所付出的伤亡和承担的徭役，听得元信唏嘘不已。而80岁的老臣鸟居忠吉还打开仓库，让元信查阅库中的兵粮与金银，并告诉他，大家一直在为他的回归积蓄着力量，元信流下了感激的泪水。

永禄元年（1558）3月，松平元信又从冈崎回到了骏河。手中没有足够的实力，他是无法违背今川义元的意愿而长期居留于故乡的。不过回到骏河之后,他就向义元申请,取祖父松平清康的"康"字作为纪念,将自己的名字由"松平元信"改为"松平元康"。这一年,在今川义元的安排下,松平元康迎娶今川家一门的关口亲永之女濑名姬为正室夫人。

关口氏的祖上,乃是与骏河今川并列的名门远江今川氏。远江今川氏在室町初期还出过一个名将今川了俊,曾担任九州探题(九州方面九国最高指挥官),这一家族代代担任远江的守护。后来第六代将军足利义教为了分化削弱今川家,提出只有骏河的今川家才能以"今川"二字为姓,并勒令远江今川氏改姓,成为骏河今川家的附庸,关口氏便由远江今川氏改姓而来。除此以外,关口亲永还是今川义元的妹夫,所以濑名姬也是义元的侄女。今川义元意图通过这次联姻将松平元康纳入到今川家的同族体系之中,以便更好地控制三河。

由于元康与濑名他们在骏河的住地名为筑山,所以濑名姬在松平家又被称为"筑山殿"或"筑山夫人"。

在松平元康寓居骏府的十年里,"尾张之虎"织田信秀已于1551年去世。在第二次小豆坂之战战败、长子织田信广被俘为人质之后,织田信秀失去了争夺三河的壮志。1551年3月,织田信秀染上了一种传染病,去世时年仅42岁。信秀的遗命,是让"尾张的大傻瓜"织田信长继承家主之位。

成为织田家之主的信长,娶了美浓的斋藤道三之女为妻。这个斋藤道三,出身为商人,得到美浓守护土岐赖艺提拔而成为武士,却又篡夺美浓国,将对自己有恩的主君放逐,称得上是世间罕见的枭雄。道三把女儿嫁给信长,不外乎是以为"大傻瓜"是无能之辈,想借着联姻打通吞并尾张的捷径。

1553年,斋藤道三在尾张与美浓国边境上的正德寺会见了织田信长一次,据说信长的举止气度使得这位枭雄惊慌失措,再不敢对尾张生出觊觎之心。随后的几年时间里,织田信长连番出兵,消灭了清洲织田与岩仓织田两个名义上的主家,又讨伐了试图谋叛的弟弟织田信行,将整个尾张统一到自己的手中,使得世人对这个"大傻瓜"开始刮目相看。

◇ 筑山夫人

在织田信秀去世之后，出于对信长的轻视，今川义元曾在1553年4月策反了尾张东南部的鸣海城主山口教继，又在鸣海城附近筑起一座村木砦，作为进攻尾张的基地。

1554年正月，织田信长乘船渡过伊势湾，绕到村木砦后方的水野氏领地，与水野信元会合后，奇袭并攻克村木砦，接着又在前线筑起丹下砦、善照寺砦、中岛砦、丸根砦、鹫津砦五座城砦，封锁住了今川军向前推进的通道。除此以外，信长还放出流言，说山口教继父子是受到自己的指示，故意投向今川家的。今川义元之后，便不由分说地将山口父子杀死。

1555年今川家的太原雪斋去世，1557年，大将朝比奈泰能去世，今川家在三河方面的主将顿时无人。而另一方面，织田信长却不断地挑唆三河武士背叛今川、投向织田。由于松平家主君不在，三河武士又经受着今川的盘剥，所以三河与尾张边境处的几座城池最先倒向了织田家。今川义元为了防止三河之众进一步动摇，不得不在1558年中以松平元康为大将，前去三河统辖豪族、讨伐主要的叛将铃木日向守重辰。

在三河，得知少主要领兵出征，松平重吉、大久保忠俊、石川家成、酒井正亲等老臣为了先锋的位置你争我抢。2月4日，松平军到达铃木重辰的寺部城下。元康在将寺部城的外墙突破后，却不急于攻入防守严密的内城，而是分兵攻取寺部城的支城梅坪城与举母城，两城陷落之后，寺部城也投降了。当时松平元康向众将解释道："攻城者先伐其枝叶，再断其根本。"这正是太原雪斋所授的兵法。此时，松平家的老臣们从元康身上仿佛又看到了前代英主松平清康的身影，无不流下了欣慰的泪水。

永禄二年（1559）3月6日，松平元康与筑山殿的长子诞生，元康为儿子也取名为"竹千代"。

永禄三年（1560），当筑山殿怀上与元康的第二个孩子之际，今川义元展开了对织田家的全面进攻。

第七章

风雨桶狭间

永禄三年（1560）5月，今川义元对领内发出总动员，集结骏河、远江、三河之力，准备对尾张的织田信长展开决战。

5月10日，松平元康与远江的首席豪族井伊直盛，作为今川军的先锋，各自回到自己的领地集结兵力。

5月12日，今川义元率领22000人的大军从骏府出发。不过这一天，据说在骏府出现了种种异事：当天早上，有人从贱机山送来了一只胸口破裂而死的白狐，而白狐，乃是义元的守护兽。此外，在今川馆的庭院里还无端传出女声高喊着："败战！败战！"但是却找不到人影。今川义元上马时，又不慎从马上摔落到地下。这一切都为这场战争蒙上了不祥的阴影。不过尽得临济宗佛法，自认为参透了天理人伦的今川义元，对于这些征兆全然无惧，还是按原定计划出征西上了。

◇ 织田信长

5月16日，今川义元到达冈崎城后，与等候在此的松平元康、井伊直盛会合，总兵力达到25000人。

5月18日，今川军由冈崎进入尾张境内的沓挂城，这座城池原本属于织田家，1553年城主近藤景春跟随山口教继父子一起投向了今川。在沓挂城的前方，还有两座跟随山口父子投向今川的城池——鸣海城与大高城。今川义元将山口教继父子杀死之后，便将这两城纳为直辖城，以猛将冈部元信守最前方的鸣海城，以朝比奈辉胜守大高城，作为前进的阵地。然而织田信长在前线的丹下、善照寺、中岛、丸根、鹫津五座城砦不仅封住了今川家向前的通道，还把鸣海城与大高城分割包围。

5月18日当天，今川军在沓挂城内召开了军议，席间今川义元决定，将靠近

021

海边的大高城作为进攻尾张的基地。为此,首先便要打破织田方丸根砦、鹫津砦的包围,向大高城运入兵粮。而这个艰险的任务,就落到了松平元康的三河军头上。

5月18日夜,松平元康率领1000余名三河武士向大高城进发。这支队伍要进入大高城,必须从织田方的丸根砦下通过,当时部将杉浦胜吉曾向元康进言:我军向大高前进,丸根的敌军却没有下山布阵,看来是对我方存有怯意,大可以直接从敌方两砦面前通过。松平元康却认为,敌方一旦发现自己这边是兵粮队,定会进行追击。为保万无一失,他将兵力分作两部:石川数正率领400人,直接绕过丸根与鹫津,进攻织田家后方的善照寺砦。当丸根的守将佐久间盛重被善照寺方向的喊杀声吸引,派守兵前去助阵之际,松平元康将800人的运输队分作三组,悄无声息地从丸根砦下通过,织田军看到这几支小队人马,还以为是前方战场上退下来的败兵,并没有追击。就这样,松平元康成功将军粮运入了大高城。

5月19日凌晨3时,松平元康留下鹈殿长照换守大高城,自己向丸根砦发起进攻。织田方守城的佐久间盛重来不及收回派往善照寺的兵力,自知以身边的400人守城只有死路一条,便率领全部城兵冲出,试图杀开一条血路。然而松平元康以石川家成为先锋,形原松平氏的松平家广、能见的松平重吉为左右两翼,自己与酒井忠次为中坚,将佐久间盛重部团团包围。激战到上午10时左右,佐久间盛重以下400人全军覆灭,作为先锋的三河军也付出了相当大的伤亡代价。此战也是松平家中年轻武士本多忠胜与鸟居元忠的初阵。

在松平军进攻丸根期间,今川家部将朝比奈泰朝与井伊直盛会合了大高城守军,也将织田方的鹫津砦攻落。到此为止,今川方的一切行动进展都还比较顺利,就等着今川义元本人由沓挂城移阵到大高,对下一步的行动进行部署。

就在松平元康5月18日夜偷攻善照寺砦后不久,织田信长已收到了今川军出发的消息。5月19日凌晨,信长从清洲城出发,到天亮时分,在他身边已经陆陆续续聚集起了3000人。在松平元康进攻丸根砦之际,信长已到达善照寺砦,但是他

◇ 今川义元

却对丸根与鹫津两处的激战视而不见，转而向着战场相反的方向，由中岛砦进入群山之中，长途奔袭，前去伏击今川义元的主力。

而在沓挂城通往大高城的通道上，沿途的村民已被织田家收买。今川义元的本队由沓挂城前往大高之际，中途的祐福寺村村长与村民向他献上美酒佳肴，又拉来僧侣与神官为今川军祈祝胜利。由于已经入夏，天气正是炎热之时，今川义元在酒足饭饱之后，停军于半途，在桶狭间的山中进行午休。

下午1时左右，织田信长在前方眼线的引导下，已到达桶狭间附近的武路山山顶。当时突然下起了一阵急雨，今川方的队列因为四处躲雨而变得更加混乱。乘此机会，织田信长带领人马从山上直突今川军本阵。在混乱之中，今川义元身边的300骑亲兵卫队几乎全部被歼灭，义元本人也被织田家武士服部小平太、毛利新助两人合力斩杀，享年42岁。

今川义元被击杀之后，由桶狭间到前线的大高、鸣海城整个今川军的队列开始逐渐崩溃。织田信长随后又进行了彻底的追击。

赶来救援的井伊直盛部最先被消灭。在最前线鹫津的朝比奈泰朝也受到织田军的猛烈反扑。驻守大高城的松平元康，由于北面有鹫津、鸣海城作为屏障，东南有井伊直盛抵挡信长的追击，反而第一时间没有接触到敌军。

19日下午，今川义元战死的消息一遍又一遍地重复传到大高城，但是松平元康却认为这是战争中很正常的流言，让三河武士们不要惊慌。到了傍晚，身在织田阵营的舅父水野信元，派家臣浅井道忠为使者，正式向元康通报了今川义元身死的消息。

此时本该按时到达的今川义元仍没有出现，而东面的今川军已在不断溃走，松平元康这才确信今川义元的战死是事实。不过随后他仍然没有急忙撤军，而是严密部署、申明军纪，等到晚上月亮出来照亮道路时，才舍弃大高城，率领三河军沿着海岸线退往东海道。

结果整个今川家方面，唯有三河军团的损失最小，几乎没有折损大将。而今川家的嫡系骏河、远江部众则有井伊直盛、饭尾乘连、松井宗信、久野元忠（宗忠）、吉田氏好、由比正信等多位武将战死，伤亡总人数超过3000人。而织田信长的总兵力，也才3000人。

5月21日，织田信长攻取沓挂城，紧接着又兵不血刃地夺回了大高城。还在抵抗的，唯有陷入重重包围的鸣海城而已。到6月底，鸣海城守将冈部元信以让出城池为条件，向织田家要回了今川义元的首级，随后携带着首级返回骏河。至此今川家失去了在尾张的所有据点。

— 第八章 —

三河独立

5月23日，松平元康带领人马回到冈崎，却没有入城，而是暂时进入松平家世世代代的菩提寺（家庙）"大树寺"。

当时留守冈崎城的骏河武士害怕织田信长乘胜攻来，急欲舍弃城池逃回骏河，便派出使者到大树寺邀请元康入城。元康却回答道："没有今川殿的指示，我不能擅自妄为。"尽管对方再三邀请，元康仍然坚决不动，城将便舍弃城池，自行逃往骏河。此时元康说道："别人舍弃的，就由我拾起来吧。"于是率领人马正式进驻冈崎城。

重回故土的这一年，松平元康仅19岁，多年来的动荡翻覆与寄人篱下生涯，让他早早就显得稳重老成。

周边的松平家同族与旧臣得知元康进驻冈崎城，全都满心欢喜地赶来助阵。元康一面补修城池、加强警备，一面安抚领民，待三河领内稳定之后，便发兵占领前方被今川军抛弃的举母、梅坪、广濑三座城池，进而又攻入尾张，在沓挂城下放火，以此向织田信长示威。

织田信长在屡被元康骚扰之下，于6月18日派出水野信元向冈崎城进攻，双方在石濑的十八畷大战一场，结果不分胜负。同年8月，松平元康又重新攻占边境上的寺部城，将织田军拒在了三河国之外。

在松平元康竭力遏制住了织田家

◇ 大树寺正门

的攻势之际，今川家的远江与骏河仍处在混乱之中。远江主要豪族的领军人物几乎全都在桶狭间阵亡，各自正忙于家内世继的更迭继承。而在骏河，今川义元的嫡子今川氏真在祖母寿桂尼的辅佐下继承了家主之位。

由于驻守冈崎城的城兵是擅自脱逃，松平元康进驻的是一座空城，今川氏真也没有责备他的借口。此时氏真正手忙脚乱地重整着领内的秩序。在此期间，元康仍然派出使者向今川氏真致礼，并进言织田实力仍远逊于今川，应该为今川义元举行一场吊唁合战，以胜利来重振今川家的士气。不过今川氏真却被父亲的战死吓破了胆，根本没有再向织田兴兵的念头。

◇ 松平元康向大高运兵粮时所穿的"金陀美具足"又称"兵粮运入大高之具足"

松平元康看到氏真是如此软弱之后，自知今川家再无能为，转而开始谋求进一步的独立。

永禄四年（1561）春，元康以石川数正为使者前往尾张，与织田信长商谈和睦之道。由于此前的石濑之战，织田信长已发现元康并非易与之辈，而今川家虽败，还有武田与北条两大盟友在后方支撑，故而织田家暂时没有进军东海道的想法，现在石川数正代表元康前来重申旧谊，正合信长之意。在此背景下，信长马上就与石川数正订立了一个互不侵犯协定。

此时在西三河，还有一个今川家的坚定拥护者。由于今川义元将倾向织田的吉良义安掳走，拥立了义安之弟吉良义昭，义昭由此统一了东西两家吉良，出于对今川家的感恩，他拒绝从属于松平元康。

永禄四年（1561）2月，松平元康出兵攻克吉良家的中岛城（现吉良町内），紧接着却在吉良义昭的东条城下受阻。随后元康在东条城周围筑起津平（松井忠次驻守，现吉良町内）、小牧（本多广孝驻守，现吉良町内）、糟冢（小笠原长兹驻守，现西尾市内）三座城砦对东条城进行长期围困，让深沟松平家家主松平好景驻守中岛城。

同年4月15日，吉良义昭让属下猛将富永忠元率领数百骑伴攻松平方酒井忠尚所守的上野城（现丰田市）。得知吉良方的动向，松平元康让中岛城的松平好景、松平伊忠前去支援。乘此机会，吉良义昭率领主力突袭了中岛城，松平好景又率 50 余骑半路折回，将中岛城下的吉良军击散。不过在松平好景继续追击吉良军时，佯攻上野城的富永忠元也掉转头赶到中岛城下，在善明堤追上他并将他包围。最后松平好景一族 21 人、家臣 34 人全部战死，中岛城旋即也被吉良军夺回。此战松平方损死甚众，松平方的武士们由此也对敌将富永忠元恨之入骨。

9 月中，已经半隐退的吉良义安由于和吉良义昭反目，最后逃往松平元康处。元康让重臣酒井正亲率兵迎接，并随机占领了吉良家的西尾城，紧接着又向东条城进攻。

9 月 13 日，吉良义昭让富永忠元带领数百骑出城挑战。小牧砦的本多广孝与津平砦的松井忠次，一见富永出现，便不由分说地率军冲出。当时富永忠元正威风凛凛地单骑立在阵前，不过一看到两座城砦的松平军全数杀出，也只有拨马就逃，身后的从军看到主将后退，也一哄而散。不久松平军在藤波畷将富永忠元追上。混乱中，富永忠元还杀死松平方两名武士大久保大八郎与鸟居半六郎，不过自己也耗尽了体力，终被本多广孝一枪刺死。富永忠元战死后，吉良义昭失去战意，不久即打开东条城向松平军降服。

◇ 织田信长奇袭路线图

在东三河，今川家的大将小原肥前守镇实作为吉田城主，负责统领整个东三河豪族。看到松平元康在西三河攻城略地，小原镇实害怕东三河的豪族们有所动摇，便向今川氏真申请，让东三河的豪族再次向吉田城献上人质。但是小领主们看到松平元康不断壮大，而今川氏真却迟迟不能理平领内之混乱，孰高孰低已是一目了然。今川家再一次索取人质，反而促使他们做出了更直接的决断：永禄四年（1561）3 月，奥平、菅沼、西乡、设乐、户田等东三河豪族先后宣布向松平元康效忠。而恼羞成怒的今川氏真，竟然让小原镇实在吉田山的龙拈寺口将东三河诸家先前送上的14名人质全部刺死，这种暴行直接把豪族们全部变成了今川家的敌人。

永禄五年（1562）正月，松平元康亲自前往尾张的清洲城拜访织田信长。此时他已经统一了西三河，有了与今川一决高下的资本。而织田信长的宿敌斋藤义龙在前一年5月病死，使得信长准备对美浓展开全面侵攻。三河松平与尾张织田因此再没有直接的利害冲突。在此背景之下，两家结为同盟，还能彼此成为对方的后盾。有着以上的共同利益，松平元康与织田信长写下结盟的誓书，向神佛起誓之后，将誓书烧成灰烬，各自和着酒吞下，从此结成了牢不可破的盟友。据说当时他们还约定，如果织田家先一步取得天下，那么德川就得甘当织田家的属国，如果德川先一步取得天下，织田便要成为德川的属国。

3月12日，松平元康率军攻入东三河的上之乡，这里最大的豪族乃是鹈殿氏，其家主鹈殿长照的生母是今川义元的妹妹。所以尽管周围下之乡、柏原的分家全都已经投向了松平氏，鹈殿长照还在为今川氏真守护着上之乡城。另一方面，他又与十八松平之一的竹谷家松平清善是世仇。松平元康与松平清善合军之后，一时间仍然攻不下坚城上之乡，便指使甲贺忍者鹈饲孙六带领200名忍者潜入城中放火捣乱，乘着城内陷入混乱之际，松平军一举将城池攻落。其间鹈殿长照本人战死，他的两个儿子鹈殿氏长、鹈殿氏次被俘，这二人算是今川氏真的姑表侄。

石川数正随后向元康进言道："一向听说今川氏真极为疼爱这两个侄子，还把自己的'氏'字下赐，可以试着用他们去换回夫人和少主。"得到元康的许可后，石川数正立即与今川氏真交涉。今川氏真居然同意了这个条件，于是石川数正急忙让元康派兵将鹈殿氏二子送到骏府城下，将筑山夫人与小竹千代换出城外。与筑山夫人一起回到冈崎的，还有她在1560年初为元康生的一个女儿龟姬，这个时候也已经两岁了。

当时松平元康已经把生母於大夫人与后父久松俊胜迎入松平家，不久前刚任命久松俊胜为上之乡城城主，另外又把於大夫人留在冈崎城中奉养，并为她与久松氏所生的三个儿子都赐姓松平，分别取名为松平康元、松平康俊、松平定胜。其中的松平康元，后来也被元康作为人质送到骏府。

由于於大夫人与松平广忠的离婚，就是因为织田氏与今川氏的对立所致，因此当筑山夫人返回之际，於大夫人却不允许她进入冈崎城，因为松平家内倾向于

◇ 西三河地名图

今川家者仍有不少，一旦筑山夫人入城，这些人势必会聚在她身边，形成一个亲今川的派别，从而造成松平家的分裂。迫于母亲的命令，松平元康只好把筑山夫人暂时安置在冈崎城外的总持尼庵内。

交换人质之后，今川氏真立刻就后悔了，不过他要追击时，石川数正已经带着筑山殿母子走海路兼程返回。今川氏真在恼怒之下，勒令元康的岳父关口亲永在骏府的屋敷内切腹自杀。

同年6月，今川氏真亲自率兵进攻三河，却在牛洼城外的一宫砦被松平元康奋战击退。随后骏府方面传来氏真的外祖父武田信虎煽动今川家臣投向武田的消息，今川氏真不得不立刻退回骏府。

— 第九章 —

一向宗暴动

永禄六年（1563）春，松平元康将得自今川义元的"元"字舍弃，改名为松平家康，表示正式与今川家决裂。这一年3月，他的嫡子小竹千代与织田信长的长女五德姬订立了婚约。

这两年的连续整兵备战，使得家康与西三河领内的寺院势力的冲突开始激化。

在西三河，最大的宗教势力是奉摄津石山本愿寺为总寺的一向宗。一向宗又称"净土真宗"，是由净土宗派生出来的日本本土宗派。这个宗派坚信阿弥陀佛如来的力量，声称不论善人恶人，只要坚持信仰如来，即可得到如来赐予的力量（信心），战胜一切困难，往生净土成佛。由于不禁肉食与娶妻，法事极为简单，只要以报恩之心念佛即可，又能为下层受压迫的劳苦大众带来福音，故而一向宗每到一处立寺，往往能吸引当地大量的武士、农民、手工业者加入。

特别是第八世宗主莲如上人，号称本愿寺的"中兴之祖"。这位大师早年受到比睿山延历寺的排挤，被迫抱着先祖的木像离开京都，前往日本各地传法。结果他的足迹所到之处，近江、越前、加贺、下野、三河、伊势、纪伊、摄津等国的一向宗寺院如雨后春笋般涌起。莲如上人还特别长于治水，像摄津的石山、伊势的长岛、三河的矢作川这些河川纵横、洪水泛滥之地，反而成了他立庙的最佳所在。

莲如上人享寿85岁，一生娶过5位妻子，共有儿子13人、女儿14人。除了第五子实如上人继承了法主之外，其余的儿子多被派到各地的本愿寺分院担任住持。在家康统一西三河时期，本愿寺在西三河有三座大寺，即安祥城附近的本证寺、冈崎附近的上宫寺与胜曼寺，其中本证寺的住持空誓和尚正是莲如的孙子之一。这三座寺院号称"三河三寺"，从家康的父亲松平广忠时代起，就享有不向当国守护纳贡的特权。

本证寺位于松平家的老家安祥城附近，历来就与松平家的同族及谱代重臣渊缘深厚。家康重臣石川家成、石川数正叔侄所属的石川氏，其祖上石川政康本是莲如上人的护法武士，随莲如上人由下野来到三河后，被留在三河的小河城定居，从石川政康的儿子石川亲康起，才成为松平家的家臣。天文十八年（1549），本证寺曾在庙内上梁之际向有力的信徒们收取过立誓虔诚信佛的起请文，当时署名者共115人，其中不乏松平氏重臣中的鸟居、阿部、神原、酒井、本多、伊奈等族之人。

永禄六年（1563）10月，家康以菅沼定显在上宫寺附近的佐佐木乡修筑城砦。筑城期间，菅沼定显得知上宫寺内存粮颇多，派人前去征粮，并声称只是为了筑城时防止敌军偷袭而储备应急的粮草，他日定会奉还。一向宗的

◇ 本愿寺莲如上人

寺僧却以该寺享有不纳租税的特权而概不应允。菅沼定显见势也不再恳求，直接差使役夫闯入寺内，将粮食搬走。上宫寺的住持大怒之下敲起寺钟，纠集门徒冲入菅沼邸内，将他的家财洗劫一空。事后菅沼定显向上司西尾城主酒井正亲申诉，酒井正亲便率领军队，将上宫寺包围，把为首的贼徒强行抓出来处斩。

酒井正亲与菅沼定显的行动正是捅了马蜂窝。他们离开之后，上宫寺立刻飞檄通知本证寺与胜曼寺。得信儿后，本证寺的空誓和尚号召全三河的信徒起来与松平家康对抗，又给所有赶来助阵的门徒每人发放一张护身符，声称："持此符者，前进一步，乃可登极乐世界，后退一步，就会坠入无间地狱。"以这三座寺院为中心，一向宗僧徒迅速集结起了数千人的义军。此外，以吉良义昭为首的反家康势力与一批松平家谱代重臣，甚至不少信仰一向宗的松平同族也加入了暴动的行列。

在吉良义昭身边，几乎聚集了所有的旧足利一门，其中包括家康的妹夫荒川甲斐守赖持、矢田次郎以及仁木、细川氏老家之人。这些家族中除了吉良以外，其余的旧家之嫡流大多都跟随足利氏开创幕府，在三河之外的其他领国建立了基业。留在三河的只是一些庶流分家，不过即使是分家，他们也一直保有着名门传统，素来不愿让松平氏成为自己真正的主人。

松平家最早的谱代家臣，主要是酒井、石川、大久保、本多四家，这四家乃是自松平信光的岩津城主时代起就相随的旧臣。松平清康统一三河前后，鸟居、神原、渡边、天野、内藤等三河本地的豪族才被纳入松平家的谱代重臣体系，不过到家康时代，也都已经有两三代一直跟随松平家了。在此次的一向宗暴动中，几乎有一半重臣加入了起义军。

酒井家，按主要人物担任的官位，分为左卫门尉与雅乐头两支，其中酒井左卫门尉忠次与酒井雅乐头正亲，都是家康的重臣，而酒井正亲更是这次暴动的导火索之一。但是酒井忠次却有一个叔父——上野城主酒井忠尚，带着儿子酒井重胜加入了暴动方。

石川家，石川数正的父亲石川康正，作为坚定的一向宗信徒，在暴动中投向了本证寺。而石川数正与叔父石川家成仍然竭力为家康尽忠，石川数正为此还舍弃了自己对一向宗的信仰，与父亲幡然决裂。

本多氏，主要分为本多忠胜、本多重次、本多广孝、本多正信四家。在暴动中，前三家依然忠于松平家康，而本多正信却与兄弟本多正重一起，以居城姬小川城起事，对家康举起了反旗。

除了以上重臣之外，加入暴动军的知名人物还有鸟居元忠的弟弟鸟居直忠、神原康政之兄神原清政、渡边守纲、加藤教明、夏目吉信、蜂谷贞次、伊奈忠家、松平十八家中的樱井松平家次与大草松平昌久，也在其中。

这场暴动，堪称是家康一生中最大的危机之一。早在1474年，一向宗信徒就曾在加贺掀起暴动，将守护富樫氏推翻，把加贺变成了一个一向宗自治的王国。历经半个多世纪，一向宗武装僧团不仅在加贺扎根，而且还蔓延到了相邻的越前与越中两国。一向宗的暴动通常可能只是因小的事件为导火索，但是由于已经将本地的豪族与重要武士都化为了信徒，一旦全面爆发，足以推翻旧有的地方统治者，形成新的割据势力。在三河，已经出现了这样的趋势。

对于一向宗的寺院，直接去攻打，显然会使得更多的家臣因为同情一向宗而加入暴动的行列，所以松平家康最初仅命令家臣们分守三河的要害城池：大久保忠俊一族守上和田城，酒井忠亲守西尾城，松平伊忠守深沟城，本多广孝、松井忠次守土井城，松平清善守竹谷城，松平家忠守形原城，松平信一守藤井城。

家康试图以全力防守来巩固阵营，同时将自己变成受同情的一方。待到家臣中的倒戈事件逐渐停止后，家康才让前线的松平伊忠试探性地出击攻取野羽城，将城主夏目吉信活捉。随后仍然避开寺院，只进攻领内倒戈的小领主之城池。这种先断枝叶、再取根本的战略，使得一向宗方面逐渐产生了恐慌。

11月25日，胜曼寺的僧兵与豪族蜂谷贞次合兵进攻大久保氏的上和田城。松平家康亲自率领本队出击，在小豆坂将暴动兵截住。但是在蜂谷贞次的猛攻之下，家康身边的松平金助战死，平岩亲吉重伤，家康本人也陷入危险之中。幸亏大久保忠俊率领数百骑赶来，蜂谷贞次与他打了一个照面，便勒令僧兵们退走。大久保忠俊，正是蜂谷贞次的岳父。

由于织田信长正与美浓的斋藤龙兴展开激战，在此期间也无力对家康进行救援，三河一向宗暴动由此持续到了第二年。

永禄七年（1564）正月十一日，本证寺与土吕的善秀寺、冈崎的胜曼寺的僧人悉数出动，围攻上和田城，大久保忠俊与儿子大久保忠胜、侄子大久保忠世一起陷入了苦战。激战之中上和田城的外城已被攻落，大久保忠胜的双目也中箭失明。松平家康得报之后急忙引军来救，结果在城下却遭到一向宗的伏兵攻击。其中有一人名叫渡边守纲，原是家康的重臣、号称"枪之半藏"的猛将，挺枪直刺家康，而在家康身边，恰有一个神箭手内藤正成，乃是渡边守纲的外甥，看到渡边刺来，他立刻举枪相挡。渡边发现内藤正成在家康身边，只好拨马退走。

内藤正成连续发箭射杀多人，其余的僧兵由此也发现家康在他身边，全都围了上来，由于无法靠近，转而用铁炮进行射击。但是，看到无数弹雨向家康射去，本属于一向宗一党的武士土屋长吉突然悔悟，并对自己的部下说道："吾虽加入门徒与旧主君为敌，但是今日见其危难，实在不忍，与其这样苟且偷生，不如坠入地狱转投畜生道算了。"说着便跃马上前，以自己的身躯为家康遮挡弹雨，最后竟因胸口中弹而当场身亡。

土屋长吉的壮烈倒戈，让门徒阵营内的武士们也都产生了动摇，射向松平军的子弹也开始不断减少。到了傍晚时分，双方各自退兵。据说当天家康回营之后，一解铠甲，还从身上掉落了两颗子弹下来。

2月3日，酒井正亲从织田家讨来了援兵，将樱井松平与本证寺的联军击破。这两处的信徒溃散后又重整起来，与胜曼寺合兵，由矢田作十郎率领着向冈崎城发起了猛攻。矢田作十郎并非原松平家臣，而是足利之同族、吉良义昭的大将，也是最顽固的反松平分子。家康得知是他来攻之后，立刻在城外部署好铁炮队，等到矢田一靠近，便将他击毙。

此后的几战，门徒方面皆遭到了挫折。以蜂谷贞次、本多正信为首的一些将领，先后都开始请求向家康投降。家康的本意是对于这些狂热的信徒一个都不再接收。老臣大久保忠俊进言道："方今天下大乱之际，以大欺小、以强吞弱乃是常事。现遭此大乱，我方旧臣宿将有一半相背离，若邻国乘虚而入，则倾覆之事旋即将至。所以既然他们已有悔心，就应该不念旧恶全部赦免。"家康这才同意接受对方投降。

但是在降服之际，蜂谷贞次又提出了三个条件：一、所有参与暴动的原松平家将士，希望保全他们的领地。二、希望把寺院与僧侣们恢复到原来的状态。三、饶过参加暴动的主要人物一命。

对于前两个条件，家康都痛快地答应了，只是第三个条件，实在是让他放不下面子。参与暴动的本多正信，堪称是松平家内第一智士，他出了一个折中的主意：让蜂谷贞次等主将作为先锋去攻打吉良义昭与荒川赖持，以将功折罪保全性命。这个提案得到了家康的许可。

在蜂谷等人的猛攻之下，吉良义昭不久也开城投降。不过这一次松平家康没收了吉良氏的所有领地，将原足利一族全部流放到畿内。

当三河又恢复平静之后，松平家康却下令，从本证寺起，将领内一向宗的大

卷之一 三河篇 徳川家康

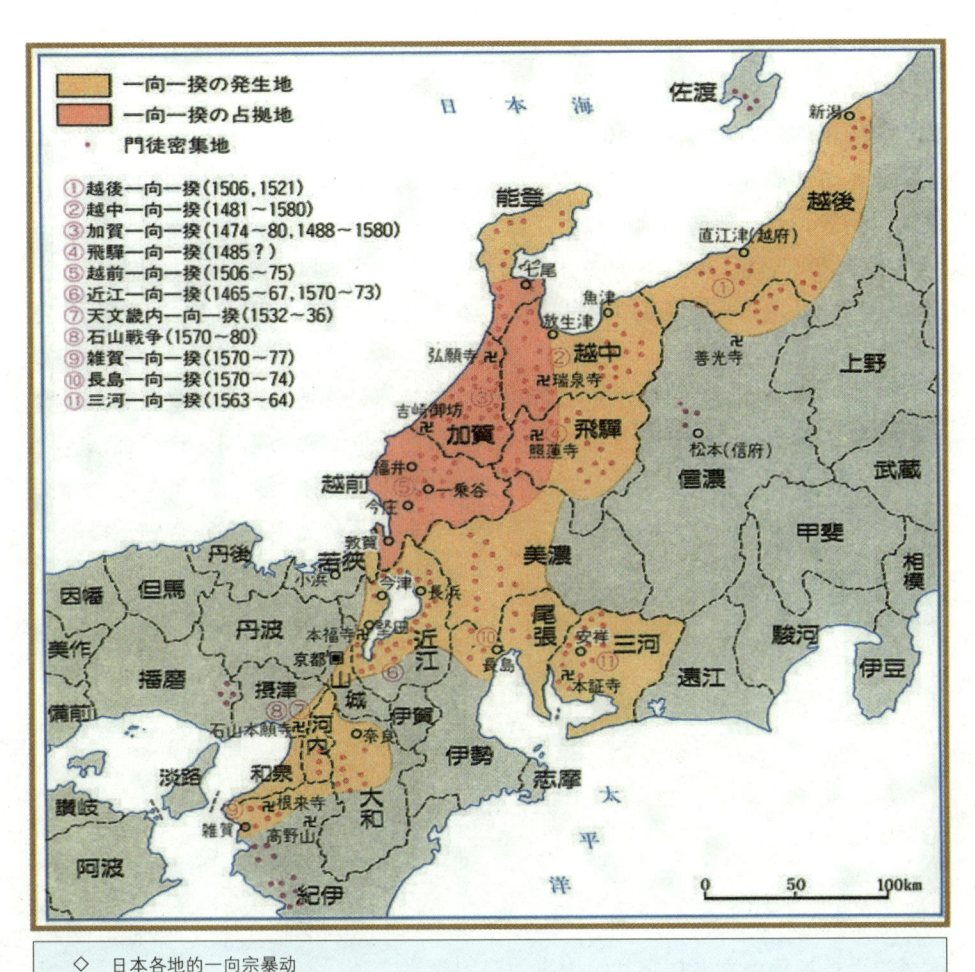

◇ 日本各地的一向宗暴动

小寺院全部破弃。门徒们纷纷抗议他违背了当初受降时的约定，家康却说道："我是答应过将寺院恢复到原来的状况，但那些地方原来就都是平野，把寺院破弃之后，不刚好又变回平野了么？"

此时吉良、荒川一党已经被根除，原来跟随一向宗的武士们在之前的战斗与投降期间内心都经历了激烈的挣扎，由于受到家康的宽恕，大多也不愿再起来闹事。一向宗的僧侣们孤掌难鸣，只好陆续从三河国撤离。不过也有一些武士感到是受了家康的愚弄，愤然离开三河，流浪到其他的地方。其中最有名的，就是那位智士本多正信，他此后前往畿内，成为大和国国主松永久秀的门客，枭雄人物松永久秀对他的评价是："听闻松平之士多是武勇之辈，眼前这位正信却刚柔并济，不卑不亢，真乃非常之器。"十年之后，本多正信才又重新回归三河，再度成为家康的家臣。

三河一向宗暴动，堪称是对家康的一大考验。最终他本着宽大收服家臣、严格清除教团的原则，将动乱平息了下去，三河的一向宗势力也随之彻底瓦解。而经过在神佛信仰与对主君忠诚之间的挣扎，少数人选择了离开，留下来的全部都是对家康更加忠诚之辈。而吉良义昭等非松平家嫡系势力也被名正言顺地排除出了三河。或许可以说，这场暴动使得松平家康因祸得福，加强了对西三河的支配。

— 第十章 —

三河统一

永禄七年（1564）6月，东三河的二连木城主户田重贞向家康降服。这个户田重贞，正是当年将家康拐卖到织田家的户田康光之孙。在他的引导下，松平家康开始率军攻入东三河。

另一方面，由于今川氏真的种种失策，远江的主要豪族陷入了内斗。今川的援军根本无法经过远江到达三河，今川家在三河的吉田、牛洼、田原等城池已成为孤岛。元康的军队将吉田城（现丰桥市）包围之后，城主小原镇实便让出了城池和城中的人质，退往骏河。随后牛洼城的牧野成定也开城降服。田原城被松平广孝劝降。在松平清康去世30年之后，三河国终被再度统一到松平家的手中。

统一三河之后，松平家康的首要举措就是将所有的重臣与豪族划分为三个方面军，以加强军队的组织性与战斗力。

东三河总大将为酒井忠次，在平定东三河之际，他已被任命为吉田城城主。其部下包括：松平家次（樱井松平）、松平亲次（福釜松平）、松平伊忠（深沟松平）、松平康忠（长泽松平）、松平忠次（五井松平）、松平家信（形原松平）、松平清宗（竹谷松平）、本多广孝（田原城主）、设乐贞道（设乐城主）、菅沼定盈（野田城主）、西乡清员（西乡城主）、松平康重（二连木乡）、户田重贞（二连木乡）、奥平贞能（作手城主）、牧野成定（牛洼城主）、鹈殿康定（志手城主）。

西三河总大将为石川家成，他是石川数正的叔父，也是家康的首席家老，其部下包括：松平亲乘（大给松平）、松平信一（藤井松平）、松平康安（大草松平）、松平忠赖（樱井松平庶家）、松平忠就（能见松平）、岛田平藏（矢作城主）、铃木重直（足助城主）、铃木重爱（小原城主）、平岩亲吉、酒井重忠、酒井忠利。

第三个方面军是家康的直属旗本部队，其部将包括：松平家忠（东条松平）、鸟居元忠、柴田康忠、本多忠胜、神原康政、大久保忠世、松平康纯、渡边守纲、夏目吉信、内藤正成等猛将。

由于大久保忠俊之子大久保忠胜失明，在一向宗暴动平定后即告隐退，忠俊的侄子大久保忠世实际上成为担当大久保家门户的主要人物。

另外家康又任命高力清长、本多重次、天野康景三人为冈崎三奉行（行政官），负责领内的治理、征税、战时后勤等事务。这三人的性格截然不同：高力清长为人宽厚，主要负责征税与安抚百姓；本多作左卫门重次性格勇猛果敢，又刚毅无私，负责制定和维护法度，奖善罚恶；天野康景行事慎重，主要负责农政与治水等工程。这三个人的搭配，刚好可以将政事处理得天衣无缝，三河的百姓们为此还作了一首民谣："佛高力（高力清长慈善似佛）、鬼作左（本多重次严猛如鬼）、不偏不倚天野三郎兵卫（天野康景）"，以此来称赞家康的用人之巧。

家康在元服之际，曾获得过"藏人佐"的官位，这个官位的位阶极低，在统一三河之后显然已经不太适用。为此家康又向正亲町天皇献上金钱，请求获赐新的官位。

不过当时的官位授予和武士的家族出身密切相关，京都的藤原氏公卿"五摄家"近卫、一条、二条、九条、鹰司，通常能做到二位以上的大臣级别，一般小氏族出身的武士却只能获称六位到七位的小官。唯有清和源氏、桓武平氏近支出身的武士，因为祖辈的官位传承，才能得到从五位以上的官位。足利将军即是正一位大将军，而骏河的今川义元，生前也是正五位下的式部大辅。但是此前朝廷认可的松平家氏族出身，却是贺茂神社的小神官家族。实际上，在家康的祖上松平亲氏入赘到松平家之前，三河的松平氏确实就是贺茂神社的神官，家纹也是贺茂神社的"三叶葵"，这个家族，乃是藤原氏中一个不起眼的庶家。不过松平亲氏号称是清和源氏的近支新田氏出身，松平清康也曾改称世良田氏以证明自己的新田氏血统。但是在京都朝廷的备案里面，松平依旧是藤原氏氏族。

这一次，家康为了获得更高的官位，不惜献上大量金钱，顺便也向朝廷请求，将自己的氏族改为清和源氏，并列出了从亲氏到清康的种种系谱作为证据。由于京都连年遭遇兵乱，地方的上贡也时断时续，上自天皇、下到公卿，都十分困窘。正亲町天皇更是有名的要钱天皇，只要是献上礼金，连皇室的纹章都可以下赐，何况是小小的官位与族谱。家康一看朝廷愿意改谱，又申请把自己的姓氏由"松平"改为"德川"，因为松平亲氏自称是新田氏分家"得川"氏的后代，在上野国新田郡的老家也叫"德川乡"。使用"德川"这个姓，与"得川"相通，同时又可以用字面上的创新来回避别人对他攀附得川氏的责难，因为松平亲氏虽然声称是新田流得川氏出身，但仅是声称而已。

◇ 松平家纹"三叶葵"

永禄九年（1566）12月，朝廷颁下诏书，任命松平家康为从五位下"三河守"，以表示对他领有三河国的确认，同时又准许他称清和源氏新田流之德川氏，松平家康就此改名为"德川家康"。

卷之二 东海篇

― 第十一章 ―

远江错乱

桶狭间合战中，远江的有力豪族井伊直盛、饭尾乘连、松井宗信、久野元忠战死，使得今川旗下的远江陷入大动荡之中，史称"远州错乱"。

战死的井伊直盛，是远江西部最大的豪族、井伊谷的领主。他生前没有子嗣，仅有一个女儿，便立堂弟井伊直亲为养嗣子。然则井伊家内的重臣小野一族越过主家，直接与骏河今川家暗通款曲。在井伊直盛生前，家老小野道高即向今川义元诬告井伊族内有人谋反，主要的嫌疑人井伊直满自杀，井伊直亲逃往信浓，在小野道高去世的两年之后（1555）才回归井伊家。

1560年，井伊直盛在桶狭间战死，井伊直亲顺理成章地继承了家主之位，结果小野道高之子小野道好又向今川氏真诬告他谋反。1562年，井伊直亲带着20骑前往骏府去辩解，但是今川氏真却命令远江的嫡系部将、挂川城主朝比奈泰朝在半路把直亲一行截住，就地处死。此后今川氏真还下令追杀井伊直亲两岁的嫡子虎松（后来的井伊直政）。

因为受到两次谋反嫌疑的处罚，井伊家的男丁几乎被今川家残杀殆尽，最后不得不由井伊直盛已经隐居多年的祖父井伊直平出来主持家政。然而在永禄六年

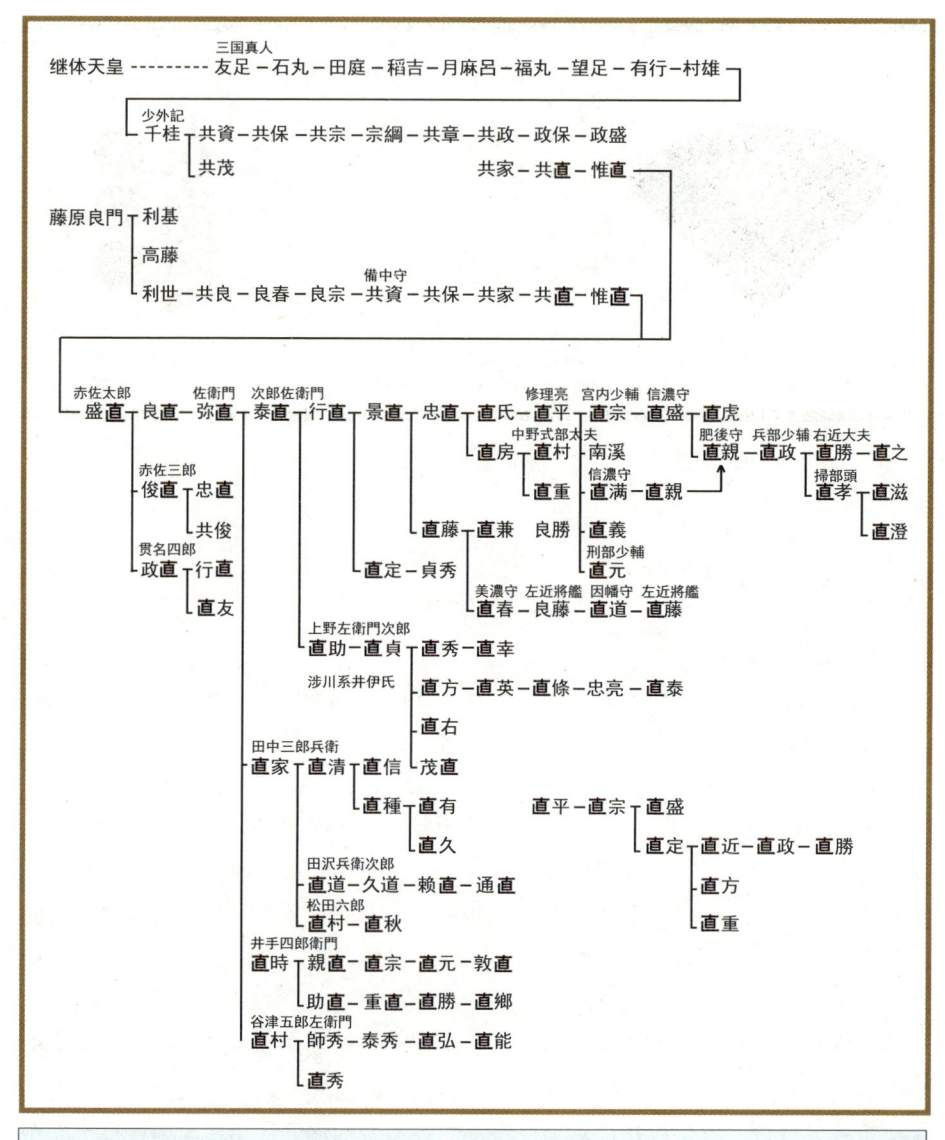

```
                        三国真人
继体天皇 ――――― 友足―石丸―田庭―稲吉―月麻呂―福丸―望足―有行―村雄┐
         ┌少外記                                                │
         ├千桂  ┌共資―共保―共宗―宗綱―共章―共政―政保―政盛    │
         │     └共茂          共家―共直―惟直 ←――――――――――┤
藤原良門┬利基                                                    │
        ├高藤                   備中守                            │
        └利世―共良―良春―良宗―共資―共保―共家―共直―惟直←――┘
```

┌赤佐太郎   修理亮 宮内少輔 信濃守
├盛直┬良直―弥直 次郎佐衛門   ┌直氏―直平┬直宗―直盛┬直虎 兵部少輔 右近大夫
│   │   ├泰直―行直―景直―忠直   │中野式部太夫│   └直親―直政┬直勝―直之
│   │赤佐三郎   │ 直房―直村 │南溪   │掃部頭
│   ├俊直┬忠直   │   信濃守   └直孝―直滋
│   │   └共俊   │直重―直満―直親   └直澄
│   │貫名四郎   刑部少輔
│   └政直┬行直   直藤―直兼 良勝―直義
│   └直友   直定―貞秀   美濃守 左近将監 因幡守 左近将監
│   直春―良勝―直道―直藤
│   上野左衛門次郎
│   直助―直貞 直秀―直幸
│   渋川系井伊氏
│   直方―直英―直條―忠亮―直泰
│   直右
│   田中三郎兵衛
│   直家―直清―直信 茂直
│   ├直種 直有   直平―直宗┬直盛
│   │   直久   │直定―直近―直政―直勝
│   │田沢兵衛次郎   └直方
│   ├直道―久道―頼直―通直   直重
│   │松田六郎
│   └直村―直秋
│   井手四郎衛門
│   直時―親直―直宗―直元―敦直
│   助直―重直―直勝―直郷
│   谷津五郎左衛門
│   直村┬師秀―泰秀―直弘―直能
│   └直秀

◇ 井伊家关系图

（1563），井伊直平在率军进攻倒向德川家的犬居城之际，路过饭尾连龙的曳马城，直平饮下连龙之妻田鹤夫人的茶水后中毒身亡。井伊家的家主之位此后由井伊直盛已经出家的女儿佑圆尼继承。佑圆尼还俗后，改名为"井伊直虎"，是战国时

038

代极为罕见的女领主。

曳马城的饭尾连龙，其父饭尾乘连也是战死于桶狭间合战。饭尾连龙却没有如父亲那般对今川的忠诚，看到德川家康在三河独立之后，饭尾连龙也产生了成为远江独立大名的想法，所以才有田鹤夫人毒杀井伊直平的事。而二俣城主松井宗信战死后，新任的二俣城主松井宗亲，乃是饭尾连龙的姐夫。两人一谋划，就在永禄六年（1563）联合，对今川氏真举起了反旗。

永禄八年（1565），今川氏真派出重臣三浦正俊出兵征讨远江，结果却在饭尾连龙的曳马城下损兵折将，连主将三浦正俊也被击杀。看到强攻不行，今川家提出可以接受与曳马城和解，让饭尾连龙与松井宗亲前往骏府城订立和约。两人信以为真，赶到骏府，却被今川氏真派人谋杀。此后今川军又向曳马城发起进攻，到第二年（1566）4月才迫使曳马城开城投降。

战后今川家许可原饭尾家臣拥立饭尾连龙之妻田鹤夫人为城主，而二俣城方面则由松井宗信之子松井宗恒继任城主。不过今川家出尔反尔的奸诈之举，使得这些远江的豪族更加离心。从饭尾的曳马城，到松井的二俣城，再到天野家的犬居城，陆陆续续出现了与德川家内通之人。

面对今川领内的混乱，不仅德川家康一直虎视眈眈，就连与今川家有着十年盟友关系的武田信玄，也开始改变心意。

1559年左右，武田信玄吞并了几乎整个信浓，不过随后他却遇到了一个天生的宿敌——"越后之龙"上杉谦信。十年之间，武田与上杉两家在北信浓的川中岛地区发生过五次激战，合称"五次川中岛合战"。这五场战斗双方都穷尽了兵法，然而在损兵折将之余，却分不出个胜负。1564年的第五次川中岛合战之后，武田信玄开始转移进攻的方向。因今川义元之死而开始衰退的今川家，成了武田的首要目标之一。

但是武田信玄对今川家的企图，却遭到他的嫡子、娶了义元之女为妻的武田义信激烈反对。义信甚至与自己的辅佐人饭富虎昌一起谋划将父亲信玄放逐掉。不过义信的密谋马上就被信玄发觉。1565年，武田信玄勒令饭富虎昌切腹，又将武田义信幽禁。1567年10月，武田义信突然去世，是自杀还是病死众说不一。义

◇ 武田信玄

信的遗孀岭松院随后被信玄遣回了今川家，此时武田信玄与今川家决裂的意图已经是十分明显了。

尽管西面的三河、远江，与北面的甲斐、信浓都危机重重，今川氏真的骏府城却还是一片繁荣之象。在祖母寿桂尼的辅佐下，今川氏真发出种种文书，加强了与寺社、朝廷的联系，并保持着和关东北条家的外交关系。今川家还在骏府城下推行"乐市"，免除工商业者的种种苛捐杂税以及行会在中间的盘剥。富士山下的"六斋日"，依然是东海道最热闹的集会。

然而这些繁华，已经掩盖不住今川家的衰退。由于有祖母主持大局，今川氏真得以从政务中脱身出来，尽情地投入诗酒游兴之中。据当时著名的连歌大师里村绍巴在永禄十年（1567）5月访问骏河时写下的《富士见道记》记载，在骏河领内，寺社、公卿宅邸连绵起伏，连歌会、茶会终日不断，京都的公卿三条西实澄、冷泉为益长期驻留骏府，与今川氏真以歌会友，是当时的日本歌坛的一大盛会。

◇ 今川寿桂尼

永禄十年7月，今川家还以今川氏真、三条西实澄、冷泉为益、里村绍巴等歌坛名流为原型，制作了一批人偶，称为"风流踊"，作为连歌会的附带产物，向全骏河发行。这种风流踊的流行，也被当时的许多有识之士视为今川家的亡国之兆。

永禄十一年（1568）3月14日，今川氏真的祖母寿桂尼去世，临死前留下遗言，让家臣们把自己葬在今川馆东北角、鬼门方位的龙云寺内，寿桂尼以此表明自己的遗愿："即使死后也要继续守护今川家。"

— 第十二章 —

瓜分今川

永禄八年（1565）5月19日，第十四代征夷大将军足利义辉，被畿内的实力者三好三人众（三好长逸、三好政康、岩成友通）与松永久秀联合谋杀。

三好氏是管领细川的家臣，却在战国乱世逐步把持了细川家的实权，并以下克上，侵占了细川家的阿波、赞岐、和泉、山城等领国，直至将细川氏变成自己的傀儡。而足利将军本来就已经被细川架空，在掌握了畿内实权的三好家面前更是不堪一击。

足利义辉被害之后，其兄弟、子嗣也多被诛杀，唯有一个在奈良兴福寺出家的弟弟一乘院觉庆，辗转逃到越前的朝仓家，并改名为"足利义昭"，声称是足利家的正统继承人。但朝仓家的家主朝仓义景也如今川氏真一样，安于现状，沉溺在美酒佳人与京都文化之中，根本没有拥戴足利义昭上京的想法。

◇ 足利义昭

永禄十年（1567）8月15日，织田信长终于攻落美浓的首府稻叶山城，将整个美浓纳入自己囊中。随后信长将居城移到稻叶山，又借鉴中国的"凤鸣岐山，周兴于西岐"的典故，把稻叶山城改名为"岐阜"，喻示这座城池将成为自己夺取天下的王基所在。

在越前郁郁不得志的足利义昭，目睹了信长的崛起后，以美浓出身的武士明智光秀为使者，前去邀请织田信长助自己上京。而织田信长也一直想着杀上京都，号令天下，正愁找不到出兵的理由，在受到足利义昭邀请后一拍即合。

永禄十一年（1568）7月，织田信长将足利义昭迎至美浓的立政寺，随后动员自己盟友与部下，聚起了6万大军。三河的德川家康作为信长的盟友，受到信长邀请，也派出了1000人前去助阵。另外，信长已在1567年将自己的妹妹阿市嫁给了北近江的领主浅井长政，将北近江也变成了自己的盟友。织田家进军京都路上的主要阻碍，只有占据南近江半国的六角氏而已。

信长的6万大军从9月7日出发，仅用了20天便击破六角氏，攻入京都。随后的一个月内，京都周边的摄津、山城、河内、和泉、大和五国，在信长的军威面前望风披靡，三好一族仓皇逃往阿波。

10月18日，足利义昭被拥立为第十五代征夷大将军。而织田信长则以将军的保护人、畿内的霸主身份回到岐阜。

德川家康跟随织田信长，亲身经历了织田家在三个月内完成的大飞跃，大大受到刺激：德川家再这样停步于三河一国，不久就只能成为织田家的附庸了。

永禄十一年（1568）末，德川家康对远江展开了全面侵攻。

在井伊谷内，以出卖井伊家而得到今川信任的小野道好已经独揽了井伊家大权，并不断侵吞井伊旗下其他家族的土地。而德川家康在此前的几年里，一直让野田城主菅沼定盈笼络井伊家的武士。

菅沼定盈最先说服了井伊谷内的都田城主菅沼忠久，菅沼忠久又拉来了岳父铃木重时、同僚近藤康用，这三家都是受到小野道好欺压的小领主，号称"井伊谷三人众"。德川家康正式攻入远江之际，这三家最先倒戈，并引导德川军进入井伊谷，活捉了小野道好，将主权交还给了女领主井伊直虎。

家康以小野道好无故中伤井伊直亲为由，将他斩首示众。此举征服了整个井伊家的人心。后来在1575年，井伊直虎将年满15岁的井伊直亲之子井伊虎松，送到家康身边成为近习，他就是后来德川军的知名猛将——井伊直政。

井伊谷被平定之后，饭尾连龙遗孀田鹤夫人所守的曳马城也遭到了德川军的攻击。城内的武士们此时已经分裂成亲德川与反德川两派。在亲德川之人在内接应下，家康于12月18日将城池攻落。

由于家康已经表明了扶持井伊家的立场，毒杀井伊直平的凶手田鹤夫人自知不会得到宽恕，在城落之际自刺身亡。

另外的高天神城主小笠原长兴、久野城主久野宗能、犬居城主天野景贯也都陆续向家康投降。转瞬之间，德川家康取得了西半个远江。

12月19日，家康命久野宗能在天龙川上架起舟桥。第二天，德川军越过天龙川，直指今川家统治远江的首府，挂川城。

同年12月3日，武田信玄集结了甲斐、信浓、西上野之兵25000人，由甲斐攻入今川家的骏河。今川氏真凑出15000人迎击，却于12月12日在骏府城外的八幡原被武田军一战击破。大多数今川武将战前已不看好今川氏真，待到他战败时，以濑名信辉、朝比奈信置、三浦义镜、葛山氏元为首的21员武将先后倒向武田家。朝比奈信置与葛山氏元还带着一批人在骏府城内放火仓皇之间今川氏真不敢回城，只是派人到城中救出正室早川夫人，随后一行人徒步逃往远江朝比奈泰朝镇守的挂川城。

武田信玄占领骏府城之后，又命令部将山县昌景、马场信房、小山田信茂、小幡宪重、真田信纲、真田昌辉、内藤昌丰七军分道追击，将沿途的今川家城池一一攻陷。

德川家康得知武田军出动，也集结起所有的兵力，总计7000人，向挂川城聚拢。家康同时派出植村兴三郎与山冈半左卫门为使者，前去拜见武田信玄。

在武田信玄诛杀儿子武田义信之后，家康即与武田家暗中有所来往，约定夹攻今川家。此时植村与山冈二人在祝贺信玄夺取骏河之后，提出了家康的建议：今后两家以大井川为界，大井川以东的骏河地区属武田家，大井川以西的远江地区属德川家。由于家康已将大半个远江掌握在手中，对于这个方案武田信玄也没有异议。而家康还让在骏府当人

◇ 家康夺取远江后的东海道形势图

质的异母弟松平康元直接又当了武田家的人质。

在此期间，武田家的南信浓方面大将秋山信友曾率3000人从信浓南下，攻入远江。一些远江的小豪族闻讯，立刻前往秋山的营中致礼。其中有个远江勾坂乡的领主勾坂吉政，在参见秋山信友之际，碰到了侄子勾坂政佑。勾坂吉政是父亲长能的第三子，却被父亲安排继承了家主之位，而勾坂政佑则是他长兄勾坂政信的儿子，叔侄两人为了自己的嫡庶之位在秋山信友面前大吵起来。由于勾坂政佑能言善辩，使尽解数巴结秋山信友，更得后者的欢心。

勾坂吉政一看势头不利于自己，便急忙告辞，率领随从埋伏到秋山的营外。待到政信从营中出来之际，勾坂吉政率领手下一拥而上将他袭杀。紧接着勾坂吉政赶往德川营中，向家康通报了秋山军袭来的消息。为此，家康再次派出植村兴三郎与山冈半左卫门前去拜见武田信玄，请求信玄对远江的纠纷做出裁断。武田信玄暂时还要稳定刚刚占领的骏河，遂让秋山军放弃远江，退回了信浓。

12月27日，德川家康的7000人将挂川城包围。

此时今川氏真已逃入城中，城内守将为朝比奈泰朝，并有3000名城兵，德川

军在兵力上并没有绝对的优势。12月27日当天，石川数正曾与朝比奈泰朝在城下激战一场，结果却不分胜负。

朝比奈泰朝是今川家重臣朝比奈泰能之子，在骏河、远江的众多墙头草之中，他对今川家的忠诚格外令人瞩目。由于守城方仍保有足够的战力，抵抗意志坚定，家康停止了对挂川城强攻，转而将阵地移到城北800米处的天王山上，又在城东筑起笠町砦，以奥平贞能与菅沼正贞驻守，在城西筑起金丸山砦，由久野宗能驻守，在城南的交通要道筑起青田山砦，由竹谷的松平清宗与形原的松平家忠驻守。以这四座砦为中心，德川军将挂川城团团包围，尽管兵力有所分散，但德川军有城砦之助，仅凭3000今川军无法从任何一个角上突围。

永禄十二年（1569）正月初，今川氏真曾派人前去策反德川阵中久野宗能的父亲久野宗明，要求久野氏在今川军的夜袭中充当内应，一旦击败家康，便分给久野远江一国。久野宗明将今川的提议告诉儿子宗能，久野宗能立刻就向家康告了密。家康让久野家假装应允内应，暗地里却在城外布下伏兵。等到城中的精锐冲出向天王山发动夜袭之际，德川军的伏兵齐发。今川方一连折损了5员先锋大将与众多士卒，不得不狼狈退回城内。正月十七日，家康曾试探性地发起总攻，但在挂川城的严密防卫面前，仍只是平添了一些无谓的伤亡。

正月十八日，关东的北条氏康率领45000人攻入骏河。

对于武田信玄单方面破坏甲相骏同盟之举，北条氏康早已怀有不满。在信玄占领骏府之后，北条氏康即与越后的上杉谦信结成了"越相同盟"，并送自己的第七子北条氏秀去上杉家作为人质。确保后方稳定之后，氏康起全关东之兵进入骏河，为女婿今川氏真复仇。

面对战国最强的武田军，北条氏康只是将对方主力拖在骏府东面的萨垂山附近相持，而避免展开决战。时间一长，武田家的补给线开始感到压力，同时又面临着上杉谦信南下的威胁，最终武田信玄在4月27日从骏河全面撤军，仅留下重兵驻守横山、江尻、久能三个城池。武田军撤退后，北条氏康分兵占领了骏河东部，又向挂川城下的德川家康送去书状，要求他放出今川氏真一行。

在5月初，挂川城内粮草渐尽，于是派出使者向家康求和。家康当时向今川氏真回复道："我幼年时蒙尊翁扶持，此等旧情一直不敢相忘。只不过是有小人从中挑唆，才使得我们两家刀兵相向，现在武田家存有并吞骏河远江之心，如果氏真公能把远江与我，我定当与北条携手，助氏真公夺回骏河。"今川氏真一听甜言蜜语，顿时便忘了家康这几年来的得寸进尺给自己造成的麻烦，在5月9日与德川方结下了盟约。

5月17日，今川氏真让出挂川城与远江一国，德川家康令松平家忠护送他由挂家港乘船，走海路回到骏河蒲原。由于骏府城已被烧毁，今川氏真后来移居到伊豆的户仓城，接受北条家的直接保护。此时武田家强占的大半个骏河又重新失去，而德川家康却把整个远江收在了手中，又与今川结成了盟友，成为这场战争中的最大赢家。

— 第十三章 —

姊川合战

永禄十年（1567）5月，德川家康的长子竹千代与织田信长之女五德姬结为了夫妇，当时两人都只有9岁。不久竹千代提前元服，受赐织田信长的"信"字，取名为"德川信康"。

德川家康虽然受到朝廷许可，能够使用"德川"这个姓，但他仅允许自己这一支的嫡流称德川，其他的庶子及分家仍然称"松平"。所以德川信康是家康之后第二个使用"德川"姓的人。1569年，家康占领远江之后，把冈崎城让给信康，使儿子早早就担负起统领一个领国的责任，家康自己则在远江的曳马建造新的居城。

虽然家康已将远江收入手中，但是在秋山信友南下之际，远江的北部的豪族孕石主水佐元泰、二俣城的松井宗恒等人皆投向了武田家。家康早年在骏府做人质的时候，曾与孕石元泰比邻而居。有一日家康在庭内放鹰，结果老鹰追逐着猎物飞到了孕石家的庭院中。家康前往孕石家讨要，孕石元泰却对从人说道："不就是个当人质的三河小崽么。"并禁止让家康进门。以孕石家为代表，一些先前瞧不起家康的远江豪族，在今川家没落后都转投到了名门武田家旗下，成为家康的绊脚石。为了彻底消灭这些豪族、支配远江，德川家康迟早将与武田一战，所以他将新的居城设在曳马城，更便于巩固对远江的支配。

曳马城位于远江的西南角，西侧有滨名湖，南临大海，北踞高山，作为原饭

◇ 滨松城略绘图

尾家的居城，以难攻不落而著称。同时东面的天龙川，又是它的天然防线。不过"曳马"即拉转马头撤退之意，家康认为这个名字不太吉利，便按照当地的古名"滨松庄"，将曳马城改为"滨松城"，又将城池的规模扩大，向西南两面延伸。由于滨松西南两面是湖与海，敌军便只能在东北角立阵，无法对城池完成包围。滨松城的扩建工程持续了约半年时间。元龟元年（1570）6月，德川家康正式迁居滨松城的本丸。

元龟元年（1570）2月，织田信长向德川家派出使者，前来祝贺家康平定三河、远江，又邀请家康一起出兵讨伐越前国主朝仓义景。

织田信长上京拥立足利义昭之际，近畿诸国都向他派去了使者，唯有这个朝仓义景，就如同把汉献帝拱手让给曹操的袁绍一般，到头来后悔莫及，却又不肯向织田低头。朝仓与织田，自应仁之乱以来便是世仇。

同年4月，织田信长与德川家康合兵共3万人，由京都北上，一路攻至朝仓家的越前金崎城。

4月27日左右，近江小谷城主浅井长政背叛信长，开始攻击织田军的后方。浅井长政乃是织田信长的妹夫，曾经是信长上京时的重要助力。但是浅井家与越前的朝仓也有着三代人近50年的同盟关系，盟友受到进攻之际，浅井长政在重臣们及一族的要求下，被迫对信长举起了反旗。而浅井长政的夫人，也就是信长的妹妹阿市，在第一时间，把消息通报给了越前阵中的织田信长。

4月27日夜，在越前金崎城的军议上，德川家康对信长说道："请殿下您迅速退往京师，浅井长政虽然豪勇，但是见机略迟，一定不能及时扼断我们的退路。朝仓义景如若追来，我愿全力抵挡。"而信长却不愿让家康殿后以辱没了自家的威名。这时他的部下木下秀吉也挺身出来，表示愿意承担阻挡追兵的任务。信长便留下秀吉率领 3000 人作为殿军，又同意家康协助秀吉，然后解散了大军，自己仅率领少数随从沿着琵琶湖西岸的山路退走，于 4 月 30 日逃回了京都。

28 日夜，木下秀吉以奇袭击退了攻到金崎城下的朝仓军，而后缓缓撤退，而家康则以铁炮队为掩护，两军最终都平安无事地回到了京都。

木下秀吉，出身于尾张的农家，后成为织田信长的杂役，由于办事机敏而得到信长的重用，逐渐成为织田家的重要部将之一。信长攻略美浓之际，秀吉连续策反斋藤家的豪族，又在美浓的要所墨俣筑起一座"一夜城"，大大加快了信长占领美浓的进程。而在金崎撤退中，也只有这个人，与德川家康一样，懂得在关键时刻扶人之危，从而加深了与信长之间的恩情牵绊。

同年 6 月 19 日，织田信长在岐阜城再聚起 28000 人的大军，德川家康也率领6000 三河、远江之兵前来会合，总兵力达到 34000 人。为了报复浅井长政，两军一起西上攻入北近江。

随信长的军威所向，沿路的小豪族尽皆降于织田家麾下，6 月 21 日，织田冲到浅井家的小谷城下放火。与此同时，朝仓家以同族的朝仓景健为大将，率兵 1万前来救援浅井。

6 月 22 日，织田、德川联军退到姊川以南的龙之鼻，并包围了浅井家南部的要点横山城。横山城控制着浅井领地南北两部的要道，是浅井长政的必救之处，周边的小豪族三田村左卫门尉、大野木佐渡守、野村肥后守尽已退据城中，守城兵力约有 1000 人。织田、德川联军从 23 日到 26 日三天不分昼夜地攻城，仍然无法撼动城池半分，随后信长放缓攻势，坐等浅井与朝仓前来决战。

6 月 26 日，朝仓军 1 万人到达小谷城西的大依山。27 日，浅井长政率兵 8000也进入大依山。浅井与朝仓联合召开了军议，其间浅井长政提议：现在的大依山阵地距横山城下织田信长本阵 50 余町（1 町约 109 米），若第二天向织田军发起突击，人马会因长途奔袭而损失锐气，不利于作战。所以应该乘夜移阵到南岸的野村，等到天亮时，突然出现在织田、德川联军面前，进而能够产生奇袭的效果。

得到众将的认同之后，28 日凌晨，浅井与朝仓两军便开始拔阵向南进军。

然而织田信长这一天也彻夜未眠，他派到前方的斥候已经禀报了浅井、朝仓军队的种种异动。信长即刻留下部将丹羽长秀和"美浓三人众"稻叶一铁、氏家卜全、安藤守就四军包围横山城，自己与德川家康进军到姊川的边上，在这里有

◇ 织田信长进攻朝仓路线

野村和三田村两个渡口。为了防备夜战，织田信长在野村将部下分成了十三阵。本来他要把德川军排在柴田胜家等部将之后充当第二阵，但德川家康却说道："在下血气方刚，喜好混战，若作为第二阵出战，恐怕会让世人耻笑，请让我独当一面吧。"织田信长便让德川军布阵到西线的三田村，在这里，家康把6000人分作四军：酒井忠次为先锋，石川数正为第二阵，家康自己为中军，神原康政、本多广孝援护侧翼。

6月28日凌晨4时，浅井与朝仓两军各自到达姊川的北岸，此时他们也发现了河对岸的织田、德川联军，不得不改变原定的渡河计划，停止前进。到了早上6时左右，天色微曦之时，1万名朝仓军向三田村、8000名浅井军向野村各自发起了冲锋。

德川军在三田村方面，遭遇到的是1万名朝仓军的进攻。

由于当时正值枯水季节，双方的人马都能从河中直接通过，当朝仓家的先锋数百骑跃马入河，向对岸冲来之际，酒井忠次阵中的猛将本多忠胜头戴鹿角盔，手持名枪"蜻蜓切"，呼啸着驰入河中，向着朝仓军逆击过去。忠胜长枪所到之处，敌兵尽被斩落马下，一人一骑，硬生生地将朝仓方先锋打乱。随后本多忠胜的郎党急忙赶上前去援护主将，酒井忠次见状也下令全军进击，而朝仓的后续部队也赶了上来，双方在河中就地厮杀起来。

由于朝仓方面人数占有绝对优势，时间一长，酒井忠次的2000人渐有不支，家康急忙让第二阵的石川数正率领内藤正成、松平忠次等将上前接应。但是不久之后石川的第二阵也在朝仓军的冲击下立不住阵脚，开始后退。家康见状大怒，他急忙命令神原康政、本多广孝向朝仓军的右翼迂回，家康的本队则奏起战鼓法螺，拥向正面战场。

看到主将上前，已经开始溃败的酒井忠次与石川数正也掉转马头，在姊川南岸的大堤下来回驰骋，驱使退散的士卒重新返回河中的战场。随着家康亲自杀到，5000 人左右的德川军终于将 1 万名朝仓军拖在了河中。由于主战场在河中，朝仓军被德川的正面抵抗吸引，战至正酣之际，放松了对姊川河道上下游方向的戒备。而神原康政与本多广孝的 1000 人，绕到距战场数町的上游之后，便进入河中，顺着水流向下游奔袭过来，猝不及防之下，朝仓军的侧翼被迅速突破，进而全军崩溃，开始向北岸败逃。

在溃散之中，朝仓家的谱代家臣真柄直隆与兄弟真柄直澄、儿子真柄隆基走在最后充当殿军。真柄直隆拿着一把 5 尺 3 寸（约 175 厘米）的"太郎太刀"，其子真柄隆基拿着一把 4 尺 7 寸（约 150 厘米）的"次郎太刀"，追到他们身前的德川家武士，多被这两人一刀劈作两段。久而久之，德川方的士卒们便不敢上前，只能坐视朝仓的溃军逃往真柄身后。

冲到前方的本多忠胜见状极为激愤，又回马赶过来，与真柄直隆战到一处，激斗了数十回合，竟然也无法将真柄直隆拿下。不过看到真柄直隆被本多忠胜拖住，德川军又开始上前追击。另外有些德川军的猛士也结成团，一起围攻真柄父子兄弟。在真柄直隆与本多忠胜激战的间隙，远江武士勾坂式部、勾坂次郎五郎兄弟带着郎党向真柄挑战，这两人便是那位投靠秋山信友受辱，转而加入德川家的勾坂吉政之子。勾坂式部最先报出自己的名字，以长枪刺向真柄直隆，却被真柄直隆挡开长枪，紧接着一刀将勾坂的头盔砍破。随后勾坂一党不再靠近，只是以长枪围着真柄直隆游斗。

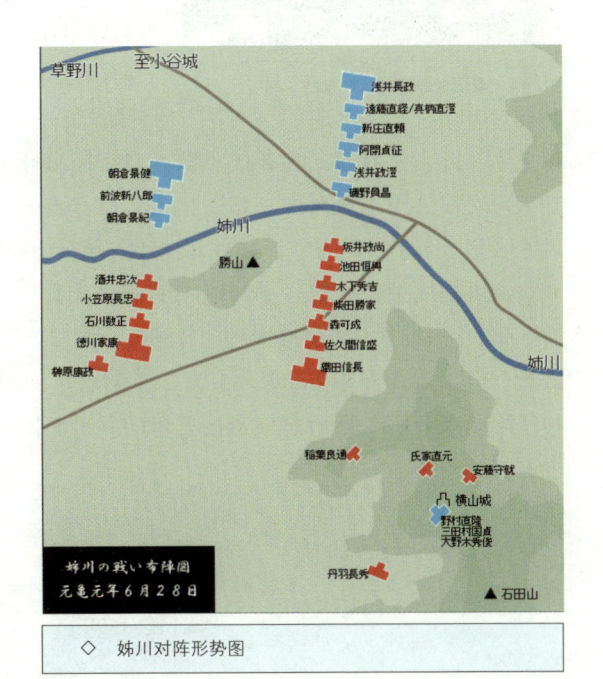

本多忠胜看到真柄已成困兽，便把他丢给勾坂兄弟，自己又向前追击。不多时真柄直隆便被四面八方捅来的长枪弄得左支右绌，一不留神，即被勾坂次郎五

◇ 姊川对阵形势图

◇ 真柄直隆手持巨刀奋战

郎与其家臣山田宗六捅落马下，勾坂式部紧跟着压到他身上，取下了首级。在此期间，真柄直隆之子真柄隆基被德川方武士青木一重斩杀，直隆之弟真柄直澄也紧跟着兄长战死在乱军之中。

在战场东面的野村，2万织田军却被8000人的浅井军打得毫无还手之力。织田信长摆出纵深式的十三阵，而浅井家以猛将矶野丹波守员昌为先锋，率领800骑冲在最前，竟然一口气突破了织田旗下的阪井政尚、池田恒兴、蜂屋赖隆、佐久间信盛、森可成以下十一阵，一直攻入信长的本队。幸有横山城下的丹羽长秀和美浓三人众及时赶来，对浅井军形成两面夹击。德川军在击破朝仓后，也开始进攻浅井的侧面与后方。到了下午2时左右，浅井军向小谷城全面败退。

姊川合战中，织田、德川联军的阵亡人数超过800，负伤人数则是这个数字的三倍，而浅井、朝仓方面约有1800人阵亡。比起织田军以多战少还被浅井突破十一阵，德川军以6000人击溃1万朝仓军的战果，足以使得三河武士的勇猛与坚忍名震天下。德川家康也被关东的武士们推称为继今川义元之后的东海道第一名将。

— 第十四章 —

武田袭来

姊川合战之后不久，浅井家的横山城向织田军开城投降。织田信长把木下秀吉配置在横山城，将浅井家的领地隔为南北两段，暂时在北近江重获主动。

但是，在织田信长进攻浅井朝仓期间，被他视为傀儡的将军足利义昭为了使幕府重新执掌天下，已向各地的大名发出书状，号召大家联合起来消灭织田家。

除了浅井与朝仓之外，四国的三好三人众、石山的本愿寺显如、纪伊的杂贺众、河内的三好义继、大和的松永久秀等势力都受到策动，组成了一个"信长包围网"，其中实力最强者，便是那"甲斐之虎"武田信玄。

武田信玄在1569年初侵攻骏河无功而返之后，曾在同年6月再度出兵攻入骏河东部的北条家领地，然而在6月18日遭遇了一场大洪水，最后狼狈退回甲斐。同年8月，武田信玄又率领2万人由上野攻入关东，一路攻城略地打到了北条家的小田原城下。不过北条氏康利用坚城小田原死守不战，武田军连续攻城4日之后即从城下撤退。北条军对武田进行追击，却在相模与甲斐交界的三增岭遭到武田骑兵的猛烈反击，在这场号称战国时代规模最大的山岳战中，北条方损失了3200多人，而武田信玄虽然撤退，但是善战之名却更加响彻天下。

重挫北条后，武田信玄于1570年再度攻入骏河。今川家的多数家臣皆带着城池降于武田家之下，今川氏真只能逃到北条家的领内苟延残喘。而北条氏康惮于武田信玄的用兵，对他在骏河的侵攻也只能采取睁一只眼闭一只眼的态度。

元龟元年（1570）底，武田信玄收到足利义昭邀请其上京的密信，开始筹划着对织田与德川开战。

当时织田信长的长子织田信忠与信玄之女订下了婚约，信长还把一个织田同族的女子收作养女，嫁给了信玄的第四子诹访四郎胜赖。而武田与德川之间，有着以大井川为界的盟约，德川家康的异母弟松平康元正作为人质留在信浓伊奈郡的高远城内。信玄若要向西面用兵，以上的约定就全都要破弃掉。做人质的松平康元，偶然得知了信玄的图谋，在当年年底，乘着看守在深夜睡熟之机，偷偷从高远逃回了三河冈崎城。

松平康元的归来，使德川与织田对武田有了戒备之心。而武田信玄则认为是南信浓的总大将秋山信友背叛自己，故意放跑了松平康元，为此下令将秋山信友在甲斐的领地没收。

秋山信友乃是号称"武田家猛牛"的名将，受罚后羞愤难忍，便在1570年12月，率领部下的3000人攻入织田家的东美浓。织田家的东美浓岩村城主远山景任仓促之间凑起东美浓、西三河之兵5000人迎敌，却被秋山信友打得大败。后来织田信长向东美浓派出援军，秋山才退回南信浓。

元龟二年（1571）2月初，秋山信友又率军攻入德川家的东三河。

在三河北部设乐郡的山中，有作手城奥平氏、长篠菅沼氏、田峰菅沼氏三家

豪族，合称为"三家三方众"。以三家三方众为首，东三河一些小豪族纷纷前往秋山信友的阵中降参。

2月24日，武田信玄亲自率领23000人由骏河攻入远江。信玄先是在大井川的西岸筑起两座城池小山城与诹访原城，分别任命大熊朝秀、今福显倍为守将，以保障后退的通道，由此也可以看出信玄对德川家康这个敌手的重视。

3月上旬，武田军攻至远江的高天神城下。高天神城守将小笠原氏助，虽是远江豪族，但不久前跟随家康出征姊川，目睹了家康的能征善战之后，已对德川家心悦诚服。

◇ 武田、德川、织田领国图

3月2日，武田军逼近高天神之际，小笠原氏助率领2000人从城内冲出，将武田的先锋杀得人仰马翻，紧接着又是一箭射向武田信玄的"风林火山"大旗，然后从容挥枪退入城内。

信玄着了对方一个下马威后恼羞成怒，也让部将内藤昌丰率领1500人追击。内藤追至城门口20丈处，便受到城头的铁炮射击无法上前，随后他将部下部署成六队，准备从不同方向攻城。而入城还没多久的小笠原氏助，不待内藤昌丰立稳阵脚，便又转头杀出，内藤只能边战边退，撤到后方与信玄的本阵会合。武田信玄看到高天神城斗志旺盛，下令停止攻城。高天神城附近的久野城主久野宗能、挂川城主石川数正也各自坚守不战。武田信玄随后转而沿着天龙川北上，由信浓的伊奈绕道进入三河与秋山信友会合。

4月19日，三河足助城主铃木重直在武田军的攻击下开城投降。随后三河北部的浅香、井阿、须利、大沼、田代、八桑六城也被武田军攻落，三河与远江北部的山地全部被武田占领，德川仅保有南面的平原地区。不过与三家三方众中的两家菅沼同族的野田城主菅沼定盈，仍然紧闭野田城，为德川家康作战。武田军在这座城下，也受到了挫折。

4月下旬，北条家再度进攻骏河，武田信玄不得不率领13000人的主力于22

日赶往东线应战，他在三河方面留下第四子诹访胜赖为大将。诹访胜赖随后舍弃野田城，转而进攻酒井忠次的吉田城。4月29日，在吉田城下，诹访胜赖进行了一场示威似的攻击后，率军退回了信浓。

元龟二年的这场战争，仅是武田信玄对东海道展开侵攻的前哨战。从远江的高天神城到三河的吉田城，武田军并没有对任何城池展开攻坚战，只是在德川家康的领国内巡游了一圈，便使远江与三河的许多豪族背弃德川投到了武田旗下，此外武田信玄也熟悉了远江、三河的地形与势力分布，并在大井川西岸建起了自己的据点，这一切都是为来年更大规模的进攻做准备。

— 第十五章 —
一言坂、二俣城

元龟二年（1571）10月3日，关东的北条氏康在小田原城去世，享年57岁。临死前，他嘱咐儿子北条氏政："和武田家重新结盟。"

此前北条虽与上杉谦信结盟，但在武田军进攻关东与骏河之际，上杉家从来都没有援助北条或干扰武田的后方。而武田信玄虽然背弃了与今川的同盟，但却从未在道义上对不起北条。战国时代本来就是个强者掌握规则的时代，所以北条氏康入土之前，还是觉得武田家既具备实力，又较为可靠，而北条氏政本身即是武田信玄的女婿。

12月27日，北条氏政遵从父亲的遗愿，与武田信玄重新缔结了同盟。为了表示诚意，北条氏政还把两个弟弟北条氏规与北条氏忠送往甲斐的武田家居城充当人质。

此外，武田家又提出新要求，让北条氏政杀死寄居在小田原的今川氏真。而今川氏真的夫人早川夫人，却是北条氏政的妹妹。北条氏政不忍对妹夫下手，便放出风声给今川氏真，让他乘船由小田原城逃走。今川氏真失去了最后的保护人，已经无处可去，不得已之下，厚着脸皮逃到了德川家的滨松城。尽管与今川之间有着数不清的恩恩怨怨，德川家康还是欣然接纳了氏真夫妇，并为他们建起专门的居馆，诚心保护。

另一方面，织田信长也感到了武田信玄大举西进的气息，此时他正陷入畿内与北近江的战事中无法脱身，便劝家康放弃滨松城，移往冈崎。一旦战事不利，家康就可逃入相邻的尾张。但是家康却回复道："如果放弃滨松城的话，等于就是折断刀剑，舍弃了武门的身份。"

元龟三年（1572）9月29日，武田信玄以骏河方面总大将山县昌景率领5000人由骏河经北远江攻入三河北部，南信浓的总大将秋山信友率领5000人攻入织田家的东美浓。10月3日，武田信玄亲率22000人从甲斐出发，由南信浓的青崩岭攻入远江。

10月10日，武田信玄到达远江犬居城，在此地受到城主天野景贯的热烈欢迎。10月13日，武田信玄分出马场信房率领5000人向"只来城—二俣城—滨松城"方向直线进逼，自己率领17000人扫荡东三河。一日之内，东三河的天方、一宫、饭田、格和、向笠等城不是被攻落就是向信玄投降，10月14日，武田信玄包围了高天神城西侧的久野城。信玄的南下进击，将德川家在天龙川东岸的城池全部攻落，仅剩的挂川城、高天神城与滨松之间的连接已被切断。

在远江北面，马场信房虽然迅速攻落只来城，但不久即在二俣城下受阻。马场信房留下少量部队攻城，自己前往久野城下与信玄本阵会合。

德川家康得知二俣城下仅有少量敌军，信玄的本队转入东远江，决定亲率一支小队渡过天龙川侦察。按家康的盘算，如果信玄的主力离二俣城过远，或是被东远江的坚城钉住，家康就会率领所有的德川军主力，乘隙消灭二俣城方面的武田军。为了完成这次侦察，家康以本多忠胜与内藤信成为先锋，出动了3000人。

德川军渡过天龙川后，又渡过了一条小河三日野川。当时正在东三河作战的山县昌景，派部下辻弥兵卫盛昌前往武田信玄本阵汇报军情。辻弥兵卫在三日野川畔抢先一步发现了德川军，并冲入内藤信成的队伍中，斩下一枚首级，随后提头驰往信玄的本阵进行报警。武田信玄立刻下令所有的兵力西上迎击。

事发突然，当时德川家康的本队刚刚渡过三日野川，正在河边吃饭。作为前锋的本多忠胜与内藤信成最先发现武田军蜂拥而出，由于前后队还未集结到一起，因此也无法摆出发形应战，本多忠胜让内藤信成前去通知家康先撤，自己独自担当殿后的任务。

后退过程中，本多队在一段叫作"一言坂"的坡地上被武田军追上。当时本多忠胜已经后退到坡地的中段，而武田军的先锋马场信房队却出现在坡地的上方。本多忠胜急忙将部下分作三段，抵挡武田军的冲锋，然而随着马场队如洪水般从坡上涌下，本多的三段阵瞬间便被冲破了两段。而在他身后的一言坂下端，也铁炮声大作：武田信玄的近习小杉左近带着一队铁炮手已迂回到一言坂的后方，封住了本多下坡的道路。

由于自己的轻率而陷入了必死之境，本多忠胜流着泪向部下们大声道歉，随后"蜻蜓切"一指，向下发出了突击的号令，这群士兵自知毫无生还的希望，也都以必死之心跟着主将向下方冲锋。本多平八郎忠胜时年25岁，身着黑系威之铠，头戴着有唐头（中国式狮头）前立的鹿角兜，骑着一匹黑鹿毛马，如鬼神般冲下坡来。他的长枪所到之处，尽掀起漫天血雨，身后的死士也紧跟着他边战边前行，坡下的武田军根本无法抵挡。小杉左近见状大为震撼，索性下令停止攻击，要士兵们退到两旁，让出一条路来，放本多忠胜通过。本多忠胜策马奔到小杉的身边，说道："阁下体谅武士之情的心意我领受了，请问尊姓大名！""在下小杉左近，为本多队的血气刚勇所感，不愿以枪相向，请速速离去，迟一步我恐怕会改变心意。"本多忠胜郑重地向小杉道了一声"多谢"，转身带领部下从小杉队让出的道路中驰骋通过，退往滨松城。

事后小杉左近作了一首狂歌讽刺德川家康："家康仅有两样东西强于别人：唐头与本多平八。"实际上两样东西都是指本多平八郎忠胜。这首歌谣，使本多忠胜的勇武之名远近皆知。

一言坂合战以后，武田信玄也不在东远江多做逗留，直接沿着天龙川东岸北上。10月15日，武田军攻落匂坂城，16日到达二俣城下。

二俣城原是松井氏的居城，由于松井宗恒在1569年便投靠了武田家，德川家康在进入远江之际，便把二俣城收为自己的直辖城。这座城位于天龙川与支流二俣川的交汇点的丘陵上，两条河流成为环绕城池的天然"V"形壕沟，极为易守难攻。家康在这座城内配有大将中根正照、副将青木贞治，以及1200名城兵。武田

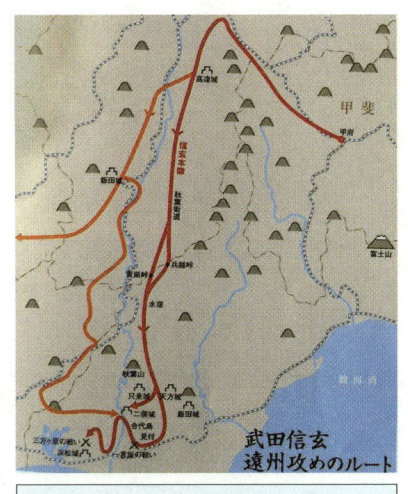

◇ 武田信玄进击路线图

军若要从远江中部渡过天龙川,必然会受到这座城池的牵制。而且仅从一面进攻,无法对这座城池形成包围。

10月18日,武田信玄向二俣城发出降服劝告,遭到中根正照的拒绝后,即下令对城池发起猛攻。

武田军最初的进攻方向,是二俣城东北角的正门。不过正门附近全是陡坡,徒让武田的先锋马场信房队付出了许多牺牲。进入11月,由山县昌景率领的武田军别动队,在东三河四处出击一番后引军东返,到达天龙川西侧,与武田信玄的本队一起完成了对二俣城的包围。尽管如此,武田军对于二俣城这个怪兽,仍然找不到任何突破口,就这样在城下被拖延到了12月。

在二俣城遭到进攻期间,德川家康曾向织田信长请求援军。

但是信长正忙于和北近江的浅井朝仓及近畿的三好三人众、石山本愿寺交战,后方的东美浓也受到武田家秋山信友的进攻。面对武田的凌厉攻势,织田信长已经做了最坏打算——放弃近江与畿内,在老根据地美浓、尾张与武田决一死战。为此,织田家将主要的兵力都调回了岐阜城。

对于家康的求援,信长仅是象征性地以佐久间信盛为大将,率领平手泛秀、林秀贞、水野信元、毛利秀赖等部共3000人前去救援德川家。这支援军,在12月中旬到达了滨松。而德川家康的机动兵力也就13000人左右,其中的5000人分散在三河各地,集中在滨松城内的仅有8000人。总计11000人的兵力,根本无法为救援二俣城而与武田展开决战。

进入12月,武田家终于发现了二俣城的破绽。二俣城立于丘陵之上,虽然有天龙川与二俣川环绕,但是临河部分全是陡坡,仅能靠东面的一个"水之手"(水门)取水。二俣城的取水方式是在河边竖起高高的井楼,将水瓶从井楼上吊到河中灌水。武田方负责攻城的诹访胜赖发现这个问题后,便与武田信丰、穴山信君两部编起许多竹筏,让士兵们乘着竹筏顺天龙川而下,将水之手附近的井楼全部冲垮,又攻上河岸,将附近的德川方阵地占领。尽管受到德川军的猛烈抵抗,武田家猛将小

◇ 本多忠胜有"唐头"前立的鹿角兜

宫山昌友也在战斗中战死，但是武田方最终还是成功断绝了二俣城的水源。

此后尽管中根正照准备了许多桶来接雨水，但是当时正是冬天降雨稀少之时，城内又有1200人，仅靠雨水与雪水根本无法维持生存。到了12月19日，中根正照与武田家达成和议，将城池让给武田信玄，自己率领城兵退往滨松城。

二俣城陷落后，家康的滨松城已经暴露在武田军面前。周边一直持观望态度的神尾氏、饭尾氏、奥山氏、天野氏、贯名氏等豪族相继向武田信玄表示效忠。随后武田信玄留置信浓豪族依田信蕃为二俣城守将，自己率领武田军主力渡过天龙川，继续向德川家的腹地挺进。

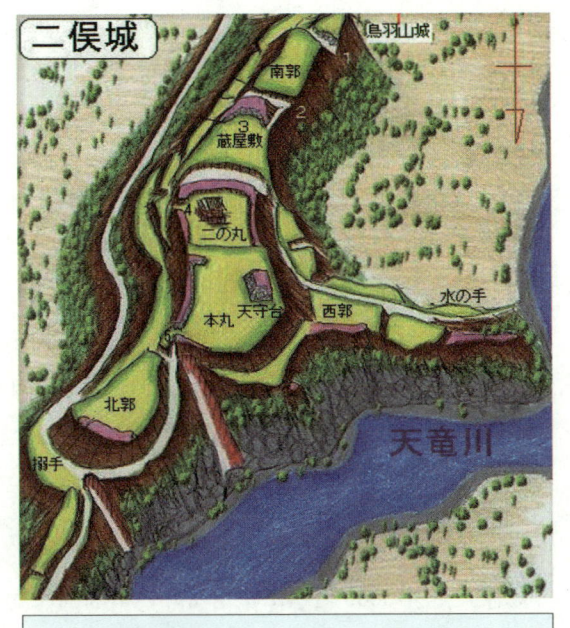

◇ 二俣城地形图

— 第十六章 —
三方原合战

12月22日，武田信玄的27000人，渡过天龙川之后，无视南面的滨松城，直接沿着远江平原向西前进。对于滨松这座东西约420米、南北250米，又有11000名守军的巨城，武田信玄根本没想过硬攻。此时大半个远江已落入武田手中，只要再平定三河，那么滨松城的德川军就成为笼中之鸟了。

当天下午，武田军大摇大摆从滨松城北5里的三方原台地通过。站在滨松城的城头，就能远远地望见武田军前进的队列。尽管援军大将佐久间信盛向德川家康传达了织田信长的忠告："不管信玄怎样挑衅，也千万不要出战。"众多老臣们也进言道："敌方3万，我方8000，若是出击毫无胜算。"但是德川家康却说道："若是让敌人从我家的屋门口踩过去，今后怎么去面对织田家的盟友和天下人？"实则家康也意识到，如果让武田军占领三河，那么滨松在被拔光羽翼之后，也只有弃城或被攻破两条路了。基于这个层面的考虑，他不得不全力一战，与其让己方的士气在接踵而至的恐慌中瓦解，不如直接去见识一下武田的骑兵到底有多么可怕。

德川家康不顾一部分家臣的反对，率领城中的1万余人出击，在下午4时左右，到达三方原后方的祝田坂。发现武田军正在由坂下通过后，家康将8000名德川军分作九队：北面靠近犀崖的四队由远及近为小笠原氏助、内藤信成、中根正照、本多忠胜；南面靠近滨松城的四队为石川数正、大久保忠世、神原康政、酒井忠次。南北两军如鹤翼般展开，家康的本队处于两翼的正中间，北靠本多忠胜、南靠酒井忠次，另外3000名织田军也布阵在南面四队的后方。

此时武田军以诹访胜赖、山县昌景、马场信房三军为后队，一直保持着密集阵形向前行进。另外，从祝田坂到三方原，武田军也安插了许多哨探。一个名为上原能登守的武士，在犀崖上最先发现德川军靠近，便冲下山通报给自己的主公小山田信茂，小山田信茂又和马场信房一起向武田信玄汇报。武田信玄初得回报，还不敢相信，又让旗本武士诸我一叶轩随上原能登守再去查探。确定家康的主力全部出动后，武田信玄即让小山田信茂上前充当先锋，随着战鼓响起，武田军的后队转为前队，变成了中央突破式的"鱼鳞阵"。

看到武田军突然变阵，德川本阵中有不少人开始劝家康赶紧退兵，但此时德川军已是箭在弦上，不得不发。家康一声令下，左翼的石川数正最先向山下冲锋，紧接着外围的小笠原、内藤、中根、大久保、神原六队也跟着冲下。而山下的武田方诸军，早已不慌不忙地摆出步兵在前，弓箭、铁炮手组成两翼的阵势，德川的先锋一靠近，即被铁炮和弓箭打乱，武田家的各队主将紧接着率领骑兵在前、步兵在后，发起了反冲锋。

在德川军右翼，小笠原氏助队最先被武田家的马场信房突破。小笠原旗下的持旗武士杉野原十计兵卫，在以前的战斗中已经失去了左手五个手指，此战仍然高举着小笠原的"金短册"旗印奋战，最后被马场旗下的猛士落合市之丞与冈部

治部右卫门合力斩杀。失去旗印之后，小笠原氏助所部又奋战了数刻，终因寡不敌众而全面溃散。与此同时，和马场并进的小山田信茂，却被德川军右翼的内藤信成、中根正照联手击败，后退了3町左右。马场信房见状率军右转，从侧面突入内藤、中根阵中。内藤信成不敌败走，而中根正照一直以失去二俣城为耻，尽管身边的友军多被击溃，他仍然坚持不退，最后战死在乱军之中。

◇ 三方原合战布阵图

战场南面，石川数正最先与武田家的小山田信茂接触。小山田信茂刚一交战即假装不敌败退，在石川数正与紧随其后的大久保忠世、神原康政深入追击时，武田家最为精锐的红盔红甲部队——山县昌景赤备如雷霆般发动，顷刻之间即把石川、大久保、神原三队击溃，紧接着如同赤潮一样涌向德川家康的本阵。

德川家康见状也毫无惧色，下令旗本武士们全力迎击。立在山县队最前方当先锋的，乃是投靠到武田方的"三家三方众"，这三家素知家康善战，虽然被山县驱赶着冲在队伍的最前端，但一和家康的旗本接触，就假装不敌，被德川军冲得退往左右两侧。山县昌景见状心知肚明，他选择避开德川军旗本队的正面锋头，带领亲卫武士绕到左侧，向着家康立马的大旗下冲锋。尽管这次冲锋一度使得家康的旗本队陷入混乱，但是援护着家康左翼的酒井忠次队也从山县的侧面横枪杀入，与家康合力将山县昌景打退。

当酒井忠次等追击山县队时，山县的后方又有一面"大"字战旗出现。这支部队的主将，是武田信玄最勇猛的第四子诹访四郎胜赖。只见诹访胜赖一扬手，身后的步兵便一齐向前刺出2间（约3.6米）的长枪，向后逃散的山县队士兵不得不又转头向前；紧接着诹访胜赖命人奏起战鼓，让前方士兵混乱急躁的心情随着鼓点的节奏平静下来。胜赖一夹战马，在亲信土屋昌恒与安倍胜宝的掩护下发

059

起了新一波的冲锋。山县昌景乘着这个空隙也重整队形，重新投入战斗，德川家康与酒井忠次两队渐渐露出了败势。

随着战局出现一面倒的趋势，武田信玄将预备队的真田信纲、内藤昌丰、穴山信君、小幡信贞、迹部胜资、高坂昌信等1万余人全部押上前方，又让侄子武田信丰与部将米仓重继迂回到战场侧后方的马手崖，由北至南向着主战场横击过去。那些还在抵抗的德川方部队侧面受此一击，便一个个都开始溃退了。

德川方的八支部队，由于投入战斗较早，遭遇武田军主力后，败退的反应也较快。而织田家的3000人，最开始并没有参加激战，只是四处填补防御空缺救急，结果在最后时刻遭到了武田军第二波主力的猛烈攻击，几乎全军覆灭。混战中织田军的副将平手泛秀战死，主将佐久间信盛逃走，另外织田信长有四名亲信武士长谷川桥之助、山口飞驒守、加藤弥三郎、佐胁藤八郎良之，由于此前触怒信长而被放逐到滨松，这一次也随着援军一起战死在三方原的战场上。

败退之中，德川家康的身边仅剩下夏目吉信、铃木久三郎、成濑吉右卫门、日下部兵右卫门、小栗忠藏、岛田治兵卫六骑，而武田的追兵还在不停地跟来。夏目吉信与铃木久三郎让家康先走，随后夏目高喊着"我就是德川家康"，铃木久三郎则举着家康的旗印，一起将武田军的注意力吸引了过去。由于这两人的牺牲，家康一行才得以摆脱武田的大部队，在当天傍晚逃入滨松城中。据说由于败走时过度恐慌，德川家康甚至在马上脱了粪。

回到滨松城之后，看到从四面八方逃来的败兵和满城的骚动，德川家康的心思反而空明起来。他让部将高木广正找来一个光头络腮胡子的武士首级，穿在刀尖上满城巡游，并高喊着："今日乱战之中，我已乘隙斩下了武田信玄的首级。"高木喊了一圈，城内的慌乱逐渐平息下来。

接下来家康又下令打开城门，点起篝火，将城里的每一个角落都照亮。酒井忠次察知主君的心意，也登上城楼，用力敲起太鼓，鼓舞士兵们的斗志。一切安排妥当之后，家康吃了一碗汤饭，饭间还找来画师，将自己惊魂未定的样子画成了一幅"颦像"，挂在床头，以提醒自己今后不要再轻率用兵。接着便倒下来呼呼大睡。看到主君如此镇定，属下的部将们也都冷静了下来。不久，武田家的马场信房、山县昌景率领先锋骑兵出现在城外，这两位名将看到滨松城城门大开，灯火通明，反而以为是疑兵之计，不敢攻击而就此退走。

到了半夜，德川家康从深眠中醒来。为了报一箭之仇，他让大久保忠世与天野康景带着一队人马潜行到滨松城北约 1 里处的犀崖，袭击了在崖下宿营的武田军。当武田军整好队列追击时，大久保与天野又把他们引到崖上。在山崖之间有一段用布搭起来的假桥，不明就里的武田军贸然踩上去，结果有数十人落到崖下身亡。

这就是三方原之战，德川家康一生中最大的败仗。历时半天一夜的战斗中，武田军仅战死 409 人，而德川与织田联军阵亡了有名武士 535 人、杂兵 2000 余人。德川方战死的城主级武将有中根正照、青木贞治、鸟居忠广、本多忠真、加藤比之丞、加藤正信、米津政信、大久保忠寄、杉野原十计兵卫、神原忠直、成濑正义、石川正俊、夏目吉信、河井又五郎、松山宫内、加藤景继、松平弥右卫门等。

◇ 谏访四郎胜赖

据说武田信玄在战后检视战场时发现，德川家战死的武士，倒向滨松城的，多是仰躺着的，倒向武田军的，多是俯趴着的，很少有背对着战场战死的逃兵，不得不对家康的统御能力大加赞赏。而德川家康此后也把武田信玄视为这一生中碰到的最强对手。

— 第十七章 —

猛虎之死

三方原合战之后，滨松城内仍有超过 5000 人的守军。为了避免被这座坚城拖累，使织田信长得以从畿内抽出主力前来决战，武田信玄仍然没有攻城，而是在距远江与三河国境约 20 里的刑部村度过了残年。

元龟四年（1573）正月初十，武田军开始西上向三河侵攻。首当其冲的，是菅沼定盈所守的野田城。

在大久保忠教所著的《三河物语》中，将野田城记为"蕞尔小城"。城主菅沼定盈加上前来助战的姻亲设乐贞通、松平忠昌，三家合力也才只有500名守兵。但是这座小城，在经历了1571年的武田信玄三河侵攻、1572年山县昌景三河侵攻之后仍然屹立不倒，成为家康在三河的一面战旗。

这一次武田信玄到达野田城下，不再视之不见，而是让马场信房与山县昌景两将对城池进行猛攻，又让诹访胜赖率部列阵于后方，准备袭击家康的援军。然而在这座小城下，武田军的动作变得出乎意料地迟缓。攻城战从1月上旬一直持续到了2月上旬，在强攻无效的情况下，武田信玄让专门为他探查金矿的"金掘众"挖地道，切断了野田城的水脉，才使得围城战进入了倒计时。在此期间，德川家康的援军一度在野田城外东丰川对岸的山顶上出现，让城兵们看到了一线曙光。但是家康看到城下的诹访胜赖部严阵以待，便吸取三方原的教训，又退回了滨松城。转眼之间，野田城内又由欢喜掉入了绝望的深渊。

◇ 德川家康的"睪像"

2月16日，菅沼定盈为了保全城官兵的性命，开城向武田信玄投降，但是他与松平忠昌、设乐贞通等将领却拒绝成为武田家臣。3月10日，武田家用他们三人交换回了留在滨松的"三家三方众"奥平贞能、菅沼正贞、菅沼贞吉三家之人质。

野田城的陷落，使得德川家在三河的核心据点冈崎与吉田暴露在武田军面前。只要再攻落这两城，整个三河就毫无疑问地被武田收入囊中。但是武田军在野田城下拖延了整整一个月，这表明在野田城下，武田信玄此前的急攻战术已经发生了重大转折。而且野田城陷落后，武田军停止了所有的进攻，转而退往三河北部的长篠城。

通常的说法是，在野田城下，武田信玄的旧病（肺结核或胃癌众说不一）开始恶化。而据《德川十五代记》的记载，信玄在野田城下受到了狙击。野田城攻城战的后期，由于水源被断绝，城中开始弥漫着绝望之气。每天晚上，一个叫作村松芳休的武士，都在城楼的箭橹上吹奏尺八，一解愁情。久而久之，城下也有不少武田军变成了他的听众,每天晚上围在橹楼下听笛。城中有一个铁炮名手鸟居三左卫门,看见每夜聚在城下的武田军,便联想到敌将武田信玄也是个喜好笛音的人,于是时常拿着铁炮潜伏在村松芳休的左右。果然有一夜,他在城下的听众中,发现了一个骑在马上的大将身影,瞄准之后一枪将其打落马下。被打中的正是武田信玄,他因此受了致命伤。

武田军在长篠城下停留到3月15日,信玄的病情仍不见好转,最后不得不在部分亲信重臣的陪同下返回甲斐调养。但是信玄进入信浓之后即已告不支,终在4月12日,病逝于信浓的驹场,享年52岁。

武田信玄临死前留下的遗命是:诹访胜赖之子武田太郎信胜为武田家的新任家督,诹访胜赖回归本家,改名为武田胜赖,担当信胜的监护人。此时武田信胜年仅7岁,他的父亲武田胜赖就成了武田家的实际家主。另外信玄还嘱托家臣,把自己去世的消息对敌国封锁三年,到第三年再发丧。信玄的去世,让德川家康面临的空前危机转眼间烟消云散。

武田信玄留给武田胜赖的,还有支撑着武田家的五根顶梁柱:高坂昌信,作为信浓海津城主,负责统领北信浓豪族,牵制上杉谦信。牧岛城主马场信房,作为信浓牧岛城主,负责统领越中与飞驒。内藤昌丰,作为上野箕轮城主,统领西上野豪族,牵制关东。山县昌景,作为骏河江尻城主,负责统领骏河、远江豪族。以上四人,合称为"武田四名臣"。另外南信浓的高远城主秋山信友,也算是武田军的国主级大将。

在武田信玄由野田城撤退,到4月12日在信浓驹场去世期间,织田信长已经敏锐地感觉到了武田军战略的转变,并出兵讨伐了作乱的近江豪族山冈景友与六角义贤。

◇ 武田信玄铜像

而京都的将军足利义昭却反应迟缓,以为武田军马上将与织田展开决战,受到这种憧憬的驱使,他在3月7日正式与织田家断交。

3月30日,织田信长攻入京都,将足利义昭的居所二条城包围,此时双方仍未确知武田信玄病重的消息。不久,正亲町天皇亲自下旨,让织田信长与足利义昭讲和。

到了 7 月 1 日，武田家停止进军的态势已经十分明显，而足利义昭却仍抱着侥幸，在山城国的槙岛城举兵，并封锁了近江到山城的陆路。让他意想不到的是，织田信长乘着几艘大船，从琵琶湖上直接渡至京都。7 月 18 日，织田军攻破槙岛城，将足利义昭活捉，随即把他流放到河内国，统治日本 200 多年的室町幕府正式灭亡。7 月 28 日，织田信长奏请天皇，将年号由元龟四年改为天正元年。

— 第十八章 —

反　攻

　　武田军退去后，德川家康试探性地派出一小队人马往东查探敌情。这支小队从滨松沿路抄略，穿越了整个远江，一直到达骏河的冈部乡，才遇到在地武士的小规模抵抗。家康由此也确信武田的主力暂时是不会再出动了。随后家康旗下的德川信康、平岩亲吉、久野宗能等将领各自在远江、三河展开反击，一连夺回了五座城池。家康本人则亲率 4000 人，包围了三河北部的长篠城。

　　由于甲斐、信浓、飞驒、西上野、越中、骏河的豪族们已随武田信玄连续征战了半年有余，此时武田胜赖已将他们各自遣回领地。家康在远江、三河发起反攻后，武田胜赖仅派出了两支不到 5000 人的征伐军：骏河—远江方面总大将为武田逍遥轩信廉，山县昌景与穴山信君为副将；信浓—北三河方面总大将为武田左马助信丰，副将为马场信房与小山田信茂。

　　武田胜赖和其父信玄的一大不同是：武田信玄长于识人用人，马场信房、山县昌景等四名臣皆是出身普通的家臣，却被信玄提拔为独当一面的大将，不管是进攻关东，还是西上作战期间，山县昌景时常独自率领一支军团来回奔袭，屡建奇功。信玄的弟弟武田逍遥轩信廉，是十分有名的画家，同时长相与信玄相似，也时常充当信玄的替身，但是单就军事能力来说，在名将辈出的武田家属于十分平庸之辈，信玄的另外两个弟弟武田信连、一条信龙也是如此。所以每逢大战，武田信玄时常把这些亲族放在本阵的周边，充当旗本或预备队。但是武田胜赖甫一继任，便以这群亲族为主将，不再把军队交给山县、马场这些外姓重臣。

武田信廉率领的远江方面军，渡过大井川之后，便不顾山县昌景的劝阻，迅速向西急进，在远江的森村遭到德川家大须贺康高、本多忠胜、本多重次、神原康政、菅沼定利、土井丰后守六将的伏击，武田信廉、武田信连、一条信龙各自大败而还。而被撇在后方的山县昌景尚在挂川城下放火，得知己方大败之后立刻率军西上。此时德川军已经打扫战场，开始撤退，赶上来的山县赤备队咬住德川军土井丰后守的后队死死不放，一连斩杀了32人，最后本多忠胜转头杀过来，才将山县队逼退。

◇ 武田信廉

从信浓到北三河，由于行军路程较远，且中途全是山地，武田信丰的进程有所迟缓。而长篠城又是一座小城，德川家康仅用4000兵力就把这座城围得水泄不通，还切断了城内与城外的联系。

到了8月，武田信丰队已经进军到城北2里的远小山时，由于尚不知道援军的存在，守城的菅沼正贞、小泉源次郎、诸我入道一叶轩三将已经绝望，向德川方献出了城池。家康受取城池之后，让这三将带领城兵退往信浓。

但是武田胜赖对守城战的功亏一篑十分恼怒，他把责任全都归结到了驻守长篠的三河豪族身上，城将菅沼正贞回到了武田家，被武田胜赖下令幽闭于武田信丰的居城小诸城。长篠城附近的作手城主奥平贞能、奥平贞昌父子救援不力，援军主将武田信丰怀疑他们充当了德川家的内应。此时奥平家已向武田献上了三名人质，但是武田信丰又向奥平贞能索取新的人质。奥平贞能受此怀疑与羞辱，一怒之下于8月21日率领同族与郎党离开作手城，南下逃往德川的领地。

因为敌我实力悬殊而来回倒戈，是战国时代武士们为保全家名而经常做出的事情，对此德川家康并没有记仇，而是慷慨地把得来不易的长篠城赐给奥平贞能父子，作为新的居城。而武田胜赖却在8月26日将奥平贞能留在武田家的三名人质全部处以磔刑，他的暴行将原本只是墙头草的奥平父子，变成了家康的忠实干将。

这一年的8月，在北近江，继消灭足利将军家之后，织田信长又对浅井长政的小谷城展开了进攻。朝仓义景虽然起举国之兵2万人南下救援浅井，却在8月13日被织田信长以一场夜袭战击破。

大胜之后织田信长锲而不舍地追击朝仓军，8月14日在越前与近江交界处的刀根坂消灭了朝仓军主力，8月18日突入朝仓家的越前府中。朝仓义景逃往大野

◇ 长滨城主羽柴秀吉

郡的同族朝仓景镜处，却遭到后者的背叛，在8月20日遭受攻击而自杀。9天时间内，织田信长便闪电般地由近江攻入越前，消灭了名门朝仓家。

9月1日，小谷城陷落之前，浅井长政将织田信长的妹妹市公主与三个女儿茶茶、阿初、阿江送回织田家，然后切腹自杀。

平定北近江之后，织田信长将浅井家的旧领三郡12万石之地，赏给了那位平民出身的部将木下秀吉。借着这个机会，木下秀吉取织田家重臣柴田胜家的"柴"字与丹羽长秀的"羽"字，改名为"羽柴秀吉"，又拜领织田信长的"长"字，将琵琶湖畔的今滨改为"长滨"，作为自己的居城。

— 第十九章 —

长篠前夜

天正二年（1574）的新年刚过，武田胜赖便攻入东美浓，以岩村城为中心，连夺织田家十八城。

晚一步赶来的织田信长、织田信忠父子救援不及，只好退出东美浓，在东美浓山地通往中美浓平原的要道上筑起高野城与小里城，封锁了武田军的进路。

连绵的群山也限制了武田军的补给，4月7日，武田胜赖撤军返回了甲斐。他这一次的贸然出动，也足以让织田信长与德川家康确信，武田信玄的去世已经成为事实。

从东美浓无法继续向西深入，让武田胜赖意识到，他只能走父亲的老路，由骏河、远江向西侵攻。

5月3日，武田胜赖率领25000人由骏河进入远江，包围了小笠原氏助的高天神城。收到小笠原氏助的求援时，德川家康身边仅有1万左右的兵力。

自三方原合战以来，家康逐渐变得沉稳冷静，以6000人击败朝仓军1万之举，已经成了年少轻狂的回忆。此刻在面对2万余名武田军的情况下，家康自认为没有十足的胜算，便固守滨松城不动，仅是向织田家派出使者，请求信长亲自率领援军前来与武田家决战。

此前，织田信长刚在京都的贺茂神社祭举办了一次赛马会，5月16日得到家康的通报后，信长立刻离开京都，前往岐阜组织援军。信长也没有料到武田胜赖刚从东美浓撤走就又攻入远江，不过在半路上，他也逐渐想好了对付武田胜赖的策略。

此后信长的行进速度却越来越慢。从京都到岐阜，最多只要5天，但是信长却足足走了12天，在5月28日才到达岐阜。接着信长又在岐阜城停留了半个月以集结兵力，让部将们从北近江、堺町等铁炮产地筹备了大量的铁炮。到了6月14日，信长率领3万人，由岐阜出发。6月17日，信长进入三河吉田城，受到酒井忠次的款待，又停留了一天。

武田胜赖围城一个月，心情已是急躁万分。这座高天神城，是前年武田信玄都未能攻下的坚城，所以武田胜赖决心要将高天神城攻下，以向家臣们表明，自己并不比父亲信玄差劲。

得知信长的援军主力即将赶到后，武田胜赖不再体恤士卒，而是把所有的兵力都押上，不分昼夜地轮番攻城，那些后来才降服到武田旗下的骏河、远江豪族，自然是充当了第一线的替死鬼。到了6月19日，武田军用尸体在城门边的猿返曲轮（曲轮，即利用天然的半圆形陡壁组成城壁的一部分）下堆成了一个小坡，担当先锋的冈部一族与朝比奈一族才由小坡突入猿返曲轮内，占据了外城。

激战之中，武田方的骏河武士冈部长秋战死，而城将小笠原氏助仍退入本丸坚持抵抗。冈部长秋的两个兄长冈部次郎右卫门正纲与冈部丹波守元信，曾经和小笠原氏助一样，都是今川家的重臣，看到骏河武士自相争斗战死的惨状，这兄弟二人便放下武器，进入本丸对小笠原氏助动之以情。到了这个地步，小笠原氏助也只有开城向武田投降。随后武田信玄赐小笠原氏助以骏河1万贯之地，并任命冈部元信、冈部正纲兄弟为新的高天神城城主。

高天神城陷落的当天，织田信长才走到滨松城西北部的滨名湖畔。得知城池陷落后，信长立刻打马返回岐阜，不过他在临行前，派人向家康送去满满两大皮袋黄金以表补偿。

对于织田与德川来说，高天神城的陷落，只是降低了德川家康对远江东部的支配力度，一时还构不成重大打击。但是攻克这座城池，对于武田胜赖却意义非凡，这让他足以向家臣们展示，自己乃是不逊于父亲信玄的雄才大略之主。而从京都到高天神，仅10余天的路程，织田信长却足足走了一个多月。这种情况出现在以闪电战和奇袭出名的信长身上，只能说是他故意为之。或许由京都返回岐阜之际，织田信长就想好了两种方案：要么就进行充分准备，打一场十拿九稳的战役；要么干脆放任武田攻下高天神城，使武田胜赖因自满而变得更加轻率冒进，露出更大的破绽。

11月，织田信长下令整备了尾张国的桥梁、道路与水路，以便下一场战争爆发后，能在最短时间内奔赴东海道。

天正三年（1575）是武田信玄去世的第三个年头。这一年的4月12日，武田胜赖带领一族与重臣，为武田信玄举办了一场三七的法事。接下来武田胜赖率领15000人西上信浓，参拜了诹访大社。

早年武田胜赖作为养子被过继到诹访家，大社所供奉的诹访大明神就是他的保护神，也是武田家最信奉的军神。然而参拜完毕下山之际，大社山门上的屋檐一角无缘无故地掉落下来，差点砸到武田胜赖头上。中途骑马渡河时，一向坚固的社桥突然断裂，三名杂役不慎落入河中淹死。幸亏胜赖骑术精湛，骑的又是一匹名马，在断桥上及时止住了马步。然而这些不祥的征兆都没能止住武田胜赖向三河进攻的步伐。

要打败德川家康，就得剪除家康的远江与三河两翼。此前攻克高天神城，已让武田家在远江方面找回了主动权。而在三河，武田胜赖又策反了德川家一名重臣做内应。此人名叫大贺弥四郎，因为精通算术与测量，已被德川家提拔为掌管三河渥美郡二十乡的代官。有他做内应，武田军便能轻而易举地深入东三河腹地，将酒井忠次的吉田城与德川信康的冈崎城切断。

大贺弥四郎有两名随从小谷甚左卫门、山田八藏也参与了谋叛计划，但是其中的山田八藏忽然悔悟，并向德川信康自首。事发后小谷甚左卫门逃往甲斐，主犯大贺弥四郎则被捉住，德川家康命人将弥四郎绑在马尾巴上，在马上插起"此人为叛逆"的大旗，让人拖着他在冈崎—滨松之间巡示了一番，最后把大贺弥四郎与其妻子儿女共八人埋入土中，让来往的行人每人用竹锯锯他几下。弥四郎又婉转哀号了七日才死去，而德川家在三河的各城也因此加强了戒备。

武田胜赖在进攻三河的途中，发现大贺弥四郎已被家康清理，悻悻之下在牛洼城与榆木城各放了一把火，便回师北返。但是他又不甘心这场吊唁信玄的合战就这么无功而回，于是在5月1日包围了德川家北境的长篠城。

长篠城和二俣城的地形位置十分相似，也是处在丰川和宇连川两条河流的夹角上，但是规模却比二俣城要小。奥平贞能、奥平信昌父子以下的守兵仅有300人，后来德川家康又让松平景忠（五井松平）带了200名铁炮手入城驻守。然而城中还有一条小河穿过，所以水源不容易被切断。

武田胜赖的本阵，设在长篠城北面的医王寺。为了切断长篠城与外界的联系，他在与城池隔着河流相望的丰川西岸与宇连川南岸布下重兵，并在宇连川南岸的鸢巢山附近立下五座城砦，让叔父武田信实镇守该山，以防备从南面赶来的德川家援军。德川家查明武田军的布置之后，认为单独救援难以成功，派出小栗大六作为使者，向织田信长请求援军。

从5月1日到5月10日，武田军连续向长篠城进行了10日猛攻。由于城池极小而守城方配备铁炮比例极高，武田军一度难以靠近城门，后来他们想了一个办法：将竹子扎成竹束，冲锋时摆在阵头，以抵挡城头的铁炮射击。但是5月11日，双方再次交战时，守城兵却打开城门冲出，杀了武田军一个措手不及，接着放火将对方来不及搬走的竹束全部烧毁。随后三天，武田军不分昼夜地猛攻，终于将外城的三之丸与二之丸攻破，城兵们被迫退守到本丸之中，而且也仅剩下四到五天的粮食。

奥平信昌看到城兵们皆已疲惫虚弱至极，为了维持他们仅存的希望，决定派遣勇士，前去催请德川家康的援军。当他提出这个方案的时候，部下们都不敢吱声，只有一个名叫鸟居强右卫门胜商的乡间武士挺身而出，接下了这个任务。

5月14日夜，下起了一阵小雨，鸟居强右卫门顺着本丸的排污口冲入丰川，又小心翼翼地割断了武田军布在水底的铃网，成功钻出了

◇ 长篠城地形图

包围圈。从下游上岸后,他在下游对岸的雁峰山顶上点起狼烟,告知城内自己安然无恙,接着便日夜兼程地赶往冈崎城。

由于不久前的大贺弥四郎之乱,家康已经将冈崎设为临时本阵,鸟居强右卫门向他描述了长篠城的艰难战况。家康告诉强右卫门,织田信长的援军已经到了半路上,自己第二天也会向长篠出发,并让强右卫门随德川军一起行动。但是鸟居强右卫门却推辞道:"城中诸人正延颈以待,在下实在无法坐等,今夜就想回去通报佳音。"

饱餐一顿之后,鸟居强右卫门又连夜赶路,在 16 日清晨按原路返回,在河对岸的雁峰山上点起了三束狼烟。城内的士兵们看到狼烟,顿时欢声起伏,这却引起了武田军的注意,武田军赶往雁峰山下的有海村设伏,将急速赶路的鸟居强右卫门捉住。

通过审问鸟居强右卫门,武田胜赖得知织田、德川援军即将到来,也是大吃一惊,于是他更急于要抢先攻下城池。为此,武田胜赖对鸟居强右卫门说道:"只要你对着城池喊'援军不会来',我便饶你性命。"强右卫门欣喜若狂地答应了。随后胜赖命人将强右卫门押到与城池正对着的丰川西岸,在守城兵们都能看到的地方让他喊话。鸟居强右卫门抱着必死的觉悟喊道:"大家请安心!织田与德川的援军三日之内定会到来!现在还请再忍耐一下!"城头顿时欢声雷动,而武田胜赖却脸色铁青,下令马上将鸟居强右卫门处以磔刑,即绑在木架上穿刺而死。

行刑时,鸟居强右卫门依旧神色不变,而负责监刑的武田家臣落合左平次道久却被他赌上性命的忠义所感动,事后将鸟居强右卫门受刑的英姿画在了自己的战旗上,这面战旗一直保存到了现在。

— 第二十章 —

决战设乐原

5 月 13 日,织田信长率领 3 万大军从岐阜出发。由于战前就整修了道路,做了多种准备,这一次织田军仅用了两天便赶到冈崎城。

5月18日，3万织田军与8000名德川军一起到达长篠城西部的极乐寺山。由于极乐寺山到长篠之间多是山地，仅有中间横穿而过的连吾川两岸是便于武田家骑兵驰骋的平原，所以织田信长毫不犹豫地把主战场预定在了这片叫"设乐原"的河谷平原上。从5月18日起，德川与织田两军沿着连吾川西岸抢修起三层的土垒、壕沟与防马栅。整个防线由南端的连吾桥到北端的森长、滨田，全长约2公里。

另外，从前一年起，织田信长就让羽柴秀吉等部将在近江的国友村与和泉的堺町采购铁炮，为了准备这场合战，他又让旗下的部将们每人出50到数百门的铁炮不等。

此时织田信长已经领有尾张、美浓、伊势、志摩、近江、越前、若狭、山城、河内、和泉、伊贺、摄津、大和约十三个国，总石高（年收入）在450万石以上，根据信长家臣明智光秀后来制定的军法，当时织田家中，每1000石约出军役32人，其中包括铁炮5挺，为了准备长篠合战，织田信长动员了自己四分之一到五分之一的兵力，铁炮数在3000挺左右。而德川家康领有的三河、远江两国，总收入仅为织田家的十分之一，这一次也筹备了500挺铁炮。

在武田军阵营内，得知织田信长亲自出马，马场信房以下的众多老臣纷纷劝武田胜赖退兵。但是武田胜赖此次出兵以来屡屡受挫，急欲通过一场战斗来重新树立信心。看到织田、德川联军修造防马栅与壕沟展现出的防御架势，他产生了错觉，以为信长与家康是怕了自己的骑兵，从而更加跃跃欲试地要上前进攻。

5月19日，武田胜赖不顾众将的拦阻，率领12000人拔营起寨，将阵地西移到连吾川东岸的天王山上。在长篠城西岸的有海村，他留下了小山田昌行、高坂昌澄（武田四名臣之一高坂昌信之子）两队1000人，在长篠城南岸的鸢巢山五座砦里，武田胜赖留下2000人，以叔父武田信实为守将，两方面总计3000人，继续牵制长篠城。

5月20日，织田信长与德川家康集合两家重臣，召开了战前的军议。

席间酒井忠次大胆进言："鸢巢山方面的敌军仅2000人，可以派出一支别动队在今晚迂回过去将其攻落，然后与长篠守军联合袭击武田胜赖的后方。"但织田信长白了酒井忠次一眼，骂道："今日之军议，两位大将都还没有说出主张，你就急于抢功说出这等无用的计谋，真是有失体统。"酒井忠次挨骂之后便红着脸退下。到了晚上，织田信长却单独召见酒井忠次，安慰他说："你的计谋固是最好，刚才只是怕军中有内应泄露给武田，才对你有所责辱，请不要挂在心上。"

◇ 鸟居强右卫门受磔之旗

说罢信长便将部将金森长近、佐藤六左卫门、青山新七等人及5000人拨给酒井忠次，加上酒井自身的3000人，组成了一支8000人的别动队，在晚上12时左右神不知鬼不觉地向鸢巢山抄袭过去。

5月21日凌晨，酒井忠次队在一位本地向导的带领下，渡过丰川，沿着鸢巢山的南面山脚向山上急行。到达鸢巢砦下之后，酒井忠次便下令所有人都潜伏不动。等到天刚刚亮，他就下令点起火把，向城砦展开急袭。由于鸢巢砦处在武田军后方的腹地，当时又是守军半梦半醒的时刻，谁也没料到德川军会在此时此刻发起进攻。酒井忠次没花多少力气就把鸢巢山主砦攻落，紧接着又连续攻落了周围的中山、久间山、姥怀、君伏四座支砦。武田军主将武田信实以下，五座城砦的守将三枝守友、五味贞成、和田业繁、名和宗安、饭尾助友全部战死。

胜利之后，酒井忠次在鸢巢山上点起烽火，又下山与长篠城的守军会合，渡过丰川向西岸有海村的高坂昌澄、小山田昌行部发起猛攻，混乱之中武田方高坂昌澄战死，但小山田昌行却一面收拢残兵，一面边退边反击，拖住了酒井。酒井的先锋松平伊忠（深沟松平家）由于突入敌阵过深，被武田军包围，最后力战身亡。

同一天早上，德川与织田联军也依据防马栅摆出了阵势，防马栅南段的"竹广口—八剑山"地区是德川军：

大久保忠世、大久保忠佐兄弟，以及松平周防守立于竹广口的栅外充当诱饵。

松平主殿助家忠、松平和泉守、菅沼定利、松平玄蕃助清宗、土井丰后守立阵于竹广口的防马栅后方。

鸟居元忠、大须贺康高、本多重次、石川数正列于竹广口北面、八剑山之下的防马栅后方。

德川家康本队布阵于"竹广口—八剑山"后方的弹正山，山下正前方有内藤四郎左卫门、植村出羽守两队，左右有本多忠胜、神原康政两队。

另外德川家康又让设乐郡的本地豪族设乐贞通作为游军，在丰川东岸来回巡视，随时防备武田军派出别动队渡河进行迂回攻击。

在防马栅北段，织田信长依次配置有佐久间信盛、泷川一益、羽柴秀吉、明

智光秀等部将，又以佐佐成政、前田利家、野野村正成、福富秀胜、塙直政五人为铁炮奉行，专门负责指挥铁炮队。织田信长立阵于防马栅北段后方的川上山，以柴田胜家为副将；信长嫡子织田信忠立阵于防马栅中段的新堂山，以丹羽长秀为副将。

面对织田与德川的大军，武田家的重臣大多主张暂时先撤退，马场信房也建议以自己与内藤昌丰、山县昌景三支精锐渡过丰川去截断织田信长的粮道，到时织田军自会不战而退。而武田胜赖却像斗红了眼的公牛一般，坚持决定正面迎击，并把1万大军分成了正面三阵：

马场信房与一条信龙、真田信纲、真田昌辉、土屋昌次五军成一组，正面攻击防马栅北段的佐久间信盛、羽柴秀吉、明智光秀部。

内藤昌丰一队，武田逍遥轩信廉、原隼人昌胤两人一队，和田左卫门尉、五味高重两人一队，永根雅乐助、松本兵部两人一队，安中左近景繁一队，以上五队成一组，从柳田攻击防马栅中段。

山县三郎兵卫昌景一队、武田左马助信丰一队、小幡宪重与小幡信秀一队、甘利信康与小笠原信岭松冈三河守成一队、小山田信茂与迹部胜资成一队，五队合一组，攻击防马栅南段的德川军。

酒井忠次在鸢巢山上点起狼烟，宣告奇袭得手之际，大久保忠世、大久保忠佐兄弟带着一小队铁炮手，移动到防马栅外1町（109米）之地，向对面的山县昌景队前排足轻射击，拉开了合战的序幕。

震天动地的金鼓声中，山县昌景赤备队1500人排成锋矢阵向前突击，大久保兄弟急忙后撤20米，进入己方铁炮的射程之内，当时铁炮的射程是60～90米。山县昌景队向前冲锋了50米左右，在快跨进德川军铁炮射程处，突然马头一转，迂回到战场南面的连吾川下游渡河，向着防马栅的侧面突进。大久保忠世见状也急忙移动到防马栅侧面拦击。

山县昌景在防马栅边被一层断崖阻挡，无法全力突入栅内，在栅外向大久保队来回冲锋了九次之后，渐渐受到了德川军铁炮的密集射击，只好又照原路退回连吾川东岸。原本属于山县昌景后队的小幡宪重、小山田信茂、武田信丰三军，在山县昌景渡河迂回的同时，曾试图从防马栅正面向竹广口冲击，结果受到栅内铁炮的密集射击，损失多人之后败走。

在战场的北段，织田家也派出佐久间信盛出栅诱敌。佐久间信盛率领5000人

◇ 长筱之战战场地形

抢占了连吾川东岸平地上的一座小丘丸山作为阵地，武田家的马场信房随后将700名骑兵分作350人的两队，从南北两端一起向丸山反复突击，须臾之间即把佐久间信盛的5000人赶下山丘。佐久间信盛羞怒之下又向丸山展开反攻，但是武田的后续部队越来越多，马场信房也指挥骑兵向山下冲锋，将佐久间信盛队打得体无完肤，狼狈逃回防马栅内。

上午10时左右，鸢巢山失守的消息已由溃军正式传到武田阵中，马场信房立刻派出使者，前往武田胜赖的本阵进言："现在我方稍占优势，敌军的铁炮甚多，但是给我方造成的伤亡还不大，就目前的战果来说也不失颜面，应该找机会马上撤退。"但是武田胜赖却认为退路已失，更应该背水一战，加上被此前的战果所鼓舞，竟不顾马场信房的劝告，发出了全军进击的指令。

此时马场信房已经抱定了必死的觉悟。他将胜赖的指令通报给了同为右翼的真田信纲、真田昌辉兄弟以及土屋昌次，随后这三将一起向防马栅的正面发起冲锋。付出无数牺牲之后，马场等部一举将织田方北段的第一层防马栅打破，突入到第二层。

织田信长急忙命羽柴秀吉与丹羽长秀迂回到战场的北部，向武田军侧面进攻。此时真田兄弟与土屋昌次依然坚持不退，又把织田军第二层栅外的泷川一益部击溃，其前锋的一些人突破了第二重栅，又向第三重栅冲锋。

此时织田军北段的防卫已呈崩溃之势，织田信长赶紧把佐佐成政与前田利家两支铁炮队调集过来，组成两翼向朝着第三层栅冲锋的武田军连续开火。武田家冲在最前方的土屋昌次立刻被打成了蜂窝状。第二层栅外，真田信纲与真田昌辉部受到丹羽长秀、羽柴秀吉两军从侧面的攻击，真田信纲也被铁炮打死，真田昌

◇ 长筱之战对阵图

辉负伤后退。

在北段的织田军来回频繁调度之际，防马栅中段的防御部队有所减少。武田家中阵的内藤昌丰乘机率领原隼人昌胤、武田信廉、安中左近景繁向前冲锋，在枪林弹雨中一连突破了两层防马栅。织田军防守中段的泷川一益本来在助守北段时被击溃，刚刚回到中部进行重整，遭到内藤队的攻击后又迅速溃败，乱战之中就连泷川一益的"金三团子"旗印也被武田军夺走。德川军摆在中间的鸟居元忠、石川数正也是十分狼狈。在这形势最为危急的时刻，家康急忙调身边的本多忠胜队上前阻挡，本多忠胜亲自持枪奋战，才将内藤昌丰队逼出第二层栅外。

在战场的南段，山县昌景部又从竹广口发起了四波冲锋。德川方的大久保忠世、忠佐兄弟如影随形地挡在山县队前方，一边干扰山县的速度，一边把他引入己方铁炮的射程。山县昌景大怒之下，让部下的勇士广濑乡左卫门、三科传右卫门、小菅五郎兵卫带队上前。

当时大久保忠世背插"扬羽蝶"战旗，大久保忠佐背插"金钓镜"靠旗，骑在马上与山县方三将来回交枪，山县昌景由此得以抽身出来，绕过大久保兄弟冲入防马栅内，此时他身边的 1500 人仅剩下 800 人。不久三科传右卫门与小菅五郎兵卫都负伤后退，而广濑乡左卫门则连斩德川方七骑，丢下大久保兄弟，紧追着山县昌景突入栅内。山县昌景知道以这样的兵力难以再突破德川的第二层栅，只能把希望都放到中段的内藤昌丰与北段的马场信房身上，为了减轻内藤与马场的压力，他随后由南向北，在第一层栅与第二层栅之间进行了四度冲锋，给联军造成巨大伤亡。

家康见状又把本多忠胜与旗下的铁炮手全都调往南段。在震天动地的铁炮轰鸣声中，山县昌景身边迅速减员到 500 人，其中还有 200 人身负重伤。眼看已经无力再战，山县昌景让部下们向着防马栅的虎口撤退，自己与广濑乡左卫门、辻弥兵卫盛昌、志村又右卫门等亲信武士一起为士兵们殿后。当他最后退到防马栅口之际，本多忠胜已带领着几名铁炮手潜行到附近。随着本多忠胜的指示，铁炮的火舌吐出，头戴"红色角切折敷前立兜"、身着"本小札色色威朱具足"的武田家第一名将山县昌景，轰然倒落马下。据说山县昌景临死前还将军扇紧紧地咬在口中。

当德川军的大久保忠世举起山县昌景的首级，高叫"敌将山县三郎兵卫，讨取！"的时候，整个战场都沸腾了。随后大久保兄弟冲出栅外向武田军发起反攻。惊怒之中，武田方的小山田信茂、迹部胜资、小幡宪重、望月信永、甘利信康等队陆续冲上前去死斗，大久保兄弟边战边退，把武田军各队一一引进了铁炮射程。当他们从防马栅侧面撤入栅中之际，防马栅后枪声大作，冲到栅前的武田骑兵在弹雨之中纷纷倒落马下。武田胜赖本阵的前备望月甚八郎信永，急于上前抢回山县的尸首，不顾一切地冲入了栅内，随后也在离山县昌景的阵亡处不远的地方被铁炮打死。

眼看战局开始发生转变，德川家康一声令下，身边预备队神原康政开始出击。大久保忠世兄弟与本多忠胜也率部冲出栅外，向武田方发起了总攻。紧随着德川军的脚步，织田军也开始进击。

午后 2 时左右，武田军右翼的一条信龙、中阵的武田信廉、左翼的小山田信茂最先退走。在武田胜赖本阵后方，担任预备队的穴山信君，自始至终没有参加任何战斗，只是看到敌方的战旗出现，便丢下武田胜赖独自逃亡。这些全都是和武田家亲缘最深的同族。不久，武田胜赖的本阵吹起了撤退的法螺，胜赖的"大"字旗也开始向北面移动。

看到主将开始撤退，武田军前线的各部也开始一边后退，一边拖住联军的进攻步伐，为胜赖争取逃走的时间。

在武田军的左翼，与山县队一样身着红盔红甲的小幡宪重赤备队，遭到德川军的包围，最后全军覆没。另一员左翼部将甘利信康，后退到天王山下之际，为了掩护山上的武田胜赖退走而力战身死。中阵的内藤昌丰，在混乱中率领数百骑残兵向德川家康的本阵发起了必死的冲锋，却在中途被本多忠胜持枪拦住。不久德川军的神原康政、大须贺康高赶到并将他包围，最后内藤昌丰全身中箭，被射成刺猬一般落马而死。

◇ 马场信房

由于武田军的中阵与左翼崩溃，马场信房的右翼军也开始后退，但是他死死守住了武田胜赖向北撤退的必经之路出泽桥，待武田胜赖与少数亲信从桥上通过之后，马场信房又与真田昌辉返回到战场上力战身亡。

下午3时左右，战斗全部结束，在这场历时约8小时的合战里，武田方的总兵力15000人，包括鸢巢山的战斗在内，战死人数达到了1万～12000人左右，这种伤亡比例，在整个战国时代都是极为罕见的。一般一支军队的伤亡比例达到30%左右即会全面溃散，而武田军的伤亡比例达到70%～80%，足以说明这支军队的凝聚力之高。

除了付出重大伤亡代价之外，武田军还有众多骨干武将战死，"武田四名臣"中山县昌景、马场信房、内藤昌丰以下，战死的知名武将还有甘利信康、安中景繁、小幡宪重、加藤昌氏、高坂昌澄、五味高重、三枝守友、真田信纲、真田昌辉、武田信实、土屋昌次、名和宗安、原昌胤、原盛胤、望月信永、山本勘助信供、横田纲松、米仓重继、和田业繁等，以上只是单支分队的大将，有许多分队如山县、三枝等乃是整个家族父子兄弟全部阵亡。

武田家用半个世纪时间，打造起的这支战国最强骑马军团，有一套"军团长—侍大将—足轻大将"体系。

"侍大将"即真田信纲、小幡宪重这样的单队大将，类似于现代的军长，一般指挥着100～500骑骑马武士和3倍到5倍于这个数字的足轻杂兵，这样的队

◇ 内藤昌丰

伍称为一"备",人数为500到上千人不等。

"足轻大将"又作"足轻队将",一般指挥着50骑以下的骑马武士与100～500名左右的足轻士兵,称作一"队"。

侍大将通常是由武田家的同族或重臣以及分国内的有力豪族担任,足轻大将则是由一些小豪族担当。

军团长就是武田胜赖、山县昌景、内藤昌丰、马场信房这样的大将,一般他们都有自己的直属战斗"备",如山县昌景的"赤备",旗下又有若干侍大将与足轻大将,构成某一分国的方面军团。以山县昌景担任军团长的东海道军团为例,三河的"三家三方众"与骏河的冈部一族、朝比奈一族,就属于山县军团旗下的侍大将或足轻大将。

武田家以山县昌景、马场信房、内藤昌丰、高坂昌信以及秋山信友这五名百战名将担当各个领国的方面军团的军团长,将旗下各个分国的豪族们统合到一起,在加强领国控制之外,又组成具有强大凝聚力和战斗力的军团。

随着山县昌景、马场信房、内藤昌丰等核心武将在长篠战死,武田在旗下各领国的支配体系也开始逐渐瓦解了。

织田与德川联军虽然在长篠合战取得决定性的胜利,但是阵亡人数也在6000人以上,只能说是一场惨胜。不过联军方面却几乎没有重要的武将阵亡。

在这一战中,虽然织田信长的"铁炮+防马栅"战术起了决定性的制胜作用,但是德川军却表现出远强于织田军的战斗力,连织田信长也夸赞大久保忠世兄弟:"就像膏药一样,寸步不离地贴在敌军身上。"而守备长篠城的奥平贞能、奥平贞昌父子,也被认为是为联军开启了胜利之门。

战后奥平贞能将儿子奥平贞昌引荐给织田信长、德川家康两位大将,自己宣布退休隐居。织田信长遂把自己名字中的"信"字赐给贞昌,奥平贞昌由此改名为"奥平信昌"。而德川家康则将作手

◇ 山县昌景

与田峰的领地加增给奥平信昌，亲自向参与守城的奥平一族七人、重臣五人斟酒道谢，并为惨死的鸟居强右卫门举行隆重的法事。第二年，家康又把自己的长女龟姬嫁给奥平信昌，将奥平氏变成了德川家的嫡系重臣。

◇ 战场遗迹图

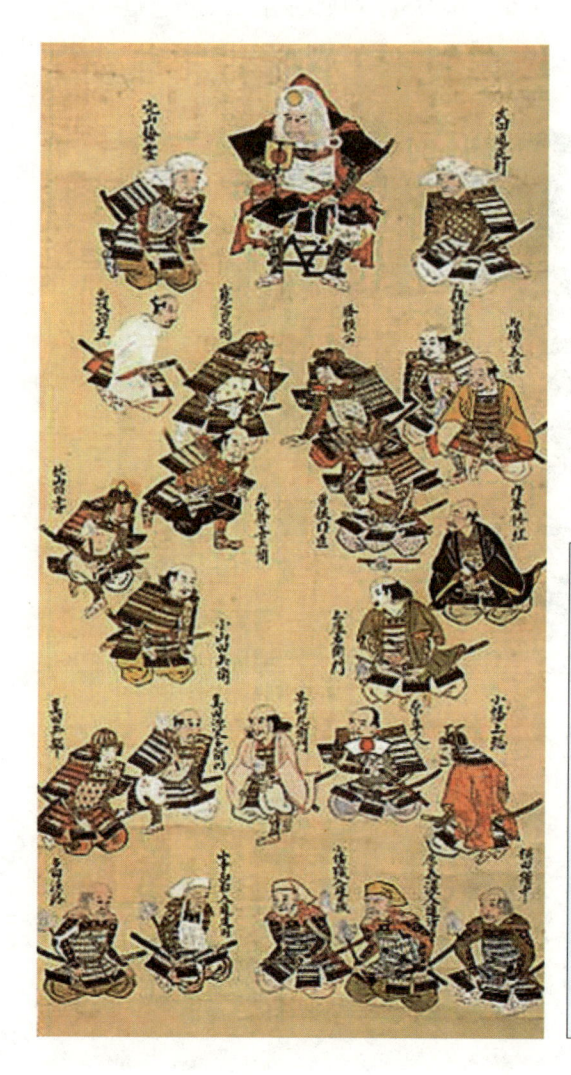

◇ 武田二十四将图

从上到下：
第一排左起：穴山信君梅雪、武田信玄、武田逍遥轩信廉
第二排：高坂昌信、山县昌景、武田胜赖、三枝守友、马场信房
第三排：武藤喜兵卫昌幸、曾根昌世
第四排：秋山伯耆守信友、内藤修理亮昌丰
第五排：小山田信茂、土屋昌次
第六排：真田昌辉、真田信纲、甘利虎泰、原昌胤、小幡上总介信贞
第七排：多田满赖、山本勘助、小幡虎盛、原虎胤、横田高松
其中有8人在长篠合战战死，另有7人在战前即已去世，可以说长篠合战让武田家的名将几乎损失殆尽

卷之三 甲信篇

第二十一章

甲斐的余晖

长篠合战之后，武田四名臣仅存的一人——北信浓海津城守将高坂昌信，急忙与越后的上杉谦信讲和，随后率领8000人南下。

在信浓伊奈郡的小马场，高坂昌信等到了狼狈逃回的武田胜赖，随之而来的噩耗是：除了亲密战友山县昌景、马场信房、内藤昌丰之外，昌信的嫡子高坂源五郎昌澄也战死在长篠城下的有海村战场上。高坂昌信流着热泪向武田胜赖献上新的衣服和武具，又收拢和安抚陆续逃回来的败兵。

等到武田胜赖惊魂甫定之际，高坂昌信向他奉上了自己的五条谏言：

第一，将骏河与远江两国交给北条氏政，让北条家去与德川家康周旋，从而确保手中的甲斐、信浓、上野三国。当时北条家据有相模、武藏、伊豆、下总、上总五国及上野、下野的一部分，有足够的实力与织田、德川相抗衡。而长篠合战之后，武田家的远江与骏河必将面对织田与德川的强大压力。

第二，与北条家联姻，迎娶北条氏康之女为妻，成为北条氏政的妹夫，加深两家的亲缘。北条氏政本来娶了武田胜赖的姐姐黄梅院为妻，但在1568年武田信玄撕毁甲相骏同盟，向今川家进攻时，北条氏康一怒之下让氏政与黄梅院离婚，将黄梅院送回了甲斐。虽然北条氏政在1571年年底与武田家重新建立同盟，但是黄梅院已于1569年6月在甲斐去世，享年27岁，北条氏政仅迎回了她的部分遗骨，在相模的早云寺建塔供奉。因而武田与北条氏虽为盟友，但已经没有维持盟约的有力纽带。

第三，将南信浓木曾谷的木曾义昌调到上野，将上野的小幡信贞调到南信浓木曾谷。木曾谷的领主木曾义昌，乃是武田旗下南信浓最大的豪族，娶了武田信玄的第三女真理姬为妻。但是自古以来，木曾家的独立性就极强，高坂昌信因此建议胜赖不可过于信重木曾氏，而且木曾的领地，也是夹在织田与德川之间的要地。西上野的小幡信贞，虽然只是地方豪族，却是在上野的战乱中举族西迁投靠武田家，与武田结成了患难与共的主从之谊，小幡家的"小幡赤备"，也是一支强力骑马军团，放到木曾谷正好可以加固南信浓的前线。

◇ 高坂昌信

第四，武田左马助信丰，与穴山信君入道梅雪，在长篠合战最先撤退，请勒令这两人切腹以儆效尤。武田信丰是武田信玄之弟、武田左马助信繁的嫡子；穴山信君又称穴山梅雪（出家后的法名），穴山氏本身是武田家的同族和甲斐的大领主，穴山信君本人又娶了武田信玄之女见性院为妻，这两人都是武田胜赖的同族至亲。

第五，由于足轻大将与侍大将大量阵亡，请把马场信房、内藤昌丰、山县昌景之子召到身边悉心培养，同时专心倚重仅存的老臣。除了马场、内藤、山县之外，由于真田信纲、真田昌辉兄弟战死，北信浓的豪族真田氏也遭遇了绝嗣危机，后来由他们的三弟——已经过继到武藤家的武藤喜兵卫回归继承了真田家，改名为"真田昌幸"。

高坂的五条谏言，除了第二条与第五条之外，其余的三条武田胜赖全都无法接受。他既舍不得骏河与远江之地，也没有魄力重用小幡氏这样的非亲族家臣，更害怕因为穴山信君与武田信丰自杀而削弱了武田一族的力量。

长篠合战的另一大影响，就是使得以高坂昌信为代表的外姓重臣，与武田信丰、穴山信君、木曾义昌等武田同族或亲众的矛盾空前激化起来。而武田胜赖却没有吸取长篠合战的教训，仍然偏向于后者，未战先逃的穴山信君，战后不仅没有受到惩罚，反而被任命为骏河江尻城主，顶替山县昌景成为武田家在骏河、远江方面的总大将。

天正五年（1577）正月，在高坂昌信的奔走斡旋下，武田胜赖终于迎娶了北条氏政的妹妹作为正室夫人。第二年（1578），高坂昌信因劳累过度而在海津城病死，享年52岁。

另外武田家的南信浓军团长秋山信友，则于长篠合战的同年年底，被织田信长包围在美浓岩村城，开城之后被信长处以磔刑。

五大名将陨落之后，有能力的外姓重臣逐渐被排斥出了武田家的决策核心。而众多无能的武田同族却得到重用，成为武田领内各个要害城池的城主，这种蜕变加速了武田家的衰退。

另一方面，德川家康庆贺了长篠合战的胜利后，对武田家在远江的城池展开了全面进攻。

天正三年（1575）6月初，家康进攻二俣城，城主依田信蕃为报长篠之仇而率兵开城杀出，与德川军激战一场，各有死伤。家康看到二俣城内斗志仍然旺盛，便在城周围的小峰到鸟羽山筑起五个城砦，留下部分兵力进行长期围困，自己又率领主力进攻大井川西岸的诹访原城。诹访原城与小山城，是武田信玄在世时，为保证武田军能从骏河进入远江而在大井川西岸筑起的两个据点。若这两座城池陷落，那么被切断联系的二俣城与高天神城也就不攻自破了。

家康对诹访原城的进攻，持续了两个月。8月24日，守将今福净闲斋战死，城兵们开城逃往骏

◇ 远江与骏河西部诸城

河田中城，诹访原城宣告陷落。

8月27日家康又南下包围了大熊朝秀所守的小山城。大熊朝秀原本是越后上杉谦信的重臣，早年在上杉家的派阀斗争中向谦信举起了反旗，被击破后离开越后四处流浪，在1563年受武田家招觅，成为山县昌景部下率领骑马武士30骑、足轻75人的足轻大将，又经过10年的奋战才得到这座小山城作为居城。为了回报武田家的恩情，大熊朝秀据守着小山城奋力抵抗，一直将德川军在城下拖到了9月。

在此期间，高坂昌信一直激励武田胜赖："长篠之战，殿下以1万人对织田、德川4万人，一日之内激战58次，放眼天下，没有任何人能说您是无能之辈，现在远江形势危急，还请您赶快振作起来。"在高坂的连番鼓舞下，武田胜赖又重燃斗志，随后他在领内发出动员令："凡是甲斐、信浓、上野三国武士之子弟，无论出家或是犯罪隐遁，只要前来投效武田家便会赐以俸禄。"并大肆征集町人与百姓入伍，在半个月的时间里又凑起一支2万人的大军，与高坂昌信一道，在9月上旬杀向远江。

当武田军出现在大井川对岸的时候，小山城下的德川军顿时骚动频发。武田军以高坂昌信为先锋开始渡河之际，城内的大熊朝秀也乘势带队杀出，德川军立不住阵脚，全面向西撤退。由于德川信康与酒井忠次在退路上布下伏兵进行掩护，才没有造成重大伤亡。

尽管家康在小山城下受阻，但是在12月24日，二俣城终于弹尽粮绝，守将依田信蕃以保全城兵生命为条件，将城池让给家康，自己退往骏河田中城。此后武田家在远江的重要据点，便只剩下高天神城与小山城。武田家那临时凑起来的2万人，在解除小山城的包围后就退回了甲斐。

— 第二十二章 —

时代之转变

自1562年德川与织田结成同盟以来，家康大致上出兵支援过信长三次，分别是1568年的上京作战、1570年的金崎撤退战以及同年的姊川合战，这三次进攻帮助织田信长确立了天下霸主的地位。而织田信长也出兵支援家康三次,分别是1572年的三方原合战、1574年的高天神城包围战以及1575年的长篠合战,这三场全都是德川家的防守战。

三来三往之后,织田家成了控制日本中部十余国的天下霸主,旗下的部将羽柴秀吉、丹羽长秀、柴田胜家都已成为领有一国或数国的人物。而家康仍然在三河、远江与武田家拉锯,这种形势上的差距,使德川与织田的同盟失去了对等关系,家康逐渐成为织田信长的附庸。

长篠合战的同年(1575)年底,织田信长将织田家的家主之位和美浓、尾张两国让给了嫡子织田信忠,自己在天正四年(1576)初移居到近江,随后亲自督工在南近江的目加田建造一座新城,并取"平安乐土"之意,命名为"安土城"。

安土城筑城工程历时三年左右,是将突出在琵琶湖中的目加田山(后改名为安土山)整个山体全部改建为城池,在山顶修建了当时最豪华的五重七层之天守阁,并有仿造天皇的清凉殿所建造的巨大御殿。在由山下通往山顶的大路两侧,信长为旗下的重臣们安排了豪华的宅邸。除了柴田胜家、羽柴秀吉这些家臣外,其中还有专为德川家康修建的宅邸。从此时起,信长或许已经把家康等同于家臣来看待了。由于实力悬殊,家康对此也只能持默认态度。

天正四年(1576)年底,织田信长由安土城前往三河放鹰,其目的地是冈崎西南的吉良地区。

放鹰,除了狩猎的含意之外,更具有视察领地的作用。这是中世纪的日本统治者展示自己威权的形式,而织田信长肆无忌惮地前往三河放鹰,也足以表明他已经把家康的领地视作了自己的领土。不过家康自小时候起也嗜

◇ 安土城屏风图

好放鹰，这也可以算是他与信长的交流活动之一。

另外，织田信长有收集天下名贵茶器的爱好。当时日本最高级的茶器，都是通过海外贸易由中国传过来的，称作"唐物"。因为得来不易，自然也就价值连城，是足利将军与强大诸侯夸示自己权威与财富的道具。织田信长每征服一个大名，便会想方设法地把这个家族拥有的茶器据为己有。大和国主松永久秀，就是因为舍不得将自己的"平蜘蛛茶釜"让给信长，而与茶器一起在自己的信贵山城里化为了灰烬。受到织田信长的影响，德川家康也对"唐物"茶器产生了兴趣，他最喜爱收集的，是形如茄子的唐物——茶叶罐。后世形容家康一生的三大爱好是："一富士、二鹰、三茄子。"

家康与织田家之间发生的另一个重大事件是：家康的大舅舅水野信元，被信长怀疑暗通武田家而遭到讨伐，由尾张逃入家康的领地内寻求庇护。结果家康不得不照着信长的要求，在三河的大树寺内将他杀害。

水野家的领地，横跨尾张与三河两国，水野信元更是充当过中介，为织田与德川结盟之事来回奔走。在桶狭间合战及三方原之战中，水野家曾为家康提供了重大帮助。但正是他作为同盟纽带的存在，使得家康与信长之间，永远呈现出一种盟友关系，所以信长才要不由分说地将他逼死，使德川家对织田的从属状态更直接化。水野信元死后，他在尾张的领地被信长没收，而水野信元的弟弟水野忠重则一直是家康的家臣，后来继承了水野家在三河刈屋城的领地。

在天正四年（1576）到天正五年（1577）之间，德川家康在远江的战场上一直没有进展，因为武田家不仅有高坂昌信这样的名将存在，还有关东北条这个强大的盟友作为后盾。

为了包围高天神城，家康一度在高天神附近筑起一座横须贺城，以截断武田军的粮道。但在1576年3月，武田胜赖与高坂昌信率领8500人的兵力南下，成功突破德川军包围，将大批粮草运入高天神城内。后来家康任命今川氏真为诹访原城守将，想以今川家旧主的名义，招降大井川以东的骏河豪族，也没有任何成效，一年之后又把氏真撤换了下来。在这两年里，家康与武田胜赖三度在横须贺—高天神一线对峙，始终没有分出胜负。

1577年年底到1578年年初的一场北陆变局，终于打破了东海道战场上的平衡。

天正五年（1577）闰七月，"越后之龙"上杉谦信，在平定越中后，又攻入了能登。织田信长急忙派出统领越前、加贺两国的大将柴田胜家北上迎击。

9月23日，柴田胜家在加贺与能登交界的手取川畔被上杉谦信击破，此战也像1572年的三方原合战给德川家造成的危机一样，给织田家带来空前的危机。

同年年底，上杉谦信返回越后春日山城过年，并在年前发出了总动员令，准备在开年之际大举西上进攻京都，出发时间预定为天正六年（1578）的3月15日。不过在3月9日，谦信却因中风在春日山城突然去世。由于他信仰神佛，自称把自己的肉身献给了战神毘沙门天，一生都没有娶妻纳妾，也没有亲生子嗣，只有两个养子：一个是他姐姐仙桃院与长尾政景之子，名叫上杉景胜；另一个是越相同盟缔结时，北条家送到越后来做人质的北条氏康第七子，名叫北条氏秀。上杉谦信对于北条氏秀极为疼爱，还将自己青年时的名字"景虎"下赐，为他取名为"上杉景虎"。

由于谦信去世十分突然，临死前也没有指定由哪一个养子做继承人。在他死后，上杉景胜得到亲信桶口兼续的帮助，占据了春日山城的本丸和金库。上杉景虎则逃到春日山城下的前管领上杉宪政御馆内寻求庇护，上杉家的这场内乱因此也称作"御馆之乱"。

上杉景虎是北条氏政之弟，武田胜赖作为北条的盟友与妹夫，自然有支持的义务。天正六年（1578）的5月7日，高坂昌信在海津城去世。这个月下旬，武田胜赖响应北条氏政的号召，以堂兄弟武田信丰为大将，出兵7000人攻入越后。另外小田原的北条氏政、会津的芦名盛氏也相继作为上杉景虎的后援出兵，上杉景胜一方一度处于劣势。

到了6月，上杉景胜买通武田胜赖身边的近臣长坂光坚与迹部胜资，向武田家献上黄金2万两求和，并承诺消灭上杉景虎之后，将上野的沼田之地割让给武田家。利欲熏心的武田胜赖在同年8月和上杉景胜缔结了盟约，又把自己的妹妹嫁给了上杉景胜。与武田的同盟使上杉景胜一方在越后逐渐确立了压倒性的优势，而上杉景虎最终在天正七年（1579）3月24日兵败自杀。

这场御馆之乱造成的直接后果就是，武田胜赖与北条氏政的甲相同盟全面崩溃了。上杉景胜将东上野交给了武田胜赖，自己安心地平定越后的战乱。而武田胜赖频繁出击上野、骏河，与北条展开全面对决。被武田背叛的北条氏政，一怒之下与德川家康结成了同盟，又向京都的织田信长献上飞鹰骏马，表明臣服之意。

由于北条家对武田的牵制，家康此后逐渐在远江与骏河的战场上占据了主动。

— 第二十三章 —

妻与子

德川家康的长子信康早年留守老家冈崎，在家康向东扩张的过程中，冈崎充分发挥了兵站与后勤基地的作用。信康成年之后，从天正元年（1573）的武节城攻略战起，便一直活跃在对武田的战斗中，逐渐成为家内有名的勇将。天正五年（1577）的横须贺之战，德川方因战事不利而撤退，信康独当一面地指挥殿后部队，赢得了赫赫武名。

◇ 德川信康

此外，信康对异母弟弟於义丸的关怀之事也传为美谈。

於义丸的母亲连家康的侧室都算不上，只是信康母亲筑山殿身边一名卑贱的婢女，让这样的女子怀孕，除了难堪之外，家康更怕的是正室筑山殿得知此事打翻醋坛子，所以在确认对方怀孕之后，家康便把这名婢女送到重臣本多重次的家中。於义丸于1574年在本多重次宅邸出生。事后，这个庶子不仅得不到家康的承认，甚至长到3岁都没见过亲生父亲一面。

德川信康偶然从本多重次处得知有这样一个弟弟存在，主动安排父亲与弟弟见了面，事后他又做通母亲筑山殿的工作，让家康安心地发出公开声明，承认於义丸为德川家的次子。这个於义丸，便是后来当过丰臣秀吉与结城晴朝养子，以秀吉的"秀"与家康名字中的"康"字命名的结城宰相秀康。从这一事件，也可以看出德川信康的宽厚重情、器量恢宏甚至超过他的父亲家康。

这样的少主，自然也获得了家臣们的衷心拥护。而在长篠合战中，信康也以优异的表现博得了织田、德川两家将士们的喝彩。所谓"芝兰玉树，皆欲使其生之于庭前"，就算是织田信长，也难免会希望儿子能如自己般卓越，让织田家的霸业再上一层楼。然而令他遗憾的是，嫡子织田信忠的才干虽然优于常人，但是比起德川信康年纪轻轻就光芒四射而言，未免也平庸了一点。在先前的岁月中，信长经历过亲弟弟织田信行和妹夫浅井长政的反戈一击，到了此时，翁婿之亲的牵绊对他而言更是微不足道。信长所想的，只是如何在有生之年提前除掉信忠的潜在敌手。

天正七年（1579），德川信康与五德姬的一场夫妻冲突，演变成德川家内的大地震。

此事的起因是，由于德川家只是织田家的附属大名，因而五德公主难免在德川家摆出颐指气使、傲然待人的样子，连带着陪嫁过来的侍女们也有些飞扬跋扈，冈崎城内对此颇有微词的人为数不少。另外五德怀孕后仅生下一个女孩，这让渴望拥有第三代继承人的德川家倍感失望，五德与信康的夫妻关系也因此冷淡不少。而事情的直接导火索则是信康受到一名侧室的挑唆，贸然处死了五德的一名侍女。

织田信长最疼爱的女儿哪里受得了这种刺激，除了和信康大吵一顿之外，五德还于6月16日向信长送出了一封书状，手书信康的十二条罪过，所列的大多是一些"信康在打猎时命令僧人牵马"之类无关痛痒的事项。但是，在这封书信中，五德还连带攻击了婆婆筑山殿。

由于筑山殿本是今川一族的公主，对在桶狭间奇袭中杀死今川义元的织田信长，自然不可能抱什么好感，因而她冷落五德姬也是正常之举。从这个角度上说，婆媳二人自然便有着敌对因子。但是有伟人父亲做靠山，五德根本也不需要去讨好婆婆以换取家庭的和睦，所以筑山殿的冷淡便成了她的眼中之刺。由于今川—武田—德川之间亦敌亦亲的关系，筑山殿平常也难免会接触到一些与武田家渊缘颇深之人。五德在"手书十二条"中便以筑山殿与武田领内的一名医师有往来而诉称她与武田家内通。

五德与德川信康结成夫妻已有十多年，而且两人连孩子也有了。在女子颇重名节的战国时代，她的目的最多只是希望父亲给信康一点颜色看看，而不可能是为了将丈夫逼上绝路。另一方面，德川与织田已经在具有决定意义的长筱合战中给予武田家致命打击，这种时候投诉筑山殿与日落西山的武田家内通，在逻辑上也站不住脚。

这封"手书十二条"由德川四天王之一的酒井忠次送往织田信长处，阅信之后信长将忠次留住，逐一对质"十二条"中的事项。"十二条"作为五德所见所闻之事，虽然她未必知晓内情，但客观存在性还是有的，这就好比法庭上的诉讼一样，面对律师和法官，证人往往只需要回答"有"或"没有"，而没有机会去解释事情的原委到底如何。另外酒井忠次未必知情，事先可能也没想过如何去解释，但由于他对信长存有讨好之意，便粗略地承认其中有些事确实发生过。以上不当举措，导致酒井忠次此后被排除在了德川家的核心层之外，这是后话。

事后，织田信长并没有派人前往德川家再做细查，而是直接发出一道命令，要家康将筑山殿与信康处死。处死筑山殿的理由是她与武田家内通，处死信康则是因为：既然处死了母亲，就不可能让怀着仇恨之心的儿子存于世上。

这道命令在德川家内引起了轩然大波，以信康的傅役平岩亲吉与冈崎三奉行本多重次、高力清长、天野康景为首的重臣们都主张与织田家绝交，不再服从信长的指示。

但在这一时期，织田信长已经走出包围网的泥沼，全面压制了畿内诸国。天下也显露出即将被信长收入囊中的趋势，原来的地方霸主西国之毛利、北陆之上杉、甲信之武田，在织田家几个军团的侵攻之下全然无还手之力。此时家康向信长举起反旗，无异于以卵击石。

除此之外，与武田的战争也已进入最后关头，如果在这个时候与织田为敌，那么家康即将到手的远江、骏河之地也会泡汤。所以信长向德川家发出的指示，实际上是一桩魔鬼的买卖：目前你完全没有反抗我的实力，跟着我干还可以在灭掉武田之后分取一块大蛋糕。但是为了表示诚意，请交出你妻子与儿子的性命来吧。

亲情与霸业，最终德川家康选择了后者。尽管要牺牲的是多年来风雨同舟的结发之妻，是苦心栽培寄予厚望的儿子。

首先，家康下令将信康由冈崎移往远江的二俣城禁闭，并禁止以冈崎众为中心的三河家臣与信康有任何接触。随后几个月家康并没有发布对信康进行过激处断的命令，使得重臣们以为事止于此，这样就避免了家中的内讧。

8月，筑山殿也被送往二俣城，但却于29日在途中的佐鸣湖畔，被家康的使者野中重政所杀害。

9月15日，德川信康在二俣城的住所被勒令切腹，年仅21岁。当时为信康担任介错的是德川家的忍者首领服部半藏正成。

切腹时的介错是指在武士用刀切开腹部后，为避免他过于痛苦，而由身旁的其他武士用快刀在那一瞬间斩下首级。能够历经种种考验修炼成为高级忍者的人，通常也都具有铁石心肠。作为全日本最优秀忍者之一的服部半藏更是如此。然而信康切腹时情景之凄惨，使得有"鬼半藏"之称的服部半藏也泪流满面。半藏为信康介错时用的刀，据说又是"千子村正"。

德川信康死的时候，家康认养的二儿子於义丸才5岁，第三个儿子长松出生才一个月，没有一个成年的继承人在身后，德川家的存续便时刻处在风险之中。此外，一直以来，德川家康与筑山殿感情颇深，筑山殿的母家今川氏已经完全没落，家康能这么对待她，也足见家康对这个原配夫人的疼爱了。

死者已矣，或许活下来的人才是最痛苦的。以家康的坚忍，这一事件对他的冲击在随后的许多年都没有流露在外人面前。但在后来决定天下归属的关原之战中，由于第三子德川秀忠迟到，德川家主力没能赶上主战场上的决战，获得险胜的家康在事后不止一次对身边的人说道："要是信康还在世，我这把老骨头就不用打得这么辛苦了。"

家康的另一个转变，就是在此之后，他开始广纳妾侍，六个儿子忠吉、信吉、忠辉、义直、赖宣、赖房接连出世。情深不寿，在乱世里尤其如此，所以家康才决定广泛播种，壮大家族的根基。

在日本战国时代似乎有一个怪现象，许多英雄霸主们的嫡子往往也能继承父亲的才能而且英才辈出，但却往往落得个英年早逝的结果。

阴阳十一国太守尼子经久的嫡子尼子政久，号称华实兼备的大将，却在战场小憩时被乱箭射死。

西国第一智将毛利元就的嫡子毛利隆元，在出征途中的宴会上被毒杀。

四国之雄长宗我部元亲的嫡子长宗我部信亲，在九州征伐的登陆战中当场战死。

"甲斐之虎"武田信玄的嫡子武田义信，因为与父亲对抗而被勒令自杀。

就连被织田信长寄予厚望的嫡子织田信忠，也在本能寺之变的当晚，紧跟父亲的脚步死在乱军之中。

这些嫡子们或者禀赋过

◇ 筑山殿的灵庙——远江滨松西来院

人，或者英勇刚强，皆是被父辈与家族寄予了厚望。但是禀赋过人则引人注目，越是被家族寄予厚望，同时也就越为敌人所留心，而且因为家族的实力过于强大，他们的生命就更会成为敌人众矢所及的目标，德川信康之死或许也是因为摆脱不掉这条规律。

— 第二十四章 —

高天神之舞

天正七年（1579）9月，北条氏政率领6万人出兵骏河，武田胜赖闻讯后也率领2万人南下，在富士山山麓修筑足悬砦，与立阵于三岛的北条军隔着黄濑川对峙。

德川家康在此期间与北条相呼应，率军渡过大井川，在骏河各地抢掠放火，并攻击骏河湾的水军驻地持舟城，斩杀了武田家水军将领向井伊贺守正重、三浦兵库助义镜。

9月25日，武田胜赖结束与北条的对阵，全军西上，准备与家康决战，家康见势不妙，马上撤回了远江。

天正八年（1580）3月，武田方的骏河水军之小滨、向井、冈部、伊丹四家100余艘战船，与北条家的尾原水军500艘战船在伊豆的浮岛冲发生激战。

武田家的水军，是收编原今川水军，加上招募来的一些伊势的流亡海盗所组成，面对数量庞大、有几十年历史的北条水军，一度处于劣势。当时坐镇于千本松原的武田胜赖，看到战况不利，便下令水军弃船上陆，但是水军将领向井正纲却拒绝服从命令："舍弃战船上陆，有辱我海贼之名。"随后操船冲入北条的船队中前后放火，竟然一举将实力占优的北条水军击退。

在这场海战的同时，家康再度响应北条军攻入骏河，占领了持舟城。等到武田胜赖率领12000人攻来之际，家康又舍弃城池退回了远江。

屡屡受到家康与北条家的两面骚扰，武田胜赖在骏河逐渐采取了守势，他在骏河东部筑起一座沼津城，作为防备北条的据点，又补修和扩建持舟城，并任命朝比奈信置为守将，作为防备德川家的据点。

然而当武田的注意力集中到骏河之际，家康对远江的高天神城展开了最后的进逼。

天正八年（1580）6月，家康从横须贺出发，在高天神附近筑起鹿鼻、熊坂两砦，并放火烧毁了高天神城下的村落街町。10月，家康率领5000人到达高天神城外，在周边筑起小笠山、中村、能坂、火峰、狮子鼻、三井山六座城砦，开始了长期的包围战。

武田家由于连年征战以及大兴土木，军费已趋于枯竭，加上北条家在骏河的牵制，使得武田胜赖再不敢轻易出兵远江。尽管高天神的求援急报连续传来，但是一直到年底，武田家都没有派出援军。

天正九年（1581）正月，织田信忠与泷川一益率领尾张、美浓、伊势之兵3万人参与了对高天神的包围。另外家康也不断地换防和增兵，最后包围高天神的织田、德川联军总兵力达到了4万人。守备高天神的，是冈部元信、冈部正纲兄弟，以及孕石元泰、朝比奈弥六、相木市兵卫昌朝、依田信蕃、菅沼主税、栗田刑部等骏河、远江、信浓豪族和2200名城兵。

2月底，武田胜赖终于率领16000人出动，但他的目的地，不是远江高天神，而是伊豆的三岛，北条氏政又向他发出了挑战。两军隔着黄濑川对阵了数天之后，武田胜赖直接引军退回了甲斐。看到主君对高天神城的危急全然熟视无睹，城兵们终于绝望了。

3月21日夜，城将冈部元信派使者到家康的营中请求："请让城兵们在临死之前，看一场幸若舞。"

幸若舞，是日本的一种民俗艺术，类似于西方的歌剧。古代幸若舞中有一种重要形式便是以死者的口吻叙事，引起生者的共鸣，较有名的曲目是织田信长在桶狭间合战前夜，以必死之心跳的"敦盛"。此时幸若舞第六代传人弥次郎义成也在家康的营中。尽管敌人提出这样一个不合敌我双方立场的请求，但是家康也体会到了对方那种视死如归

◇ 幸若舞

的悲怆之情，毫不犹豫地答应了。

当天晚上，家康让弥次郎义成在城兵们都能看到的地方，跳起了一曲"高馆"。"高馆"也是殉死舞题材，描述的是镰仓初年的源义经与武藏坊弁庆，受到奥州藤原泰衡的军队攻击战死之事。据说弥次郎义成起舞之际，城将冈部元信与栗田刑部等人登上箭橹，无数城兵攀爬到板屏上，一起流着泪欣赏了他的表演。

3月23日夜，高天神的城兵分两队冲出，守将冈部元信与688名城兵一起冲入德川军中，最后全部战死。信浓豪族相木昌朝、依田信蕃等带着部分残兵逃往武田家的骏河持舟城，而冈部元信的兄长冈部正纲与孕石元泰、菅沼主税等骏河、远江豪族出于对武田胜赖丧失道义的失望，一起向家康投降。

高天神城的陷落，不仅仅是一个城池的失陷，也让武田胜赖在远江、骏河名誉扫地。事后德川家康饶恕了几乎所有投降过来的豪族，唯独对那位幼年折辱过自己的孕石元泰有些耿耿于怀。孕石元泰一看家康神色不善，自知难容于德川旗下，便慨然要求让自己切腹。随后家康准许他面朝西方，带着前往极乐净土的祝愿切腹而死。

这一年的正月，武田胜赖开始着手在甲斐的韭崎之地建造一座新的居城，并命名为"新府城"。

武田信玄在世时曾留下一句名言："人即城，人即垣，人即堀。对己方以情，

◇ 新府城复原图

视敌人如仇。"终其一生，信玄都身体力行地贯彻着这句话，放手提拔人才、任用各领国的豪族，而前后40年的时间里，也没有任何敌人打到武田家居城跃躅崎馆的城下。

跃躅崎馆只是一座规模与城下町都不大的平地小城，而武田胜赖所建的新府城，则是一座位于釜无川边、拥有层层断崖作为天然防护的巨型山城。为了建造这座巨城来增加自己的安全感，武田胜赖不惜在连年征战之余，又大幅增加了领国内的赋税和徭役，使得本来已经十分失望和脆弱的人心，因为不满而更加迅速地走向崩溃。

和武田家的衰退相反的是，织田信长统一天下的步伐正在迅速推进：

· 1580年初，本愿寺显如上人与信长达成和睦，率领门徒退出摄津石山，同时下令各地的门徒停止与织田家敌对。

· 长滨城主羽柴秀吉移镇播磨姬路，对领有关西十国的毛利家展开全面进攻，在四年时间里，连续平定播磨、但马、因幡、伯耆、备前、美作、淡路七国。

· 织田家北陆的大将柴田胜家以越前北之庄城为基地，平定了越前、加贺、能登三国，继而又东进与上杉景胜争夺越中。

· 旧幕府重臣明智光秀与细川藤孝成为信长的家臣后受到重用，征服了丹波与丹后。

· 畿内残余的纪伊与伊贺独立势力，也遭到信长次子织田信雄、三子织田信孝的镇压。

织田家的版图，由日本的中部，正急速向东西两个方向扩张，在滚滚战车的驱动下，对武田的最后决战也到来了。

— 第二十五章 —

武田征伐

天正十年（1582）正月底，南信浓的木曾谷领主木曾义昌，因为不满武田胜赖新增的大量赋税与徭役，向岐阜城的织田信忠送上弟弟上松义丰为人质，表示臣服之意。

木曾义昌的正室，就是武田胜赖的妹妹真理姬，她得知丈夫谋反后伤心欲绝，带着第三子木曾义一逃入木曾谷的山中隐居，并把义昌谋反的消息迅速通报给了胜赖。武田胜赖在激怒之余，以武田信丰为先锋，带领5000人于2月1日向木曾谷出发，自己亲率15000人在2月2日出发，临行前还将木曾义昌留在新府城做人质的70岁老母、13岁嫡子千太郎、17岁的长女岩姬全部处死。

由于时值冬季，甲斐与信浓之间又多是山地，所以武田军的进军十分迟缓，而织田信忠在收到木曾家的人质后，急忙派出东美浓的部将河尻秀隆、森长可、团忠正为先锋前往木曾谷，同时又向织田信长进行汇报。

2月3日，织田信长发出征讨武田的总动员令，除了任命织田信忠为主攻大将，泷川一益为副将之外，还号召同盟的德川家康与北条氏政一起出兵。

在此背景下，武田家内出现了雪崩式的背叛。2月6日，领有岩村城附近的关门、泷泽之地的下条家发生内讧，家老下条氏长将主公下条信氏放逐，把领地交给了织田家。2月14日，南信浓松尾城的小笠原信岭带着城池宣布倒戈。

2月16日，木曾义昌与织田家的先锋河尻秀隆部会合，在鸟居岭击破武田信丰，继而与随后赶来的武田胜赖主力相持。在此期间，织田信忠与泷川一益的3万人也由岩村向鸟居岭南面的饭田进军。

当武田胜赖在鸟居岭的阵中召开军议之时，在其他分国领有城池的亲族与重臣都急于回去守住领地，一些直属胜赖的侍大将则要求与织田军一决胜负，连续数次都讨论不出结果。其间武田军前方的安倍加贺守部遭到泷川一益与河尻秀隆的夜袭，战报也被主张与织田家决战的长坂长闲拦了下来。

到这个时候，重臣们也无法再坐等讨论的结果了，最先是江尻城主穴山信君带领其部不辞而别先行赶回了骏河，继而武田逍遥轩、一条信龙与各地的侍大将们也都纷纷赶回自己的领地守城。最后在鸟居岭的武田胜赖身边仅剩下3000人，不得不转头退回了甲斐。

2月20日，德川家康率领12000人对武田

◇ 木曾义昌

家的远江、骏河展开最后的侵攻。同一天远江小山城的大熊朝秀、骏河田中城的依田信蕃各自开城退走，21日，家康占领了久违的骏府城。

2月25日，武田家的骏河方面总大将、江尻城主穴山信君宣布倒戈投向织田家。

这个穴山信君，身兼武田信玄的外甥与女婿双重身份，他的儿子穴山信治身上也有四分之三武田家嫡流的血统。故而信君对武田信玄侧室所生的武田胜赖继承宗家抱有不平，一直策划着将自己的儿子立为武田家之嫡流。而武田胜赖则逐渐对穴山氏开始疏远，本来胜赖的女儿已与穴山信治订下婚约，但在天正八年（1580），武田胜赖撕毁了与穴山的婚约，把女儿许给了堂兄弟武田左马助信丰之子，这让武田与穴山两家之间的对立再不可能挽回。

据说穴山信君在长篠合战之后即开始通过家康向织田家靠拢，在鸟居岭又是最先撤退。但由于同族的关系，武田胜赖一直没有对他进行惩罚，这种纵容使穴山信君在危急关头毫无顾虑地举起了反旗。另外，就甲斐国来说，大的领主，主要是府中的武田氏、河内领的穴山信君、郡内领的小山田信茂三家，除了河内领之外，穴山信君又领有骏河的江尻，其实力不输于日本六十六国中一个中小型的国主。所以穴山投降的对象不是领有两个国的德川家康，而是以家康为中介，向织田信长表示臣服之意。

2月17日，受到织田信忠进攻的南信浓饭田城主保科正直，舍弃城池逃往高远城。同一天，信浓大岛城的武田信廉，也放弃城池逃回了甲斐。此外，信浓的十余座城池，城将不是开城降服，就是放弃城池逃走。织田军在信浓遇到的唯一抵抗，来自武田信玄第五子、高远城主仁科盛信。

3月1日，织田信忠到达高远城下，随后让当地的僧侣带着黄金与书状入城，劝仁科盛信降服。但盛信不仅拒绝了劝告，还将僧侣的耳朵与鼻子割下，然后赶了出来。除了仁科盛信外，守备高远城的还有百战老臣小山田昌行、山县昌景的旧部小菅五郎兵卫，这些是武田家中仅存的心志坚定之士。

3月1日辰时，仁科盛信率领1400人冲出城外，向织田信忠的本阵猛突，战到中午时分才退入城内。第二天，织田军的3万人对高远城发起总攻，仁科盛信与小山田昌行各领一军，分别从正门与侧门冲出，连续向织田军发起十次冲锋，将织田信忠十三队的前七队击破，给织田军造成近千人的伤亡，织田信忠本人甚至被迫倚靠着一棵大樱树亲自拔刀应战。然而这群武田家勇士的最后反击还是被人数是自己10倍的织田军淹没，不久小山田昌行战死，仁科盛信浑身负伤退入城内，几个城门也被织田军突破。

在织田军的包围下，仁科盛信登上箭楼，大声控诉织田信长的种种暴行之后，由小菅五郎兵卫担任介错，结束了自己26年的壮丽人生。

高远城陷落之后，织田信忠放火烧毁了受武田家世代庇护的诹访大社，信浓另一座要冲深志城也受到木曾义昌的攻击开城投降，该城的守将是马场信房之子马场昌房。

3月4日，德川家康以穴山信君为向导，由骏河向甲斐的腹地展开进攻。

而在骏河的东部，北条氏政出兵将武田家残余的户仓城、三枚桥城、沼津城、吉原城攻落，北条氏政的三弟北条氏邦也在上野向武田家的部将北条高广展开了进攻。

3月5日，织田信长率领明智光秀、细川忠兴、筒井顺庆、丹羽长秀、堀秀政、长谷川秀一、蒲生赋秀、高山右近、中川清秀等部共4万人，从安土城出发，向甲斐进军。

面对土崩瓦解的战局和亲族的叛离，武田胜赖完全失去了斗志。3月3日，他放了一把火，将未完成的新府城烧毁，带着家眷与700名亲卫逃往小山田信茂的岩殿城。

此前甲斐岩殿城的小山田信茂与西上野岩柜城的真田昌幸都邀请武田胜赖前往自己的居城避难。尽管岩殿城距离新府城较近，小山田信茂也是武田家实力最强的谱代重臣之一，但是真田昌幸的岩柜城却靠近上杉景胜的领地，一旦战况持续不利，武田胜赖即可携一族由岩柜逃往上杉家的越后。但是两相权衡之下，武田胜赖以岩柜城路远雪深为由，选择了逃往岩殿。

此时织田军正由信浓攻入甲斐，而关东的北条氏政也与胜赖敌对，即使逃到岩殿，还是会受到两家的东西夹攻。然而胜赖之妻桂林院此时也跟在身边，她是北条氏政的妹妹，而岩殿的小山田信茂一向与北条交好，可能是因为这两层关系，武田胜赖最后寄希望于通过小山田信茂修复与北条的关系，在最后时刻寻求北

◇ 小山田信茂

条氏政的庇护。毕竟武田信玄临死前也曾说过，比起不讲义理的越后上杉来说，关东的北条家在救人于危难方面更讲义气。

3月7日，织田信长才到达岐阜，织田信忠与泷川一益、河尻秀隆三将已争先恐后地攻入武田家旧居城躑躅崎馆。没来得及逃走的武田家同族一条信龙、诹访赖丰、武田信廉全部被织田军捉住处死。在逃亡过程中，武田胜赖受到自己部下骏河武士下方彦作的嘲笑："当年今川氏真见到信玄公的御旗，便舍弃军队逃往深山之中，成为武田家的笑柄；如今胜赖公还没有见到信长大旗便逃向郡内，似乎还不如当年的今川氏真。"武田胜赖羞怒之下，亲手拔刀将下方彦作杀死。

◇ 穴山信君

3月9日，武田胜赖一行逃到岩殿城外的竹子岭，小山田信茂此时却突然倒戈，不仅不让胜赖入城，还向他们发起了攻击。武田胜赖顿时万念俱灰，随后他将家宝"日之丸御旗"与"盾无铠"交给途中盐山的寺院，自己逃向甲斐的天目山，那里是室町幕府中期的武田家第13代家主武田信满自杀之处。

3月11日，德川家康和穴山信君率领的东海道大军在躑躅崎馆与织田信忠会师。也就是这一天，武田胜赖与随行的300人在天目山下的田野里被泷川一益的3000人追上，在寡不敌众的情况下，武田军的猛将小宫山友晴、安倍胜宝等人陆续冲入敌阵战死。武田胜赖与嫡子武田信胜、夫人桂林院以及长坂光坚、土屋昌恒等家臣切腹自杀，享年37岁。

这一天，是自清和源氏新罗三郎义光起，传承了450年、历经20代的名门甲斐武田氏嫡流断绝之日。五天之后，武田家的主要分家、小诸城主武田信丰遭到家臣下曾根昌恒的背叛，最后在小诸城的二之丸中放起大火，与嫡子、生母、亲信一起切腹自杀，享年34岁。

— 第二十六章 —

征服者之道

武田胜赖自杀之际，织田信长刚进军到东美浓的岩村城。

3月21日，信长到达信浓的诹访，在这里他收到了关东北条氏政献上来的名酒、白鸟与骏马作为战胜的贺礼。此后的几天中，上野的小幡信贞、北信浓的真田昌幸等武田遗臣纷纷向信长降服。3月23日到3月29日，织田信长对参加武田征伐的诸将进行了论功行赏：

• 泷川一益，获得上野一国与北信浓的小县、佐久两郡。泷川一益出身于近江甲贺的豪族，以铁炮术与忍术仕于织田信长，在织田家进攻伊势期间，将号称"北伊势四十八家"的豪族们策反到织田家旗下，由此获得北伊势五郡之地作为封赏，是织田家中最早的国主级部将。此番获得上野一国与信浓两郡之后，泷川一益在织田家的实力仅次于西国的羽柴秀吉和北陆的柴田胜家，成为第三大军团长。据说获封上野之际，泷川一益又向织田信长请求赐予名茶器"珠光小茄子"，但是信长却不愿割爱，作为补偿，他又任命泷川一益为"关东管领"，负责统领关东八州的豪族，北信浓的真田昌幸、西上野的小幡信贞都成为泷川一益的部下。

• 穴山信君，被保全了甲斐的河内与骏河的江尻之地，另外他的嫡子穴山胜千代信治也得到织田信长的许可，被允许继承武田家的家名。穴山信君已在天正八年（1580）出家，法号穴山入道梅雪斋不白，并把穴山家的家主之位让给了穴山信治。但是武田灭亡之际，穴山信治也只有10岁，实际上穴山家的家政仍是由穴山梅雪来执掌。与穴山信君得到优待相反，甲斐郡内领的小山田信茂，被织田信长称作"古往今来从未有过的不忠之人"，最终于3月24日，和其嫡子一道在甲斐的善光寺被处死，小山田家由此断绝。两人的结局之所以有天壤之别，只因背叛武田的时机有所不同而已。

• 河尻秀隆，作为武田征伐的先锋，获得除穴山河内领以外的甲斐一国，并得到信浓诹访郡来代替河内领。河尻秀隆是侍奉织田家时间最长的武将之一，但只是一个以武勇而闻名的武士，一直以来，仅担任着织田信长与信忠的亲卫队长。到天正三年（1575）年底，织田信长消灭秋山信友之后，才任命河尻秀隆为岩村5万石的领主。而消灭武田之际，河尻已经56岁了。

• 森长可，与河尻秀隆一起担当先锋，获得北信浓的高井、水内、更科、埴科四郡共20万石之地，以海津城为居城。森长可当年25岁，是织田家烈士森可成的遗孤。森可成是较早跟随信长的武将之一，于1570年在近江的宇佐山城受浅井朝仓联军攻击战死，织田信长对他的遗子极为厚待，除了森长可获得大封之外，森长可的三个弟弟森兰丸、森坊丸、森力丸也被信长收为贴身的近习小姓。

• 毛利秀赖，与河尻秀隆一起担当先锋，获得南信浓伊奈郡，以高远城为居城。毛利秀赖是织田信长的旧主公、尾张守护斯波义统之子。织田信长刚刚继任家督之际，清洲城主织田信友曾试图谋杀信长，后因斯波义统的家臣告密而失败。

◇ 森长可

1554年，织田信友将斯波义统谋杀，义统的遗子受到家臣毛利良胜抚养长大，取名为毛利秀赖，织田信长为了报恩，将他收为家臣，后又赐以伊那郡，也算是对旧主的一种补偿。

• 木曾义昌，由于担任了织田军的向导，被保全了木曾谷的领地，又获得信浓中部筑摩、安昙两郡的加增。

• 德川家康，获得除穴山家江尻城之外的骏河一国。

织田信长将嫡系武将泷川一益、河尻秀隆、森长可、毛利秀赖任命为上野、甲斐、信浓的国主，组建了一个向关东扩张的军团，同时又将甲信两国变成了织田信忠所领美浓的护翼。向信长直接臣服的木曾义昌与穴山信君也获得了厚赏。但是十年来承受了武田家主要攻击的德川家康，却只获得了骏河一国。从信长的裁断中，家康也深刻地学到了如何区别对待嫡系与非嫡系的部下。

甲斐，是武田家统治了450年、经历20代的国度，这里的一山一水、一城一寺无不烙上了武田家和武田信玄父子的深刻印记。织田家除了军事征服之外，对武田相关的文化也进行了毁灭性的破坏：继烧毁诹访神社之后，织田信忠又放火烧毁了甲州禅林的圣域惠林寺。武田信玄的剃度之师快川绍喜和尚在大火中吟下"安禅何必须山水，灭却心头火自凉"之后，在烈火中安然逝去。

对于恪守忠义、没有及时向织田家投降的武田遗臣，织田信长发布重金悬赏，进行全面追杀。由此导致甲斐各地的农民们一发现原属于武田家的有名武士，便群起围攻，斩下首级前来换取赏金。一些知名武士如诹访刑部、诹访采女就这样丧生在乱刀之下，更多的人则选择逃往外地。但是对于这些与自己敌对了十年的对手，德川家康却表现出了相当的尊重，而且他手下的成濑正一、冈部元信等人就曾在武田家任过职。

◇ 快川绍喜

成濑正一，是德川家的三河谱代家臣出身，早年浪迹甲斐，作为武田家家臣，参加了武田信玄与上杉谦信之间最为惨烈的第四次川中岛合战，在激战中与石黑五郎兵卫一起抢回了战死的武田家大将诸角虎定的首级，为此武田信玄赏给他信浓的黑驹之地。在家康崛起之后，成濑正一又回到三河，跟随家康参加了姊川合战、三方原合战。在三方原合战中，他的兄长成濑正义战死，而成濑正一则作为向导，徒步引导家康翻山越岭逃回滨松城；长篠合战中，成濑正一的职责除了指挥铁炮队之外，还专门负责辨认指明武田家各种旗印所代表的武将。

在德川家康的指示下，成濑正一将许多武田时代的旧同僚暗地引渡到远江秘密保护起来，这些人当中既有依田信蕃这样的知名武士，又有山县昌景、马场信房的亲族与旧部，还有一群居住在甲斐与诹访边境的武川地区、号称"武川众"的豪族首领。另外，家康又全盘收编了骏河的向井正纲与小滨景隆等水军，以此为基础组建了自己的德川水军。

4月10日，织田信长从踯躅崎馆出发，走骏河—远江—尾张—岐阜—安土路线返回，一路上主要经过的都是德川家的领地，家康自然也承担了接待的工作，在沿途的各个景点为信长修建了住宿的阵屋和开办茶会的茶室。

4月12日，织田信长在家康的引导下，生平第一次见到了富士山。4月15日渡过大井川时，家康安排了无数人夫，站在河中央以缆绳连成人墙，让信长大队

从中间过河；4月16日横渡天龙川，家康又在河上搭建了舟桥。对于家康全心全意的接待，织田信长十分满意。4月18日，织田信长离开三河进入尾张，临别前他特地邀请家康对安土城进行回访。

在此期间发生过一件不愉快的事．途中的一次庆功宴上，织田家的众将都喝得有点得意忘形之时，信长旗下大将明智光秀说道："此番的战果如此，我等舍生忘死的奋战也有了价值。"

然而这句话却激怒了信长，"你到底在这一战中做过些什么？！"信长一把夺过小姓森兰丸手持的铁扇拍在光秀头上，接着又歇斯底里地对他进行了殴打。征讨武田的这一战，信长安土城的主力与左右两侧的明智光秀、丹羽长秀军团并没有参加实际的战斗，主持正面作战的乃是织田信忠与泷川一益。信长的这番安排，既是为了磨炼织田信忠，又是要通过让信忠获得这唾手可得的战果，进一步加强他作为织田家继承人的人望。所以明智光秀酒后这般揽功自诩的狂言，无疑是触动了织田信长的逆鳞，最终演变成一场无法挽回的尴尬。

◇ 武田征伐后的织田、德川形势图

― 第二十七章 ―

本能寺之变

天正十年（1582）5月15日，德川家康应织田信长的邀请，到达安土城进行访问。另外穴山信君为答谢信长保全了自己的领地，也随家康一起到达安土城。

由织田信长安排、负责接待家康的是明智光秀。明智光秀出身于源氏名门美浓土岐氏，又担任过前将军足利义昭的奉公众，熟知京畿地区的风俗与武家的礼法，堪称是织田家中第一流的教养人。

宴席上，明智光秀命人献上了用京都做法制成的鱼生，但是织田信长尝过一口之后，抬头勃然大怒："你竟然拿腐臭了的鱼来招待客人！"不仅如此，织田信长的睚眦必报也越来越严重，竟然为了这件事，当着德川家康的面对明智光秀又是一顿拳打脚踢。

就在这一天，羽柴秀吉在备中包围了毛利家的高松城，并筑坝引水，将城池围成了一座湖上的孤岛。城外的毛利家4万援军只能据守在高地，眼睁睁地看着高松城陷落。

不过羽柴秀吉考虑到攻下城池之后，自己会因功劳太大而遭到织田家其他将领的嫉妒，所以在完成水攻的当天，向安土城派出使者，请求织田信长亲自出兵西国，让信长来完成对毛利的最后一击。

5月17日，织田信长解除了明智光秀接待役的职责，让他回到领国丹波，准备出征西国。但是临行前信长又对明智光秀开了一个玩笑：他宣布将光秀的领地丹波一国与近江滋贺郡没收，代之以关西的出云、石见两国。但是出云与石见此时尚在毛利家手中。这个通告只是为了激励明智光秀在西国好好作战而开的玩笑，但在当事人眼中，不啻于是剥夺了他的身家性命。这种小人物的悲哀，睥睨众生

◇ 明智光秀

的织田信长是无法察觉的。

赶走明智光秀之后，5月18日，织田信长再次设宴款待了家康一行，席间他亲自为家康递上食盘，并赏赐给随行的德川家臣以太刀、阵羽织等礼品。第二天，家康在安土城中的总见寺内与信长一起欣赏了能乐与幸若舞表演。

随着信长出征西国的日期临近，家康在5月21日向信长辞行，并表示希望能够参观一下最为繁华的京都与堺町。为此，信长安排侧近长谷川秀一作为家康的导游。当天，信长的嫡子织田信忠由于要前去与朝廷交涉，故而与家康一起前往京都。

5月26日，织田信忠在京都的石清水八幡宫招待家康与穴山信君欣赏了能乐。第二天，家康告别织田信忠，在长谷川秀一的带领下前往堺町游览。当时谁也没想到，这一别之后，家康与织田信长父子就成了生死陌路人。

此时明智光秀已经到达丹波的居城龟山城。

5月27日，明智光秀登上龟山城外海拔924米的爱宕山，进入爱宕神社祈求战胜。晚上光秀便留宿于神社之内，恰好著名的连歌师里村绍巴也借宿在神社的西之坊内。第二天，明智光秀与里村绍巴一起举办了一场连歌会，当时参会的还有明智光庆、里村昌叱等人。

连歌，实际上又可称连句，即一人出上句，另一人对出意境深远的下句。而明智光秀的这场连歌会，参会者总共八人，每人连出一句，所有的句子都录在一张纸上奉纳给爱宕神社，这张纸上的连歌又被称作"爱宕百韵"。据说由明智光秀起首，发出的第一句是："时は今，雨が下しる，五月哉。"意思是"这细雨绵绵的五月天啊"，但是"时"在日语里通"土岐"，"雨が下しる"通"主宰天下"，整句话也可理解为"五月里土岐氏将主宰天下"。而明智光秀就是出身于土岐氏一族。有许多话，虽言者无意，但是往往因为命数的巧合而成为后来事情的预言，这种带有神秘巧合的预言，又称作"谶"。对于明智光秀这句语带双关的起始句，里村绍巴事后想起来，也感觉到有一种"谶"的力量，满腹疑

◇ 爱宕百韵

问却思索不出个所以然来，导致这天晚上失眠了。

5月29日，织田信长带着森兰丸等小姓50骑与300名足轻进入京都，住进了本能寺。

织田信长此次上京，一是为了集结进攻西国的军势，他预定的出征日期是6月4日，届时除明智光秀外，美浓、大和、近江之兵也会集结到京都；二是为了庆贺他的嫡子织田信忠获得新的官位。不过这一年的4月，天皇曾派出使者，让织田信长在关白、太政大臣、征夷大将军三个顶级官位中任选一个就任，但是织田信长却全部拒绝了。

另外，信长在京都也没有自己的府邸，早年上京一直寄宿在妙觉寺内，传位给信忠之后通常就寄宿于本能寺，由此似乎也显示出织田信长不愿成为天皇臣子的野心。

6月1日，织田信长在本能寺内招待40多名公卿，一起举办了茶会，并向众人展示了自己带来的名贵茶器38种。

这一天晚上，丹波龟山城的明智光秀，已经下定了某种魔鬼般的决心，他先找来亲信重臣明智左马助秀满、明智右卫门尉光忠、藤田传五、斋藤内藏助利三、沟口胜兵卫茂朝五人，说明了自己的意图，这五人的前途与性命已经与主君生死与共，自然是毫无二心地向光秀递上了愿意共同进退的誓书。

接着明智光秀又招集了正在自己军中的丹波与近江武士，其中包括比田带刀则家、松田太郎左卫门政近、御牧三左卫门兼显、御牧堪兵卫兼次、柴田源左卫门胜定、柴田忠藏胜之、天野源左卫门国次、池田织部辉秀、宇野丰后守、尾石与三等勇士，对这些部下，明智光秀先是抱怨信长没收自己的近江、丹波是多么的不公，并暗示性地说道："对错如何只有心中自知，如果身家性命都难以保全，又怎么去顾及名声？"明智秀满、斋藤利三等五人也带头附和。但是席间有位宇野丰后守，听出了光秀的言外之意却不愿跟从，扭头就走。光秀一使眼色，比田则家便追上去将宇野丰后守当场斩杀。剩下的人受到威慑，全部都向光秀递上了愿意相随的起请文。

当天深夜，明智光秀率领13000人由丹波龟山城出发，向京都进军。

6月2日天亮前，明智军渡过了京都郊外的桂川，此时明智光秀突然勒马回头，军扇猛然指向身后的京都，对着旗下的士兵们下令道："敌人，就在本能寺！"

由于明智军主要的部将都已经向光秀递上了起请文，此时最多不过是心头一紧，回过神来之后就义无反顾地向京都进发。而士兵们虽然不知光秀所图而有些惊骇，但是看到将领全部听从了光秀的命令，也只有满头雾水地跟着向前冲。

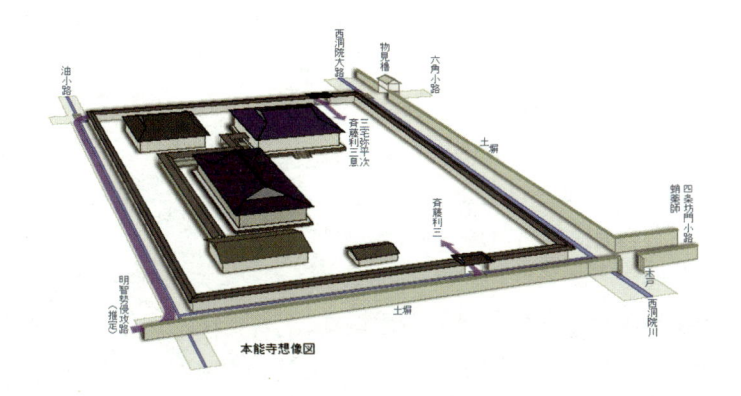

◇ 明智军进攻图

6月2日早上9时左右，织田信长在睡梦中被门外的喧哗吵醒，起身一看，寺外枪尖如林、杀气弥漫，急忙让森兰丸出外查看敌将的旗印。森兰丸一看是明智的"水色桔梗"旗，入殿回禀道："是叛变，敌将是明智日向守光秀。"说话之间明智军已从东西两个门突入寺内，织田信长心知劫数难逃，长叹一声："再怎样都来不及了。"急忙指挥小姓们迎敌。

尽管本能寺作为织田信长的寄宿地，已经改筑了土垒、石垣与壕沟，但是信长身边300人的兵力，根本挡不住1万多明智军的进攻。而信长的嫡子织田信忠寄宿在东北面的妙觉寺内，身边也只有不到1000人，即使赶过来也是杯水车薪。

最开始，织田信长只是拿起弓箭射敌，但不久弓弦即被拉断，他不得不拿起长枪，与蜂拥冲到身前的明智军足轻搏斗。少时之后，织田信长身上已有数处被刺伤，左肩也被对方的铁炮打中。自知一切都无法挽回，堂堂天下霸主又不想在普通杂兵的手中身首异处，信长随后便退入大殿之中，一面让女房们从后院逃生，一面让森兰丸在殿中放火，自己在大火之中以短刀切腹，结束了49年的辉煌灿烂之人生。

看到信长消失在大火之中后，明智光秀又指挥军队向织田信忠所在的妙觉寺进攻。织田信忠闻报立刻退往天皇的皇太子诚仁亲王所在的二条御所。这里即是前将军足利义昭的居所，有简单的城池结构，另外织田信忠又想借诚仁亲王身为

107

天皇继任人的皇威来护身,但是明智军还是毫无顾忌地向二条御所发起了猛攻。

其间由于正面进攻无法突破城门,光秀一度派铁炮手爬到公卿近卫前久的屋顶上,向城内射击。随着身边多人被打倒,织田信忠逐渐失去了战意,而诚仁亲王却不想跟着信忠一起鱼死网破,急忙发出命令让明智军与信忠讲和。那位著名的连歌师里村绍巴,作为明智光秀的使者进入城内,向织田信忠说明,当前形势下明智军已不可能撤围,劝说信忠要像父亲信长一样慷慨赴死,但不要拖累了地位神圣、前途远大的诚仁亲王。织田信忠明白此时已是在劫难逃,只好让里村绍巴把诚仁亲王与数名公卿带出城外。

而织田信长有个弟弟织田长益,已经出家,法号为"织田有乐斋",此时也与许多织田家同族一起,跟随信忠防守二条城。他看到城内众人头上都出现了死气,急忙乘着大家不注意,从被敌军打破的墙洞里逃了出去。明智军看到跳出来的是个和尚,还以为是妙觉寺的僧人,也就没有进行追杀。

不久,织田信忠在二条城内由小姓镰田新介担任介错,切腹自杀,享年26岁。和信长一样,他也令随从把自己的首级投入大火之中,不让落到明智军手上。

随信忠一起死在二条城中的,还有织田同族的津田又十郎、津田源三郎、津田勘七、津田九郎二郎、津田小藤次,京都总代官村井贞胜、贞成父子,马廻众猪子兵介、福富平左卫门、野野村三十郎、篠川兵库、下石彦右卫门、毛利新介秀高、赤座七郎右卫门、团平八、坂井越中、樱木传七、逆川甚五郎、服部小藤太、小泽六郎三郎、服部六兵卫、水野九藏、山口半四郎、墙传三郎、斋藤新五、河野善四郎、寺田右卫门等人。

若是照着正常的情况发展,或许织田家再用三年,便能够统一整个日本。但是本能寺的烈火,改变了德川家康和天下的命运。

◇ 织田信长铜像

— 第二十八章 —

穿越伊贺

6月1日，德川家康与穴山信君游览了堺町。6月2日本能寺之变发生时，他们正由长尾街道返回京都。

此时约有30名家臣跟在家康身边，其中主要人物为：酒井忠次、石川数正、本多重次、本多忠胜、神原康政、渡边守纲、大久保忠佐、大久保忠邻、牧野康成、高力正长、井伊直政、鸟居元忠、服部正成，几乎全部都是德川家的中坚人物。而穴山信君身边，也有12名家臣相随。

6月2日中午之前，德川家康一行到达京郊的四条畷。在这里，他碰到了早已等候多时的京都豪商茶屋四郎次郎清延。

茶屋清延，原姓中岛氏，是三河本地的武士出身，据说他早年还担任过家康的侧近。后来清延放弃武士身份，由三河前往京都，开设了名为"茶屋"的商号。不过这个茶屋除了做买卖之外，似乎还负责为德川家采购物资和收集京都的情报。织田信长横死于本能寺的消息，便是由茶屋清延在第一时间内通报给了德川家康。

骤然听到噩耗，德川家康不禁泪如雨下。据说当时他的第一反应就是要带领家臣们杀入京都，为织田信长殉死。但是本多忠胜却劝阻道："若要向信长公报恩，无过于迅速返回本国，率领军队讨伐明智光秀。"其余的家臣也纷纷赞同。正常情况下，家康本可以向西折返堺町，然后乘船走海路返回三河，但是在海上至少要耽搁十天以上的时间，在此期间就不可能抓住突变的形势了。而在悲痛之余，德川家康也从织田信长的横死中，看到了能够让德川家摆脱从属地位、染指天下霸权的机会。为了这个二十年难得一遇的时代机遇，家康毅然决定继续向前，走陆路返回东海道。

此时由织田信长去世引发的动乱，已由京都扩散到畿内各地。明智光秀在占领京都之后，又准备由京都向近江的安土城进军。支持明智的一些小豪族乘机在山城和近江四处作乱，长滨城的羽柴秀吉家眷已逃离城池，躲入寺庙之中。仍旧

109

忠于织田家的近江豪族山冈景隆则放火烧毁了由京都通往近江的濑田桥。而信长的女婿蒲生氏乡将信长的家眷由安土城迁到自己的日野城中进行保护。

在混乱的形势下，畿内的农民们也拿起竹枪，结成团伙，专门追杀抢掠落单的武士，这种行为又被称为"落武者狩"。此外明智光秀还发布重金悬赏，要取德川家康的首级。

经过谋划之后，德川家康主从一行准备避开"京都—近江"的大路，沿着南近江与伊贺交界的铃鹿山脉东行，赶往伊势的港口渡海。其中最艰难的一段路，就是伊贺。

作为近江、山城、大和、伊势四国中间的山间小国，伊贺拥有300家以上的土豪，却没有统一的大名作为领主。土豪们在互相攻战的过程中，不断地发明各种各样的战法与忍术，使得伊贺成为日本忍者的最大集中地。1570年，织田信长从金崎撤退后，由京都返回岐阜时，就曾在半路的山中受到过伊贺忍者的狙击，而且到信长消灭浅井与朝仓、赢得长篠合战胜利之后，伊贺的豪族们也没有向信长臣服。1578年，信长的次子织田信雄率领1万大军向伊贺进攻，却被豪族们联合起来击败，信雄为此被信长骂得狗血淋头，成为众人眼中信长最不争气的儿子。1581年，织田信长再次以织田信雄为大将，率领6万大军攻入伊贺，在打败伊贺豪族之后，又放火烧毁了城池、寺庙与村落，不分男女老幼杀死了数万人，其余有生存能力的人，都逃往日本各地。不过当织田信长葬身于本能寺之后，潜伏在各地的伊贺之人又都拥回故乡，再次起兵反抗织田家。所以德川家康作为织田家的盟友，要通过这土豪、暴动军与盗贼横行的伊贺国，自然是极度危险。

◇ 家康的返回路线

当德川家康说明返回的路线时，穴山信君最先表示反对。因为穴山主从13人身上携带了大量的黄金，他们既怕伊贺的土豪、盗贼谋财害命，又怕德川家康主从半途生出歹心，而且明智光秀悬赏要的，只是德川家康的首级，与他穴山信君无关。

最后穴山信君主从与家康告别，走山城到近江的大道返回甲斐。不过穴山始终是衰运当头，在他刚刚与家康分别，准备渡过山城国的木津川之际，被上百名进行"落武者狩"的农民追杀，主从13人最后全部横死在河边。当时德川家康一行，与他们只有不到200米的距离，目睹了穴山的悲惨命运之后，家康一行立刻义无反顾地逃往伊贺的山中。

作为德川家的忍者首领，服部半藏正成本身也是伊贺的豪族出身。服部家本身与藤林家、百地家并称为"伊贺上忍三家"。据说家康的祖父松平清康一统三河之后，上京谒见足利将军时，与服部正成的父亲服部半三保长相逢，服部保长为松平清康的器量所折服，于是迁到三河成为松平家臣。服部正成虽然是在三河出生，但是与伊贺北部的许多土豪都有姻亲关系或旧交。

家康进入伊贺之后，服部正成就负责在前方带路，并与沿途的土豪交涉。此外服部正成身边还有一群忍者，专门负责查探明智军的动向，引导众人避开追兵。碰到半路打劫的盗贼，则由茶屋清延上前交一笔买路钱。中途若是遇到进行"落武者狩"的农民，家康便丢下一两个身手矫捷的影武者，穿着主君的服饰将敌人引开，如果对方人数较少，则由本多忠胜、神原康政、井伊直政等猛士上前清理道路。就在这样的坎坷前行中，家康一行于6月4日到达伊贺的白子凑，随后由与茶屋清延有生意往来的伊势豪族角屋提供船只，伊势江岛住人小川孙三操船，带着家康等人横渡伊势湾，在尾张知多半岛的常滑上陆。

6月5日，在松平家忠（深沟松平）的接应下，德川家康回到了冈崎城。

从堺町到冈崎，直线最短距离约210公里，德川家康返回只用了三天三夜，就当时的行军速度来说，一日30公里已经算神速了，而家康一行能达到70公里，就说明他们中途几乎是没有休息的。据说这三天里，每一顿饭家康都是坐在马上匆匆扒几口了事。就德川家康的一生来说，他一共遇到过四次大的危机，前三次是：

◇ 服部半藏正成

111

少年时被户田康光拐卖给织田家，三河一向宗暴动，三方原合战。这极为艰辛的穿越伊贺，也是他遭遇的最后一场大危机。

第二十九章

信长的遗产

德川家康回到冈崎城之后，在第二天便传令骏河清水城守将冈部正纲带兵进驻甲斐下山城。

下山城，乃是穴山信君的居城，乘着信君横死之机，家康让冈部正纲前去助防，实则是接管了穴山家的领地。另外，家康又派依田信蕃前往北信浓助防森长可、本多信俊前往甲斐助防河尻秀隆。

此后的七天里，家康一边着手平息领内小规模的混乱，一边集结兵力，到了6月14日，才率领15000大军由冈崎出发，准备西上讨伐明智光秀，为织田信长报仇。

6月19日，家康的军队到达尾张的热田神宫之际，遇到了由京都派来的使者，这个使者带来了羽柴秀吉的留言："秀吉已在13日消灭明智光秀，望阁下早早返回领地。"

本能寺之变发生的时候，羽柴秀吉还在备中的高松城外与4万毛利军对垒，直到6月3日深夜，秀吉才收到信长遇害的消息。但是接下来的两天，秀吉充分施展外交手腕，在迫使高松城守将清水宗治开城自杀的基础上，与毛利家缔结了和约，紧接着率领近两万大军，以风驰电掣的速度返回播磨姬路，休息了一天时间后又赶往摄津，与附近的丹羽长秀、织田信孝、中川清秀、高山重友合兵，集结起了36000人。从6月6日到6月12日，仅用六天时间，羽柴秀吉完成了由备中高松到摄津尼崎的"西国大返转"。

而明智光秀一开始便分兵进攻近江，后来又忙于与京都的朝廷交涉、诱降大和的筒井顺庆、丹后的细川藤孝，根本没做过预防羽柴秀吉或柴田胜家突然返回的危机应对。等到秀吉的大军出现在京都西面时，明智光秀的身边仅有16000人。6月13日，羽柴秀吉在山崎一战击破明智光秀，后者在逃亡近江的半路上又遭遇了"落武者狩"，极为悲惨地死在了农民们的竹枪之下。

6月16日，羽柴秀吉进入安土城，向德川家康与各地的织田家部将派出使者，宣布："复仇成功！"

除了羽柴秀吉与德川家康之外，当时的织田家中，有实力讨伐明智光秀，为织田信长报仇的不乏其人。

但是北陆的柴田胜家正在越中与上杉景胜交战，由于相隔较远，加上反应稍慢，他由北陆赶回近江时，已是山崎合战结束后的第五天，但这个速度已经不算迟缓了。

织田信孝与丹羽长秀当时正在摄津准备渡海出征四国，这两个军团离京都最近，同时也拥有足够的军力，然而丹羽长秀与织田信孝却控制不住士兵们的混乱与逃亡，只好将讨伐军总大将职位拱手让给匆匆赶回来的羽柴秀吉，错失了夺取天下的最好机会。

◇ 明智光秀之铠

信长的第二子、伊势的织田信雄，距离京都极近，但是行动更加迟缓，山崎合战之际，他才赶到南近江。以上的几个人要么是应变与控制局面的实力不足，要么就是反应慢了一步。而羽柴秀吉恰好有大军在身边，得到消息的时间不算最早，但反应却是最迅猛，他根本没有花费多余的时间去巩固西国的领地、加强对毛利的防备，而是直接抓住了整个局势的核心——讨伐明智光秀为织田信长报仇。因为秀吉明白，只要为信长复仇成功，领地就会不守自固，毛利也不敢前来进攻，而自己还能获得织田家中最高的地位。

和秀吉相比，德川家康也迅速觉察到了本能寺之变带来的是一个争分夺秒的机遇，并且以比秀吉更快的行进速度穿越伊贺回到了三河。但是家康面对着两个关键问题，首先，征伐武田的战役刚刚结束，德川家的大军已经解散回各领国休整，仓促之间，再聚集起来极费周章，德川家不像羽柴秀吉、柴田胜家那样，已经集结好了军队在前线作战。其次，多年来练就的沉稳与谨慎，让家康首先着手于巩固领地，没有在第一时间向京都出兵。和羽柴秀吉这个时代的赌徒抢时间，家康输了一招，而这一招输了，以后的每一步都变得被动。

在关东，织田家的关东军团长泷川一益，陷入了和北条氏政对决的危局。

武田征伐之后，北条家没有获得任何的领地加增，对于织田信长已经产生了不信任感，但是迫于实力悬殊，北条氏政还是表现出了相当程度的恭敬，甚至把自己手中的一部分上野之地让给了泷川一益。并且通过泷川向信长提出，只要信长将女儿嫁给北条家的嫡子北条氏直，北条家愿意全面臣属于织田，成为织田家在关东的分国，又毕恭毕敬地向三岛大社献上了希望与织田家联姻的祈愿文。但是织田信长来不及给北条家答复，就遭遇了本能寺之变。

信长遇害的消息传到关东之后，北条氏政一时无法确定是否是谣言，还向泷川一益表示，若一益要上京为织田家报仇，北条愿助一臂之力。但是等到织田信长与织田信忠的横死已被确认为事实，明智光秀送来书状邀请北条氏政消灭泷川一益，北条氏政就下定决心改变服从织田家的态势，重新恢复昔日关东霸主的荣光，而厩桥城的泷川一益也成了北条家最先要攻击的目标。

6月16日，北条氏政以嫡子北条氏直与兄弟北条氏邦为大将，动员起56000大军，攻入泷川一益的上野。

此时泷川一益进驻上野才三个月，尽管他集结周边豪族之兵，也动员了2万人，但是军队编制与指挥都难以得到保证，不过一益还是以"为吊唁信长而战"的理念最大可能地激发了军队的士气。

◇ 北条氏政

6月18日，两军第一次接触，泷川一益获得小胜，以少胜多地斩杀了北条氏邦的钵形城武士与北条氏直的近卫武士300人。

6月19日，两军的主力在上野的神流川畔展开激战，最开始泷川一益连连击破北条军，并进行了深入追击，但是北条方人数众多而且阵形庞大，尽管被泷川从中间突入，但却没有散乱。反而泷川军在追击过程中被拉成了长蛇状。随后北条军从两面进行夹击，将泷川军分割包围，泷川一益在付出了超过4000人的伤亡之后，狼狈退回厩桥城。当天他释放了关东大小豪族留在厩桥的人质，舍弃上野逃往北伊势。

甲斐与信浓的局势，和伊贺也极为相似，得知织田信长父子横死后，潜伏在各地的武田遗臣纷纷回到家园，聚集起来反抗织田家的统治。北信浓的森长可、南信浓的毛利秀赖，一看局面无法收拾，各自放弃领地，逃往美浓。而德川家康派到北信浓的依田信蕃，乘乱飞檄各地，集结起武田遗臣900人，占据了森长可放弃的信浓小诸城。冈部正纲也进入穴山家的下山城，增筑城池并加强了守备。

而在河尻秀隆的甲斐，发生了颠覆性的暴乱。

织田信长任命的甲斐国主河尻秀隆，是一个臭名昭著的大煞星。1574年织田信长攻打伊势长岛时，屠杀了超过10万的一向宗信徒，河尻秀隆在那场屠杀比赛中的成绩，遥遥领先于织田家其他武将。成为甲斐国主之后，河尻秀隆在大肆追杀武田遗臣之余，强行推行刚猛的政策横征暴敛，还对百姓滥用刑罚，一逞自己的嗜杀之欲。继织田信忠烧毁惠林寺之后，河尻秀隆又烧杀了甲斐的另一处名刹善光寺。

本能寺之变的消息传来，河尻秀隆顿时惶惶不可终日，他深知甲斐人民对自己恨之入骨，急忙向家康寻求援助。6月10日，家康的使者本多信俊到达踯躅崎馆。调查了甲斐的形势之后，本多信俊建议河尻秀隆放弃领国、返回美浓。但是河尻秀隆认为这是家康的计谋，结果不仅不听从劝告，还将本多信俊杀死。

6月17日，武田家的遗臣群起围攻踯躅崎馆，河尻秀隆连夜出走，但还是在第二天被暴动军追上。最后山县昌景的旧将三井弥一郎斩下河尻秀隆的首级，拿到武田胜赖、信胜父子的墓前进行供奉。

尽管德川家康因为慢了羽柴秀吉一步而失去了讨伐明智光秀、夺取中央霸权的大好机遇，但是失去了领主的甲斐与信浓，可以说是织田信长留给德川家的另一份丰厚遗产。

6月27日，织田家的重臣们齐集于尾张清洲城，对本能寺之变进行善后处理，并商讨此后织田家的延续与发展问题，是为"清洲会议"。

由于织田家资历最深的两个宿老佐久间信盛与林秀贞已在1580年被织田信长放逐，泷川一益尚在由关东逃回伊势的路上，会议的主持是羽柴秀吉、柴田胜家、丹羽长秀三大宿老。尽管柴田胜家的资历与威望最高，但是羽柴秀吉有讨伐明智光秀的功勋，又将丹羽长秀拉拢为盟友，最终主导了整个会议的议程。这次会议最终决定的结果是：

- 织田信忠的嫡子织田三法师作为织田家的继承人入驻安土城。三法师的两个叔父织田信雄与织田信孝虽然失去了继承权，却分别获得尾张与美浓作为补偿。

- 羽柴秀吉、柴田胜家、丹羽长秀、池田恒兴作为织田家四大老，共同议定今后织田政权的大小事务。池田恒兴在织田家的资历也颇深，功劳却不及羽柴、柴田、丹羽三人，但是他的母亲是织田信长的乳母，因而与织田信长称得上是乳兄弟。基于这一层关系，羽柴秀吉将他提拔到宿老的地位，其他人自然无可厚非。但实际上是除丹羽长秀之外，秀吉在决策层中又增加了一名自己的盟友，此后他的话语权，以三比一绝对凌驾于柴田胜家之上。而泷川一益，由于神流川合战的失败以及缺席会议，被秀吉乘机剥夺了宿老的地位。

- 出兵讨伐明智光秀的人，全部获得了领地加增，即使是柴田胜家这种只出兵未交战的，也获得北近江长滨之地12万石作为心理安慰。但是其中的最大受益者无疑是羽柴秀吉，他名正言顺地获得了山城、河内、和泉、丹波四个国，加上已经领有的播磨、美作、因幡、但马、伯耆、备前、淡路，总计拥有11个国之多，而且京都也成了秀吉势力范围。操纵京都的朝廷，向天下武士发出号令，乃是成就天下霸权的重要助力。织田三法师的居城安土，几乎已在秀吉领地的包围之中。不难想象，此后年幼的三法师必然会成为秀吉手中的傀儡。对于这种实力的单方面向羽柴家倾斜，从清洲会议结束时起，柴田胜家、织田信孝、泷川一益、织田信雄等人就已隐伏下了对秀吉的不满，这种不满也成为今后新冲突的开端。

在清洲会议结束后不久，德川家康踏上了前往甲斐信浓的征途。织田家的重臣们可以坐地分赃，但是家康却不得不靠战争来获得信长留下的这份遗产。

◇ 织田家臣在日本中部的领地划分形势图。紫色为秀吉的支持者；深蓝色是胜家的支持者

— 第三十章 —

天正壬午之乱

"壬午",就月份来说,指的是每年从芒种(农历六月初五)到小暑(农历七月初七)之间的一个月。天正十年(1582)壬午月,甲斐、信浓在无主的空白期发生的战乱,被称为"天正壬午之乱"。实际上这场动乱从6月一直持续到了10月,除了武田的遗臣之外,德川家康、北条氏政、上杉景胜三大邻国强者也全面介入其中。

北条氏直在神流川击破泷川一益之后,平定了上野,紧接着率领北条军主力西上,翻越碓冰岭进入信浓。6月26日前后,受到北条家声势的震慑,以真田昌幸为首,原来臣服于泷川一益的信浓、上野诸豪族纷纷臣从于北条家之下。德川家康派往信浓的依田信蕃则带着900名武田遗臣退往甲斐。与此同时,北条氏直的触手又伸到了南信浓,领有南信浓四郡的木曾义昌与趁乱揭竿而起的前诹访大社社祝诹访赖忠,都向北条家臣服并获得了北条氏直颁发的领土保全确认状。

但是北条家的好梦还没做多长时间,7月初,越后的上杉景胜率兵5000攻入北信浓,并夺取了海津城。这两家自"御馆之乱"以来结成的死敌,为了争夺北信浓而在川中岛的八幡原对峙。

另一方面,德川家康在6月底,派酒井忠次与奥平信昌为先锋,率领3000人攻入南信浓。7月初,家康亲率1万人由骏河进入新府城,接管了因河尻秀隆被杀而空出来的甲斐。

北条氏直得知家康亲自北上,为了避免受到上杉与德川的两面夹击,急忙与上杉景胜缔结和约,承认上杉家对北信浓高井、水内、更科、埴科四郡的占有权,随即率领主力南下,专心与德川军对决。

8月1日,酒井忠次正在进攻高岛城的诹访赖忠,得到北条氏直大军赶来的消息,立刻撤围退往甲斐新府城。北条氏直的43000人,紧跟着也追入了甲斐。

德川家康将主力8000人集中到新府,这座由武田胜赖苦心建造,却没能保护武田家的堡垒，在德川家康手中，变成了对抗北条家4万大军的坚实盾牌。另一方面，家康又留下鸟居元忠、平岩亲吉、大久保忠世守备以踯躅崎馆为中心的府中地区，防备北条家由相模派出别动队由原小山田家的郡内领攻入甲斐的后方。

另外，家康还安排依田信蕃带领熟悉边境地形的武田遗臣武川众，专门袭击北条家的补给线。当年北条氏康就是用这样的"固守城池+截敌粮道"战术，让上杉谦信与武田信玄对他的小田原城都无可奈何。现在德川家康是将整个甲斐都变成了一座堡垒，以北条式的防守战术来对抗北条家。

由于从信浓进入甲斐的通道被新府城扼制住，北条氏直难以从西面攻入甲斐。北条氏政在焦急之余，派出六弟北条氏忠、九弟北条氏光、同族北条氏繁之子北条氏胜，率领1万人作为别动队，从相模翻越御坂岭，向家康背后的郡内领进攻。不过鸟居元忠捕捉到了北条军的动向，并设下埋伏，在8月12日的黑驹合战中，以区区2000人击破了北条的1万大军。

受到这一战的影响，8月22日，木曾义昌倒戈投向德川家。到了9月，真田昌幸也向家康投降。随后依田信蕃又在10月初袭击小诸城，赶走了北条方的守将

◇ 德川、上杉、北条三家对阵形势图

大道寺政繁。从南信浓到北信浓，倒向德川的城池越来越多，北条家粮道全面受到威胁，时间一长，甚至连退路都无法保证。此外，趁着北条主力远离，常陆的佐竹义重也在关东进攻北条家的后方。在此背景下，10月29日，北条氏直以叔父北条氏规为使者，主动与德川家康议和，结束了长达80多日的对峙。两家和睦的条件如下：

其一，北条氏直娶家康的女儿督姬为妻，德川、北条两家结成同盟。

其二，甲斐与信浓（上杉领有的北信浓四郡除外）两国归家康所有，北条家占有上野，两家互不干涉。

尽管家康得到了满意的结果，但是以上协议侵害了小豪族真田昌幸的利益。

真田家有信浓小县与上野沼田两块领地，本来真田昌幸已经臣服于德川家，但是按照这个协议，他在沼田的领地却必须割让给北条家。而沼田是御馆之乱时期，真田昌幸受武田胜赖指示，亲自夺下的领地，一直被他视为自己荣誉的象征。但是按德川与北条的协议，这块土地将属于北条家，却没有在信浓另划出一块地给真田昌幸作为补偿。由此激起了真田昌幸的愤恨。后来真田家不仅没把沼田交给北条家，还舍弃德川家康，转而臣服于上杉家。

◇ 真田昌幸

真田昌幸的父亲，是武田信玄的军师真田幸隆；昌幸的兄长，是在长筱战死的真田信纲与真田昌辉；真田昌幸本人，早年作为武田信玄的侧近，师从信玄尽得武田兵法之真传，并参加了自第四次川中岛合战以来武田家的历次战斗，虽然在武田家臣中资历尚浅，但是因为其出众的文才武略，也被列为武田二十四将之一。当时谁也没有想到，家康对于沼田问题的忽视，竟然树立了一个让自己一辈子都头疼的强劲对手，不过这都是后话了。

在吞并甲斐、信浓的过程中，德川家康对武田家遗臣的收编也变得公开化。

8月1日，先前受到家康保护的武田旧臣895人，一起集结到远江的秋叶神社，共同向社内献上了表明自己愿为德川家效忠的起请文，这封文书又称作"天正千午甲信诸士起请文"。

与北条家的和议成立之后，家康为以武川众为首的武田旧臣恢复了旧领，任命成濑正一、日下部定好为甲斐的总奉行，负责主持甲斐的国政。又以四名武田旧臣樱井安艺守信忠、石原昌明、市川丰后守昌忠、迹部昌忠为成濑正一与日下部定好的辅佐人，以让武田旧臣参与统治的形式，将这些织田政权下的乱民，变成了德川家统治甲斐的最可靠助力。

但是为了防范北条氏今后的侵攻，家康将甲斐最东部与相模接壤的郡内领封给了鸟居元忠。

在信浓，战后从属于德川家的领主与处断如下：

- 依田信蕃，作为佐久郡小诸城主，成为德川家在信浓的总奉行。然而第二年（1583）依田信蕃在进攻小豪族大井行吉的岩尾城时中了流弹，伤重不治去世，其弟依田信幸也同时战死。由于依田家的子嗣尚幼，德川家康就让大久保忠世取代依田，成为小诸城主和信浓总奉行。
- 小笠原贞庆，获得东筑摩郡深志城之地。他是室町幕府时代的信浓守护小笠原家之嫡流，在武田信玄征服信浓之后流亡各地，先后投靠上杉谦信与织田信长，在武田征伐后被信长赐以信浓的一块小领地。甲信的武田遗臣暴动之后，小笠原贞庆乘乱夺取了木曾义昌手中的深志城，那里是他的老家。而事后家康也认可了小笠原贞庆对深志城的占有。
- 小笠原信岭，武田征伐时向织田信长降服，壬午之乱后向家康降服，被保全了松尾城。他是小笠原贞庆的庶家。
- 原武田旧臣谏访赖忠，在混乱中夺取了谏访郡高岛城，又跟随北条氏直对抗家康，但是在北条军退走之后也向家康降服。谏访赖忠作为谏访神社的大祝，是南信浓宗教势力的代表，德川家康保全了他在高岛城（谏访郡）的领地。
- 木曾义昌，被保全了除深志城以外的筑摩、安昙两郡，以及木曾谷二郡。但是家康放手让小笠原贞庆夺取深志城，成为木曾义昌与德川家之间的一道裂痕。
- 原武田旧臣保科正直，恢复了南信浓伊奈郡的领地，成为高远城主。
- 原武田旧臣屋代秀正，被保全了更科郡屋代城之地。上杉景胜在占领北信浓四郡后，将更科郡赐给了北信浓旧领主村上义清之子村上国清，又把自己的"景"字下赐，村上国清由此改名为"村上景国"，屋代秀正被任命为村上景国的副将，居住到海津的二之丸。但是村上家已经被武田信玄赶出信浓20多年，而屋代家作为武田的信浓先方众，经过多年浴血奋战，事前已获赐了更科郡的大部分领土，骤然之间流亡的村上家重新获得更科郡，这就让屋代秀正祖辈的辛苦付之东流。

而且屋代秀正向上杉家献上人质后，上杉景胜又背信弃义地将屋代家的荒砥城没收。德川军进攻信浓之际，屋代秀正便怀着对上杉的满腔怒火，在酒井忠次的中介下投向了德川家，成为家康在北信浓四郡唯一的支持者。

• 真田昌幸，保全了信浓小县郡的领地，并将自己的嫡子真田信幸送往德川家成为人质。尽管根据德川家康与北条家的协议，真田家的上野沼田属于北条氏的势力范围，但是真田家在上野却坚决反抗北条家的收地，真田家的同族老将矢泽赖纲据守沼田城，以500人的兵力，先后击退北条家1500人和5000人的两次进攻。德川家康虽然放手将上野让给北条，但只是答应对北条氏占据上野不加干涉，北条氏要真正将上野纳入囊中，还得靠自己的实力去夺取。结果真田家的沼田城，成了北条氏政一时间无法拔出的眼中钉、肉中刺。

德川家康对甲斐与信浓的处断，几乎是将这两个国重新恢复到了武田统治、甚至是武田之前的状态。织田信长让大量甲信豪族流离失所，德川家康却又全面恢复了他们的领地，这一收一放之间，德川家康就对这些小豪族树立了深厚的恩情和强大的宗主权，这是他今后牢牢控制甲信两国的基础。可以说家康已经汲取到了武田信玄用以控制甲信的"人即城，人即垣，人即堀"思想之神髓。

另外，对于形势较稳定的穴山家领地，德川家虽然保全了穴山信治的领有权，却让本多重次、松平家忠、天野康景三人轮流担任骏河江尻城代，又安排三河武士菅沼定政处理穴山家河内领的政务。到了天正十五年（1587），穴山信治患上天花去世，年仅16岁。由于他没有留下子嗣，穴山家的领地就名正言顺地被德川家康收为己有。

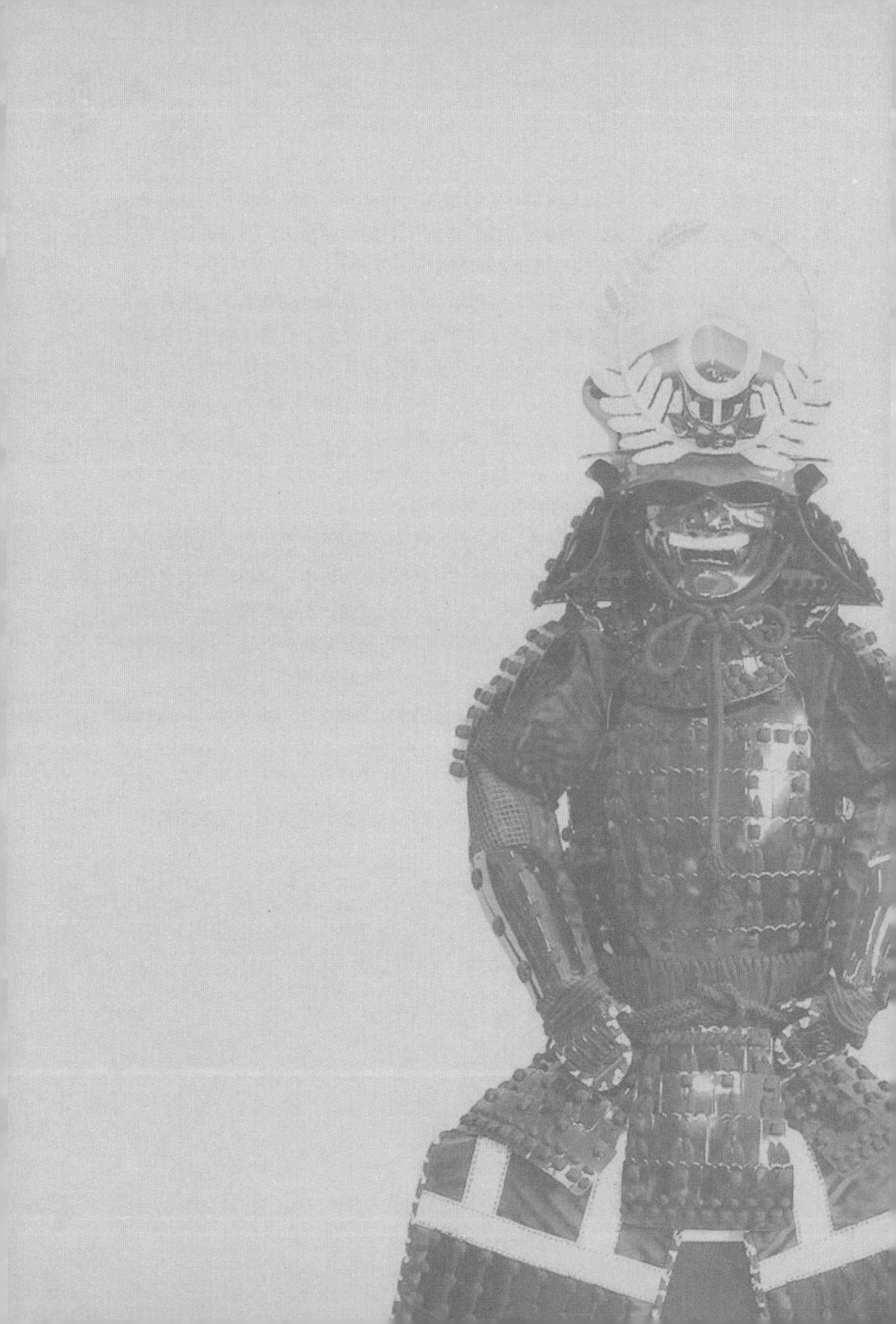

卷之四 秀吉篇

— 第三十一章 —

第二次"织·德同盟"

在德川家康与北条氏直争夺甲信期间,从10月15日到10月17日,羽柴秀吉在京都的大德寺为织田信长举行了葬礼。

当时,信长的两个儿子织田信雄与织田信孝都未参加葬礼,对秀吉怀有不满的柴田胜家与泷川一益也未到会,而且织田信孝还将三法师扣留在岐阜城。但是在织田信长生前,羽柴秀吉为了获取主君的信任,已经收养了信长的第四子为养子,取名为"羽柴秀胜"。在信雄、信孝、三法师都未到场的情况下,秀吉仍然以秀胜为丧主(类似于中国丧礼中的孝子),圆满地完成了葬礼。不过羽柴家与柴田胜家、织田信孝等人的冲突由此也更进一步激化。

除了已经领有的11国之外,羽柴秀吉又得到了丹后细川藤孝、大和筒井顺庆、河内三好笑岩、摄津中川清秀、高山重友等原织田家部下的效忠,并与丹羽长秀、池田恒兴结成盟友,实际上已将织田家的大部分领地攫取到了手中。而且秀吉对大事往往独断专行,并没有如清洲会议议定的那样,与柴田胜家共商政事。

另一方面,美浓的织田信孝对于秀吉极为不满,为了与柴田胜家结成更紧密的同盟,信孝做媒将自己的姑母市夫人(织田信长之妹、浅井长政遗孀)许配给了柴田胜家，而泷川一益也积极向织田信孝靠拢。织田信孝—柴田—泷川同盟对羽柴秀吉的战争已经无可挽回。

柴田胜家直接领有越前、加贺以及北近江，织田信长在世时又把前田利家封到能登、佐佐成政封到越中，作为柴田的副将，使得柴田胜家在原织田家中的实力仅次于羽柴秀吉。但柴田家面临的一个关键难题是领国的主要部分位于北陆，一进入冬季就会大雪封山，无法对畿内展开军事行动。

而羽柴秀吉偏偏就抓住胜家的这个弱点，在冬季主动出击。先是于12月初包围了近江长滨城，迫使胜家的外甥柴田胜丰降服。紧接着又在12月16日攻入美浓，将织田信孝的岐阜城包围，织田信孝最后不得不将三法师交给秀吉，又送上自己的老母与女儿作为人质。

◇ 柴田胜家

天正十一年（1583）正月，羽柴秀吉集结起各路诸侯总计75000人的兵力，兵分三路攻入泷川一益的北伊势五郡。泷川一益在北伊势的几个要害城池屯下重兵死守，将秀吉的大军一直拖到了3月。此时柴田胜家害怕最后的羽翼也被剪除，不待积雪融化，便率领北陆之兵3万人扫雪前进，攻入近江。

收到柴田胜家出兵的消息，羽柴秀吉做出了果断选择：他将苟延残喘的泷川一益丢给了织田信雄，自己亲率5万人北上近江迎击柴田胜家。

但是柴田胜家却并不急于决战，仅是屯兵于近江与越前交界的柳濑山脉中，然后写信给四国的长宗我部元亲、西国的毛利元就、纪伊的根来、杂贺众，邀请他们出兵进攻秀吉的后方。

羽柴秀吉到达近江后，看到柴田军没有行动，也在近江余吴湖附近设下三重防线，与柴田进行长期对峙。不过时间一长，他也察觉到了柴田胜家拖延自己的意图。到了4月14日，泷川一益挣扎出织田信雄的包围，开始攻击羽柴秀吉后方，织田信孝也在美浓再度举兵。羽柴秀吉得报之后便将计就计，在4月16日率领2万人转攻美浓。

看到秀吉留下了空当，柴田方的先锋佐久间盛政（胜家外甥）请示过胜家之后，于4月20日率领柴田军最精锐的嫡系部队11000人突袭到余吴湖南岸的大岩山，将羽柴方中川清秀、高山重友的阵地攻落。形势变得过于有利，反而使柴田胜家、佐久间盛政舅甥产生了分歧：佐久间盛政主张乘势突破羽柴军的本阵，而柴田胜家则要佐久间盛政退回余吴湖北岸防守。

由于双方一时争执不下，佐久间盛政的部队在大岩山又多停留了一个晚上。就在这个晚上，羽柴秀吉来了一次美浓大反转：秀吉率领的2万人从美浓一口气赶回近江，连夜向佐久间盛政发起了攻击。结果柴田家的主力在后退途中的贱岳地区几乎被全部消灭，而非柴田嫡系的前田利家、金森长近等部将则舍弃柴田胜家先行逃回北陆。不久柴田胜家身边的士卒也全部逃散，他仅带着数十名亲信逃回北之庄城。这就是决定羽柴秀吉与柴田胜家命运的贱岳合战。

在贱岳合战中，羽柴秀吉身边有七名小姓率先冲入敌阵，斩杀了柴田方的将领，这七人是：福岛正则、加藤清正、糟谷武则、胁坂安治、平野长泰、加藤嘉明、片桐且元。他们大多是羽柴秀吉与夫人弥弥在长滨城时代就留在身边培养的青年武士，此战之后得到了"贱岳七本枪"的称号，成为今后羽柴军的中坚力量。

4月22日，羽柴秀吉为追击柴田胜家而攻入越前，前田利家、金森长近等原柴田方武将相继向他投降。其中的前田利家，与羽柴秀吉在还没有出人头地的时候就已是好友，各自成为一方的大将后也保持着紧密往来。

事后秀吉以前田利家为先锋，包围了柴田胜家的北之庄城。此时北之庄城的守军几乎已经散尽。4月24日，柴田胜家与市夫人饮过诀别之酒，一起在天守阁内放火自杀。而阿市与前夫浅井长政所生的三个女儿茶茶、阿初、阿江，作为织田信长的外甥女，事前已被送回了羽柴秀吉的阵中。

柴田胜家败亡后不久，泷川一益与织田信孝也各自开城向羽柴家降服。泷川一益仅被没收了领地，出家隐居。而织田信孝则被秀吉交给了信长的次子织田信雄。长期以来，为了织田家的继承权与领地的分配，织田信雄已与织田信孝结成了死仇。捕获织田信孝之后，织田信雄先是将他关到尾张知多郡的大御堂寺内禁闭，紧接着又在4月29日以500人进攻大御堂寺，迫使信孝在寺内自杀。

织田信雄虽然十分痛快地除去了仇敌，但不久就发现自己又被羽柴秀吉摆了一道：5月底，羽柴秀吉对领地进行重新分配，将原来织田信孝领有的美浓岐阜赐给了池田恒兴、池田元助父子。美浓是由织田信长、织田信忠、织田信孝前后三任织田之人领有的霸业之地。织田信雄在进攻泷川一益与织田信孝时都出了苦力，却只获得了泷川一益在北伊势的一小块领地。

同年8月，羽柴秀吉在原石山本愿寺的遗址上开始建造一座居城，命名为"大坂"。

大坂附近河川交布、水网密集，兼之连通着大海，本愿寺的僧众们凭借着石山抵抗织田军进攻达十年之久，堪称是天下无双的要塞之地。新城的设计者是秀吉的军师黑田官兵卫，筑城的奉行则由堀秀政、片桐且元、筒井顺庆一起担当。大坂城的规划，是以能容纳10万人的石山旧址作为本丸（内城），在其上建有三层石垣，石垣之上再建一座比安土城天守更大的五层天守，天守外壁全部漆以最庄重的黑色，在瓦根上皆施以金箔，以象征秀吉的威严与辉煌。

而石山周围的河川，则被就地利用为护城河兼运河，在河的周围建有城下町与各地诸侯的宅邸，沿着河网再建起二之丸与三之丸（二城与三城），在最外围以总构（外城墙）将所有的城下町、河网、三层城墙包围起来。此后的一年半时间里，大坂城仅完成了本丸及天守，而二城、三城与总构及城下町的建设在此后的近20年时间里一直没有停止。这就是现代日本大坂的前身。而当年堀秀政、片桐且元、筒井顺庆施工时所驻停的临时阵地，后来也都发展成为热闹的街市，各自被命名为堀町、片桐町、筒井町。

◇ 大坂城复原模型

年底，羽柴秀吉向原织田旗下的诸侯们发出通告，要求大家在第二年（1584）的元旦到大坂城向他朝贺。而1583年的元旦，乃是织田信雄作为三法师的代理人，在安土城接受秀吉与众将的朝贺。秀吉的这个通告，正式揭示了自己要代替织田家号令天下的野心。

对于这种主从关系的骤然易位，织田信雄再怎么迟钝，也产生了巨大的反感，为了与秀吉对抗，他转而向统领了骏河、远江、三河、甲斐、信浓五个国的德川家康寻求支援。

此时德川家康既统领了五个国，实力大大增强，又与关东北条结成了姻亲，后方

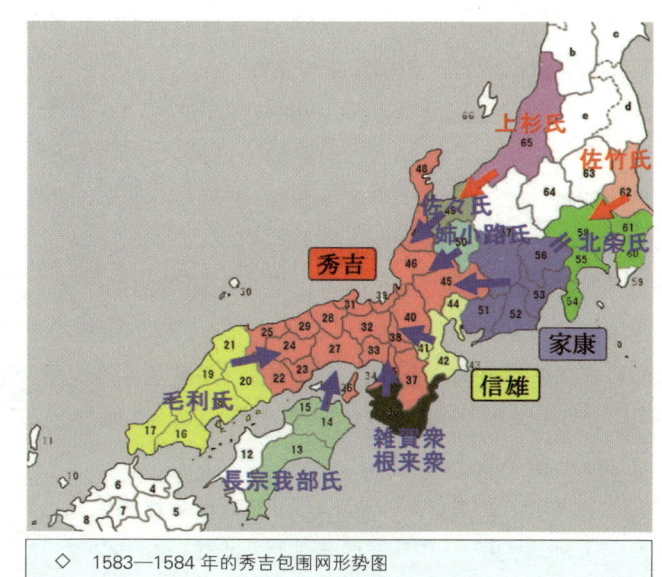

◇ 1583—1584年的秀吉包围网形势图

暂无顾虑。织田信雄的求援，既给他带来了扶助织田家的大义名分，又给了他与秀吉争夺畿内霸权的最后机会。因为原织田信长的子嗣中，就剩下最后这一个坐拥尾张、伊势两国的实力者了。不久，德川家康与织田信雄结成了第二次"织田、德川同盟"，并借着织田信雄的旗号，将越中的佐佐成政、四国的长宗我部元亲、纪伊的杂贺众都拉到了与秀吉敌对的立场上。

— 第三十二章 —

小牧·长久手之役

天正十二年（1584）元旦，当所有的织田旧臣都前往大坂城朝贺时，织田信

雄依然待在自己的长岛城内，公开表明了与秀吉对抗的态度。

随后秀吉放出流言，说信雄的三个家老伊势松岛城主津川义冬、尾张星崎城主冈田重孝、尾张苅安贺城主浅井长时已经投靠了羽柴家。受到挑衅后，3月6日，织田信雄将三位家老招到长岛城内，在没有任何实证的情况下，将他们全部杀死，紧接着又派出使者，请求家康的支援。

3月7日，德川家康率领15000人由滨松西上，并于3月13日进驻尾张清洲城。

得知德川军的动向后，美浓的池田恒兴与女婿森长可一面向秀吉通报，一面率军渡过美浓与尾张交界的木曾川，袭取木曾川南岸的犬山城，作为秀吉南下的阵地。这是羽柴秀吉事前已经计划好的。

就家康这边来说，如果秀吉进攻织田信雄的伊势，那么德川军便可沿尾张—美浓—近江路线向安土城进军；如果秀吉不进攻伊势，主战场仍然会是美浓和尾张。所以在尾张做好与羽柴军决战的准备，是德川军毫无疑问的重点。

3月14日，家康在清洲城内召开军议，讨论在尾张布阵的问题。席间神原康政建议：以小牧山为本阵。

小牧山，是木曾川以南的平原上唯一一座小山丘。1564年到1567年，织田信长为了进攻美浓，曾以筑城名手丹羽长秀为奉行，将这里建为临时的居城。平定美浓移居岐阜后，信长把小牧山城破弃，但是山上一直存留着信长居城时代的土垒、壕沟、石垣等防御工事。而且这座山头的重要性在于，谁占据了这里，谁就可以在尾张北部的平原地区占据主动。

3月15日，家康以神原康政为先锋，抢先占据小牧山，并在山上重新加固防御工事。另一方面，池田恒兴也深知小牧山的重要，急忙派出女婿森长可，在3月16日，进军到可以远远望见小牧山的羽黑之八幡林，以此干扰小牧山上的筑城进度。

当天晚上，德川家康派给酒井忠次、神原康政5000人，让他们秘密向羽黑移动。3月17日拂晓，酒井与神原向森长可的阵地发起奇袭，一举将森长可赶回犬山城内。

3月18日，德川家康进驻完工的小牧山城，随后在小牧山周边的蟹清水、北外山、宇田津、田乐四地筑砦。砦前修以土垒、壕沟，并竖起防马栅，一如当年在长篠合战时的准备情况。另外家康还补修了后方由尾张通往三河的小幡城与比良城，以防止羽柴军从尾张的山间偷袭三河。

由于受到纪伊的根来、杂贺众骚扰，羽柴秀吉在3月21日才从大坂出发，27

日到达犬山城。跟着他一起到来的羽柴军总兵力，达到了6万人。

当秀吉登上小牧山东北面的二宫山眺望德川军阵地，看到众多城砦以防马栅与壕沟相连的时候，顿时明白家康是要像长篠合战对付武田时一样，让自己找不到进攻的突破口。当下秀吉也下令，在二重堀、岩崎山、小松寺山、青塚、乐田、内久保、外久保、羽黑、小口、田中10处修筑城砦，也以防马栅与壕沟相连，同样让对方找不到进攻的空隙，并且以更多的城砦来夸示自己雄厚的财力。

随后的十天中，双方仅在姥怀口与二重堀发生过两次小规模的干扰战，互相都没有主动进行大规模的进攻。

◇ 家康与秀吉的城砦对阵图

4月6日，池田恒兴向秀吉提议：将德川军的主力牵制在小牧山的同时，可以另组一军，由尾张东部的山地迂回，攻击德川家康后方的三河。到时家康首尾不能兼顾，自会退兵。

池田恒兴本身就是土生土长、熟悉当地地形的尾张人，于是羽柴秀吉采纳了这个建议，并为池田恒兴组建了一支别动队，人数为2万人，与小牧山城的织田、德川联军总人数相当。以这样的实力就算是进攻不利，也不会对德川军处于劣势。

羽柴军别动队的主要将领包括：

先锋：池田恒兴、池田元助、池田辉政父子，6000人。

第二阵：森长可，3000人。

第三阵：堀秀政，3000人。

后军兼总大将：三好秀次，8000人。

其中这位三好秀次，是秀吉的姐姐与尾张农民木下弥助所生的长子。由于秀吉的亲生子嗣大多早夭，就把姐姐的这个儿子收为养子，不过此时秀吉尚有织田信长的第四子羽柴秀胜作为继承人，于是他暂时让秀次入继三好笑岩，继承了畿内名门三好家的家名。而三好秀次的亲生父亲木下弥助也得以沾光，改名为三好吉房。但是比起徒具象征意义的羽柴秀胜来说，与自己有血缘关系的三好秀次才是秀吉悉心栽培的对象，同时秀吉又为秀次迎娶了池田恒兴之女若御前为妻。但这位率领8000人出发的大将，此时才刚满16岁。

4月6日深夜，这支别动队从乐田砦衔枚出发，由小牧山东面的山林中向南行进。不过这条路比池田恒兴事先设想的更为艰难，由于路面狭窄，2万名羽柴军被迫拉成了一条长蛇，由此大大增加了被发现的概率。

4月7日凌晨，池田恒兴与森长可到达尾张庄内川附近的篠木村的山上，随后他们在这里筑了一座小砦，以供后面赶来的三好秀次白天休息、晚上赶路。不过他们的行迹很快就被家康布在篠木村的两名眼线发觉。当天下午4时，坐镇小牧山城的德川家康就收到了报告。

由于尚不能确定对方的攻击目标，晚上7时，家康以神原康政、水野忠重为先锋，率领4500人赶往后方的小幡城。这座城池一旦被袭陷落，德川军也会受到前后两面夹击。一个小时之后，家康亲率9300人出发，赶往三河方向截击池田恒兴。

4月9日拂晓，池田恒兴与森长可出现在尾张与美浓交界处的岩崎城下，此时岩崎城主丹羽氏次正作为家康的向导指路，城中仅有200名城兵。遭到池田恒兴一顿猛攻后，岩崎城便陷落了。不过此时羽柴军的别动队已经拉成了三段，最后方的三好秀次尚在岩崎城北方6公里开外的白山林吃早饭，而堀秀政队则走在三好秀次与池田恒兴中间的半路上。

◇ 池田恒兴

另一方面，4月8日，德川家康进入小幡城与神原康政部会合，通过哨探的追踪，确定羽柴军是向三河方向奔袭后，家康已经连夜出发前去追击。

4月9日早上，德川军的先锋发现了在白山林吃早饭的三好秀次部。神原康政将4500人分作两阵，大须贺康高、水野忠重、丹羽氏次向秀次队的正面进攻，神原康政向侧面进攻。遭到突袭的秀次军根本没有抵抗便告崩溃，秀次本人急忙放下饭碗，舍弃军队，按原路逃回犬山城。

击破秀次之后，神原康政又乘胜向堀秀政部追击。但堀秀政却是织田信长的侧近出身、号称"名人久太郎"的合战高手。他在对明智光秀的山崎合战以及对柴田胜家的贱岳合战中，都有上佳表现。尽管三好秀次的败兵不断逃来，堀秀政仍然冷静地占据中途长久手的桧根山布阵，又埋伏好了铁炮队。而神原康政队由于四散追杀逃跑的残敌，到达桧根山下时队形已经混乱。在神原康政立足未稳之际，堀秀政下令铁炮齐发，又指挥军队从山上冲下，一举将神原康政队击退。

关键时刻，德川家康的本队采取了"反奇袭"战术。在神原康政袭三好秀次、堀秀政的时候，家康的9300人已经迂回突入到了堀秀政队与岩崎城的中间。看到家康的"金扇"旗印出现在前方的色金山上，堀秀政自知再战无利，便率领部队退往犬山城。

到了这个时候，岩崎城的池田恒兴也收到了后军溃败的战报，急忙舍弃城池，按原路退回犬山。上午10时左右，池田恒兴到达长久手的佛根，眼前出现的却是布阵完毕，正严阵以待的德川家康本阵。此时家康的本队有9300人，池田恒兴加上森长可也有9000人。由于无路可逃，而且实力差距也不大，池田恒兴以森长可为左翼，长子池田元助为右翼，自己为中阵，与家康展开正面的对决。

池田恒兴的女婿森长可，是织田系年轻一辈武将中有名的猛将，号称"鬼武藏"。最开始双方互射铁炮之后，森长可率领本部3000人向德川家本阵所在的御旗山冲锋。当他突到山下之际，山后突然转出一支红盔红甲的部队，为首的大将头戴"红色角切折敷前立兜"，乍一看仿佛是已经战死的山县昌景带着他的山县赤备队重现于世。还未等森长可反应过来，这支赤备队便如一股赤潮一般，向着森长可队的侧面横击过来，硬生生地冲出了一个大缺口。就在森长可急忙收拢士卒、重整阵形之际，家康本阵的铁炮队已经绕到他的身前，随着几声枪响，鬼武藏眉心中弹，落马而死，享年27岁。

紧接着德川军的赤备队又一马当先，与友军一起向开始动摇的池田恒兴部发起了总攻。在这股红色潮水卷过池田恒兴的阵地之后，池田恒兴本人被德川方武士永井直胜刺死，他的嫡子池田元助命丧于安藤直次刀下，另一个儿子池田辉政在战前被父兄赶离战场而逃得了性命。

这场失败的奇袭战中，羽柴军的别动队一共损失了2500人，德川方仅有550人战死。率领那支红盔红甲部队的大将，就是井伊直政。平定甲斐信浓后，家康曾将120名武田旧臣编入自己的旗本近卫队，交由井伊直政指挥。而井伊直政一直仰慕山县昌景的为人与战法，故而以这120人为中心，将旗下的2000人按照赤备的服饰全部装备成了红盔红甲的赤备队。长久手激战之后，"井伊赤备"的威名开始响彻天下。

4月9日下午，羽柴秀吉收到了三好秀次的败报，急忙亲率2万人赶赴南面的战场。

此时小牧山城内的本多忠胜，看到秀吉的"千生瓢箪"（金葫芦）马印出发，立刻率领500骑下山，也跟着向长久手移动。这支小队与秀吉的部队只隔着一条小河并行前进，一路上本多忠胜将足轻与铁炮手来回调动，以防备秀吉渡河攻击。受到这支部队的骚扰，羽柴秀吉也只能保持着紧密阵形稳步行军。当天傍晚，秀吉的部队进入长久手战场附近的龙泉寺城时，本多忠胜还气定神闲地在龙泉寺外的河中洗马。此时秀吉身边的福岛正则、加藤清正等人要以铁炮射击本多忠胜，秀吉却说道："为了主君的胜利，以500人来牵制我的2万大军，此人实在是至忠至勇之士，待我消灭家康之后，一定要将他收为家臣。"

◇ 本多忠胜洗马图

本来秀吉是要在第二天进攻已经进驻小幡城的德川家康，但是当天晚上本多忠胜却赶到小幡城，劝说家康连夜返回小牧山。羽柴秀吉闻讯也担心家康乘隙进攻犬山，在第二天退往犬山东面的乐田砦。

长久手合战之后，德川与羽柴两军继续在小牧山—犬山的阵地上对峙，谁也不肯主动出击。

为了激怒秀吉，神原康政一度向羽柴阵中射出了一封檄文："羽柴秀吉本是信长公之臣下，却在信长公死后无视织田家，公然篡取天下的权柄，刚害死了信孝殿下，现在又来攻击信雄殿下。此等大逆不道之人，必将受到神佛的惩罚。"

据说秀吉看了这封檄文后极为震怒，悬赏10万石的领地来征求神原康政的首级。不过愤怒归愤怒，他仍保有绝对的理智，并没有因一封檄文而贸然出兵，反而也写了一封挑战书，让细川忠兴与高山重友送到德川的阵中，其言辞无非是讽刺家康结栅自守、不敢出战之类。

家康随即也返书一封："结栅之事乃是兵法，待我三河的后续部队赶来，足下恐怕就来不及逃走了。"羽柴秀吉读罢冷笑，着人牵出马来，只带着四五骑奔到小牧山旁边一座名叫松原的小丘上，对着德川军阵地，一边拍打自己的屁股，一边一遍又一遍地喊道："家康是个饭桶。"而小牧山城内看到秀吉的唐冠头盔和孔雀尾旗织，直接就是一枪打过去。号令天下的霸主，就这样被敌军的铁炮打中，传出去也会让全天下的人笑话，羽柴秀吉只好又退回阵中。到了5月1日，他留下部分兵力继续与家康对峙，自己返回了大坂。

尽管在尾张占不到家康的任何便宜，但是秀吉还派出了一支别动队，由信长的女婿蒲生赋秀率领，由近江直接进攻伊势的织田信雄。信雄虽然有数万兵力，却被蒲生赋秀打得节节败退。在信长的众多儿子与女婿中，唯有这个蒲生赋秀最是文武全才。除了军事进攻之外，秀吉又搬出已经隐居出家的泷川一益，利用他在北伊势和尾张西部的影响力，策反织田信雄旗下的城主。

6月16日，西尾张蟹江城主前田种利受到泷川一益的策反，倒戈投向羽柴家。这座城池的易帜，使得织田信雄的伊势与家康所在的尾张被隔断。为此家康急忙率主力西进，于6月22日包围了蟹江城。

7月3日，泷川一益接受了家康的提议，以献出城池和前田种利的首级，获得了家康的宽恕。对于这种为保全性命而背信弃义的行为，一益自己也感到十分羞耻，开城之后他也不去乞求家康的原谅，直接前往京都的妙心寺正式出家为僧。后来家康仅给了他越前大野3000石的扶持地。

到了11月，织田信雄虽然靠家康保住了尾张，但却被秀吉攻占了伊贺和大半个伊势，而羽柴秀吉对家康依旧无可奈何。

为了打破目前的僵局，秀吉采取了釜底抽薪的策略，率领5万大军亲自出征伊势。此时织田信雄已经完全失去了斗志，最终他背着德川家康，在11月15日

◇ 织田信雄

与秀吉达成了和议：

织田信雄割让伊贺与南伊势，保有北伊势四郡与尾张。

秀吉收信雄的长女小姬为养女，实则是人质。

信雄旗下的重臣与同族向大坂送出人质。

由于织田信雄的单方面讲和，德川家康失去了继续待在尾张作战的大义名分，不得不在11月21日从尾张撤走。

12月12日，家康也与秀吉达成了停战和解，并将次子於义丸送到大坂城做人质，这个孩子后来被秀吉赐名为"羽柴秀康"。

德川家康与羽柴秀吉这场长达半年的对决，因为对阵地点在"小牧山"，战斗地点在"长久手"，被称作"小牧·长久手之役"。尽管羽柴秀吉利用自身的实力优势与外交手腕迫使织田信雄屈服，但是他却没有找到打败家康的胜机。而德川家康因为织田信雄的单方面讲和，也失去了攫取畿内霸权的机会。可以说在秀吉与家康之间，小牧·长久手之役是一场没有胜者的对决。不过通过这场对决，家康向秀吉展示了自己出神入化的用兵术，使秀吉认识到，要让家康臣服，得付出更大的代价。

— 第三十三章 —

北陆来的肿毒

天正十二年（1584）年底，德川家刚刚结束了小牧·长久手的对峙，进入休整期的时候，一个北陆的来客来到了滨松城。他就是越中的国主佐佐成政。

佐佐成政在1583年秀吉消灭柴田胜家后，本来已经投降了羽柴家。但在小牧·长久手合战期间，佐佐成政响应织田信雄与德川家康的号召，又对羽柴秀吉举了反旗。

佐佐成政背叛秀吉的原因不外乎两点：一是服从旧主织田家之子（织田信雄

的命令；二是对秀吉偏袒前田利家不满。前田利家是贱岳合战的败将，战后领地不减反增，在保有能登一国之余，又被秀吉加增了加贺国的石川、河北两个大郡。而佐佐成政在原织田家中的地位与前田利家相同，又没有参加贱岳合战与秀吉对抗，最后得到的待遇反不如前田利家。佐佐成政这头心高气傲的北陆孤狼，实在是咽不下这口气。

所以在德川家康于长久手击破池田恒兴的消息传来之后，佐佐成政受到鼓舞，对秀吉举起了反旗。面对新的大战，佐佐成政将自己的智谋发挥到极致，想出9月9日重阳节奇袭前田家的能登末森城。但是他在末森城下却受到城将奥村永福的拼死抵抗，前田利家也在第一时间率领援军赶来。最终佐佐成政意犹未尽地退回了越中。

11月15日，织田信雄单方面与秀吉讲和，事前连距离信雄较近的德川家康都没有通知，更不要说远在北陆的佐佐成政了。消息一传到越中，佐佐成政顿时乱了方寸，此时他想到的，就是要留住最后的盟友德川家康。为此，佐佐成政做了一个热血澎湃的决定：在冬季的大雪中，翻过越中、信浓的山脉，前往滨松城探听家康的动向，可能的话，还要与家康歃血为盟。

11月23日，佐佐成政在20名家臣的陪同下出发。此时他尚不知道，德川军已经在21日就从小牧山撤退了。为了翻山，佐佐成政雇用了15名山间僧人做向导，又雇用了猎户、伐木工20余人，花了一个月的时间，翻过常见岭（海拔2348米）、七仓岳（海拔2316米）、鸠峰（海拔1816.5米），其中大部分地方都是无人区，等他在12月21日到达信浓高岛城的时候，身边的60人已缩减为50人。

当高岛城主诹访赖忠派使者将佐佐成政来访的消息报告给德川家康时，家康十分头疼，因为他已经在九天前的12月12日正式与羽柴秀吉议和，并送上了於义丸做人质。不过德川家中一些仍主张与秀吉对抗的家臣，还是十分欢迎佐佐成政的。随后本多重次派出乘马50匹、传马100匹前去迎接佐佐成政一行。

12月25日，家康在滨松城设宴款待佐佐成政，寒暄之后，佐佐成政开始说他的梦话："如今阁下除三河、远江之外，还据有昔日武田信玄领有的甲、信、骏三国。

◇ 佐佐成政

而我成政也领有曾是上杉谦信领地的越中一国,我们若联手,就如武田信玄与上杉谦信联手一般,要打败秀吉简直易如反掌。"

由于是自己首先把这个有野心无实力的家伙拉到同盟中,希望他对秀吉起到一点牵制作用,家康也不好当面泼成政的冷水,便诚惶诚恐地说道:"如果佐佐殿下欲举事,我方可以支援。"但是酒井忠次却掀翻了台子骂道:"家康公即使在信长公生前也与织田家地位对等,你成政不过是信长公的家臣,怎么能与家康公相提并论?现在我方已与羽柴讲和,德川与佐佐再无盟约!"一顿抢白将佐佐成政骂得脸色又青又白。

但是死到临头,佐佐成政还不肯放弃与羽柴对抗的狂想。在无法说服家康的情况下,他又前往清洲城谒见织田信雄。谁知织田信雄已经被羽柴秀吉打得肝胆俱丧,只想保住最后的尾张一国以奉祀信长,哪里还会听佐佐成政的怂恿。

佐佐成政又碰了个灰头土脸之后,才悻悻地沿"三河—信浓—越后"路线返回越中,中途又翻越了大峰峠(651米)、赤秃山(1168米)、清水山(607米)、明星山(1188米)等高峰,成就了战国武将冬季登山史中的一个传奇。

到了天正十三年(1585)5月,佐佐成政终于认清形势,准备向羽柴秀吉投降。但是由于自尊心作怪,佐佐成政不想向曾经与自己同列的前田利家低头,而是派出使者,希望家康代自己向秀吉转达降服之意。

问题是,德川家此时并没有完全向秀吉降服,秀吉也不会让家康夹在中间做好人,占尽两边的人情。

秀吉给家康的回答是:"即使佐佐成政降服,还是要没收他的越中一国,将成政本人赶往高野山隐居。同时德川家还要派出两三名家老作为人质,留在大坂为佐佐家担保。"如果佐佐家被没收了越中,连领国都没了,还需要担保做什么?这根本就是佐佐成政与德川家康都不会答应的条件。

还没有回复秀吉与佐佐成政,家康便病倒了,而且一度不省人事。在他背上,长了一个碗口大的脓疮。后来小姓们用贝壳帮他刮掉脓汁,脓疮不消反大,每天都疼痛钻心,众多医生对此都没有办法。昏过去几次之后,家康把重臣们都叫到身边,准备交代遗言。

当时以强猛著称的"鬼作左"本多重次进言道:"在下早年也曾患过类似的脓疮,后来被糟谷政利入道长闲斋治愈,现在殿下如此疼痛,不如也找糟谷长闲斋前来一试。"

家康平日里极为注重饮食与健康，吃的都是极为朴素的食物，而且也通晓各种中草药的药性，有病都是自己调药疗理，40多年来一直毫无大碍，即使生病也从不请医生。这一次病到如此严重，他束手无策之下，便认为是自己大限已到。而且本多重次推荐的糟谷长闲斋也不是职业医生，而是身为武田遗臣的武士，家康不想把生命的最后时刻托付给没有职业精神的游医，准备婉转拒绝本多重次。

本多重次看到家康意气消沉的样子，须发怒张地说道："您眼前的这个本多作左卫门，几度在战场上负重伤，一只眼睛瞎了，腿也瘸了，手指也断了几根，仍然以这样的畸形之身苟活在世上。如果殿下此刻丢下我们死去，德川家马上就会被东面的北条与西面的羽柴消灭。与其等到国破家亡的时候被世人耻笑，不如现在就让作左卫门随您一起去死吧。殿下如今不肯用医生，就和武田胜赖的倒行逆施一样，是没有道理的。"本多重次一边说着，一边流下了激愤的泪水。

被本多重次的忠心所感动，"叫长闲斋来试一试，作左卫门。"家康说道。事后糟谷长闲斋以针灸与药敷双管齐下，竟然将家康的肿毒治好了。

— 第三十四章 —

上田的村正

德川家康病愈后不久，他所领有的信浓地区发生了一场变故。起因还是德川与北条所定协议中的上野沼田领问题。

1582年的协议订立之后，真田昌幸虽然拒不向北条交付沼田城，但是对德川家还保有相当的忠诚。天正十一年（1583），真田昌幸向家康请求把居城由户石移到较为险要的上田，出于防备上杉景胜的考虑，德川家康不仅欣然应允，还让周边的领主们协助真田家修筑上田城。

另一方面，北条家始终攻不下沼田，在协议订立之后一直向德川家施加外交压力，要求家康命令真田昌幸让出上野沼田。

最初德川家康对此也是睁一只眼闭一只眼，不过小牧·长久手之役让他失去了盟友织田信雄，同时与羽柴秀吉的矛盾激化，为了保证后方的稳固，进一步加强与北条的同盟就变得十分重要了。为此在天正十三年（1585）6月底，德川家康大病初愈便赶往甲斐踯躅崎馆召见真田昌幸，要他以大局为重，让出沼田，但是却没有承诺另给真田家领地作为补偿。

真田昌幸表面上满口答应，但是背地里却愤怒无比，上野沼田是自己辛辛苦苦打下的，家康虽然是名义上的主君，但没做出任何补偿就让自己割肉，这实在是有损他的颜面。

等到德川家康离开甲斐，真田昌幸也回到信浓，随后迅速向上杉家的海津城代须田满亲派出使者，表明自己愿意率领真田家投向上杉家，并献上了次子弁丸（后名真田信繁、真田幸村）为人质。

昌幸之所以敢背弃德川投向上杉，还在于上杉景胜此时已经与羽柴秀吉结成了同盟。投向上杉家，既能获得最近的友军支援，同时又表明自己加入了天下霸主羽柴秀吉的阵营。武田征伐以后，真田昌幸在三年之内连换武田胜赖、泷川一益、北条氏直、德川家康、上杉景胜五个主君，就连羽柴秀吉也称他为"表里比兴（表里不一）的老狐狸"。

◇ 真田昌幸

真田昌幸的倒戈，极大地动摇了德川家康在信浓的威信。回到滨松之后，家康立刻以鸟居元忠为大将，大久保忠世、平岩亲吉为副将，出兵7000讨伐真田。另一方面，上杉景胜在收到真田家的人质后，向上田与沼田派出了两路援军，前往上田的这一路，在屋代城下受到德川方屋代秀正的阻挡，付出了上百人的牺牲后，只能沿着川中岛周边进行警戒。由此真田昌幸不得不以手中仅有的2000人迎接鸟居元忠的进攻。

8月2日，鸟居元忠的7000人进至上田城下。当时真田方的配置是：

真田昌幸率领500人防守本丸，外城仅配有不到200的兵力。

在上田城东南的神川河畔有200人作为前卫。

昌幸的嫡子真田信幸率领800人守备户石城。

另外有约3000的町人与武装农民拿着纸做的旗帜埋伏在山中。

战斗开始后，德川军最先在神川之畔遭遇真田军前卫200人，后者稍作交战便退往城中。当德川军追击到城下时，城头一个守兵都没有，只有真田昌幸穿戴着甲胄，坐在箭楼上与家臣下围棋。

看到德川军出现，真田昌幸让侍童在城楼上一边打着手鼓，一边唱起挑衅的"高砂之谣"（结婚仪式上的祝言），完全就是三国时代诸葛亮诱骗司马仲达的空城计山寨版。但是鸟居元忠却不愿当司马仲达，他看到这么仿真的场景，想当然地以为是空城计，遂勒令旗下勇猛的三河武士向城门猛攻，又朝着真田昌幸所在的箭楼发射铁炮与箭矢。

鸟居元忠的攻击一开始，真田昌幸就假装中弹从城头倒下，德川军随后意气风发地突破了正门，紧接着又向二之丸猛攻。不过他们在二之丸却遭到了数百名城兵的拼死抵抗。先前从神川河畔逃走的 200 名真田军乘势从侧门溜出，在上田城下的街町中放火。山中的町人与农民看到城下火起，便竖起纸旗，敲锣打鼓地冲下山来。而户石城的真田信幸，收到讯号后也率领手下的 800 人赶来，截断了德川军的退路。

一时间德川方只看到城里城外四面八方全是真田家的"六连钱"战旗，震天动地的喊杀声中也不知对方有多少人，混乱之下后队的士兵停止了前进，前方受到惊吓的人却惊慌失措地后退，自相冲击之后全军崩溃。由于上田城下的街町道路布置得像迷宫一样，不少德川士兵因为找不到出路而被町民们围攻杀死。绕开街町向两侧逃走的，却受到泥沼与真田家事先布下的防马栅干扰，侥幸逃出包围圈后，又有不少人溺死在神川里。最后真田方面仅付出了 21～40 人的伤亡，却给德川军造成超过 1300 人的损失。这场上田之战，让真田昌幸作为独立的信浓诸侯扬名于天下。

上田战败的第二天，鸟居元忠为了一雪前耻，向臣从于真田家的小豪族丸子氏发起进攻，也

◇ 上田合战地名图

被对方占据险要地形阻挡。此后的 20 天，双方一直相持不下。其间得知上杉的援军有所行动，家康又派出井伊直政、大须贺康高、松平康重等 5000 人北上增援。

9 月，与家康的攻势相呼应，北条氏直也率领 3 万人攻入真田家的沼田。在战前北条氏直把军队分作两部，一部由叔父北条氏照率领，越过今井岭向沼田的支城川田城进攻，一部由北条氏直亲自率领，直接进攻沼田城。

而沼田城的守将矢泽赖纲得到上杉家的援军，采取了积极的出城夜袭战法，搅得北条军昼夜不得安宁。

其间北条军部下的猪俣能登守邦宪曾率领 3000 人与矢泽赖纲的 1000 人遭遇，矢泽队由于寡不敌众，稍作激战之后就向沼田的支城名胡桃城败走。猪俣能登守邦宪紧咬着矢泽军不放，追到名胡桃城外的薄根原时，却遭到矢泽埋伏在森林里的伏兵攻击。矢泽赖纲也率队反转过来，加上名胡桃城主铃木重则开城杀出，猪俣邦宪最后丢下 200 具尸体狼狈逃走，此后他就和真田家以及名胡桃城结下了死仇。

得知猪俣邦宪战败，北条氏直一怒之下向沼田城发起了猛攻。最开始北条军也顺利地从七个城门突入城内，但是矢泽赖纲采取了和上田合战真田昌幸打败德川军一样的战术，也发动乡民在城外鼓噪放火，将北条军的先锋包围在城内消灭。而进攻川田城的北条氏照，到达川田城时看到的却是空城空村，和麦子全被割光的田野。在没取得任何战果，反而付出了大量牺牲的情况下，北条氏直与北条氏照不得不带着士气低落的北条军退回了小田原。

受到北条军撤兵的影响，9 月 28 日，德川军的主力也从上田城下撤走，仅留下大久保忠世继续守备小诸城，其间他还与真田家发生过几次小规模的战斗。

到了 11 月，德川家突然发生石川数正投靠羽柴秀吉的重大变故，使得家康对信浓的攻略全面停止。

真田昌幸和他的上田城，就像妖刀村正一样，给德川家留下了不祥的阴影。

◇ 上田城

— 第三十五章 —

臣从秀吉

天正十三年（1585）的3月到4月间，羽柴秀吉出兵10万平定了纪伊。

纪伊是日本最大的铁炮产地之一，那里的根来党与杂贺党也是全日本最强大的佣兵集团，在织田信长进攻石山本愿寺的时候，给织田家造成了巨大困扰。但是后来信长两次出兵，都未能将纪伊征服。这一次羽柴秀吉以压倒性的兵力，几乎将根来党与杂贺党全部清除。在攻打最后的敌城太田城期间，还在城池周围筑起一圈长7.2公里的大坝，挖渠引水，硬生生地将这座平地城池变成了水中的孤岛。当时石川数正与本多重次正好作为家康的使者拜访秀吉，他们受到秀吉的邀请，目睹了这震撼性的一幕。

同年6月，秀吉以亲弟弟羽柴秀长为总大将、三好秀次为副将，另外养子宇喜多秀家走播磨—赞岐、西国毛利家走安艺—伊予，以11万人的总兵力，从阿波、赞岐、伊予三个方向攻入四国岛。

四国岛位于本州与九州岛之间，因拥有阿波、赞岐、伊予、土佐四个国而得名。此前土佐豪族长宗我部元亲已经统一了四国，而且先后与柴田胜家以及织田信雄结盟，消灭了秀吉派往四国的先锋仙石秀久部队。不过在秀吉11万大军的分头猛攻下，长宗我部元亲在伊予、阿波、赞岐的大部据点都被攻落，最后以保全土佐一国为条件，向羽柴家投降。

这一年的7月，正亲町天皇颁下纶旨，允许羽柴秀吉以从二位内大臣的官位就任"关白"。

关白，出自中国的《汉书·霍光传》："上（汉宣帝）谦让不受，诸事皆先关白光，然后奏御天子。"换句话说，就是"代天皇执政之人"。除此之外，关白也是公卿之首领的称号，是天皇的外戚藤原氏五摄家"近卫、鹰司、一条、二条、九条"之人官位达到大臣级别后，按照族中辈分高低相传的官位。但是羽柴秀吉却凭着手中的权威，要求近卫家家主近卫前久收自己为养子，以间接的身份破例获得了

◇ 关白羽柴秀吉

关白一职。取得这个官位，秀吉也就拥有了直接将官位授予武士的权力。而此前武士们都是通过向京都的公卿献金交涉获赐官位。由于和近卫前久交往密切，当时德川家康也已经获得了"从三位参议"的官位。

8月，羽柴秀吉亲率畿内之兵进入北陆，沿途与丹羽长重（丹羽长秀之子）、前田利家、金森长近会合，盟友上杉景胜也从东面出兵呼应，以总计10万人的兵力攻入佐佐成政的越中。佐佐成政将整个越中的兵力收拢到富山城内，共集结起2万人，但随后他根本没做任何抵抗。最终在8月29日，佐佐成政削发后穿上墨衣，进入秀吉的阵中请求降服。而佐佐的盟友飞驒国主姊小路赖纲则被秀吉派出的金森长近攻灭。事后秀吉仅给佐佐成政留下越中新川郡一郡，其余的越中之地全被封给了前田利家之子前田利长。金森长近获得飞驒一国。此外羽柴秀吉还留佐佐成政居于大坂，作为每天在身边陪着聊天打趣的"御伽众"。

作为德川家负责与秀吉交涉的使者，石川数正身在最前方，也最先体会到了秀吉与家康的实力差距。而德川家内以酒井忠次、本多忠胜为首的一群刚勇之士则主张与秀吉抗争到底。

实际上自小牧·长久手合战以来，对秀吉是战是和，家康自己也十分犹豫：自己虽然在战场上可以不输于任何人，但是秀吉的实力具有绝对优势，时间一长仍然可能以外交或策反等非战争方式打败自己。但是若过早向秀吉屈服，秀吉就会因得来过于容易而轻视德川家。在家康仍无法做出明确决断的一年时间里，秀吉完成了纪伊、四国、越中平定，主宰日本的权柄迅速掌握到他手中，西国的毛利辉元、越后的上杉景胜皆已降服，近邻诸侯中还在与秀吉对抗的，就只有德川家康了。

石川数正也越来越焦躁不安，他害怕因为跟着家康错过最佳的投降时机，最后遭到类似于四国征伐、越中征伐的打击。11月13日，石川数正终于下定决心，带着一家老小从冈崎城出奔，逃往秀吉的大坂城。

石川数正既是早年跟随家康留居骏府的亲信，又参与了家康重建德川家的全过程和几乎每一场合战。1569 年，叔父石川康成将西三河总大将之位相授，石川数正遂与酒井忠次并列，成为德川家首席重臣。德川信康自杀后，石川数正又代替信康成为冈崎城代。不过随着家康移居滨松，取得骏河、远江与甲信，西三河在德川家中的战略地位已经有所降低。而家康又大力提拔起本多忠胜、井伊直政等后起之秀，使得数正在家中的影响力大不如前。另外与酒井、本多、井伊等主战派的对立，或许更直接使得石川数正感到孤立无援，这成为他出走的又一个重要原因。

对于石川数正的归附，羽柴秀吉狂喜之下大赞"人才难得"，即席便赐给他河内国 8 万石的领地。

而对家康来说，石川数正的出奔，除了让他懊恼和唏嘘不已之外，还使得德川家的领国配属、城池布防乃至军队编制，对于秀吉再没有任何机密可言。就此德川家康做出了最迅速的反应：他全面废除三河时代的旧军制，让甲斐总奉行成濑正一与武田旧臣们共同研究，根据武田流的军制与领国统治政策，制定了德川家的新军制。

由成濑正一主持制定的新军制，主要称为"旗下大番六备法"。"番"就是轮班，也就是将所有的军队编成六支大"备"，在甲斐、信浓、骏河、远江、三河五国轮流换防，不再分三河军、远江军，由此也不再有像以前石川统率西三河、酒井统率东三河那样，以固定的大将统率固定地区的豪族。五个国的大小豪族由于轮流换防，全部只忠于德川家主本人，从而扩大了嫡系主力的范围。在细节上，又有"军伍"制度来规定每支"备"中上下级的从属纪律。

在领国统治方面，家康又做了重新调整，形成以少数要害城池为核心，集中兵力和主要将领以控制领国的体制。德川家所领五个国的主要配置如下：

三河：冈崎城将——本多重次，吉田城将——酒井忠次，西尾城将——大久保忠世。

远江：挂川城将——石川康通（石川家成之子），横须贺城将——大须贺康高，二俣城将——酒井重忠，久能山城将——久野宗能。

骏河：田中城将——高力清长，深泽城将——三宅康贞，骏府域将——内藤信成，长久保城将——牧野康成，沼津城将——松平康重，兴国寺城将——松平清宗。

甲斐：甲府城将——平岩亲吉，郡内城将——鸟居元忠。

信浓：饭田城将——菅沼定利，佐久城将——柴田重政，小诸城将——依田康国（依田信蕃之子）。

尽管先有石川数正出奔，后有波及五个国的军制与配属大变革，但是德川家领内既没有出现骚动，也没有再出现投奔秀吉的人。德川家这种强大的凝聚力，反而让得到了石川数正的羽柴秀吉束手无策。

天正十四年（1586）正月，秀吉以织田有乐斋长益、羽柴下总守胜雅、天野佐左卫门三人为使者，前往三河与家康进行和平交涉。

织田有乐斋长益，就是本能寺之变时，织田信长那位从墙洞逃得性命的弟弟；羽柴下总守胜雅，剥开他吓人的姓氏与显赫官位的外壳，其实就是泷川一益的女婿泷川雄利，此人本是织田信雄的首席重臣，却在小牧·长久手合战中背叛信雄投靠秀吉，战后获得了北伊势3万石的领地，还受赐了羽柴姓与下总守的官位；天野佐左卫门，也是织田信雄的家臣。以这三个与织田家渊缘颇深的人作为使者，秀吉无非是想借助织田家的旗号让家康屈服。

这三个人见到家康的时候，他正在三河的吉良放鹰。为了防备秀吉，家康临时把居城移到了冈崎。短暂地叙了几句织田、德川友好往事的旧谊，泷川雄利便照着秀吉的吩咐恐吓家康道："如果阁下此度还不降服，关白殿下马上就会由清洲城攻来，若是算上四国与西国之兵，这一次的兵力要比前年小牧之役还多10万，希望阁下深思。"

家康根本不吃这一套，反过来呵斥道："信雄卿与秀吉和睦之际，我也退出了交锋，一年以来与羽柴相安无事。没想到他反而以10万石之利诱我家石川伯耆守（数正）倒戈，若不是前方隔着织田殿下的尾张，我一定会打到秀吉的美浓去。如果他要从清洲出征，我就会像手上的这只猎鹰一样，直插他后方的东美浓。"秀吉又没有给泷川三人回旋的方案，双方的谈判就此不欢而散。

羽柴秀吉要迅速统一天下，家康是他必须迈过去的门槛。但是在强攻、策反、诱降仍扳不倒家康的情况下，秀吉要让德川家改变与自己敌对的立场，就只剩下一个武器——诚意。自从成为人上之人以后，秀吉已经好久没用这个武器了。

同年4月，秀吉将一个女子强行塞到了家康的门前，她是秀吉的异父妹妹末津。

此前末津本来是嫁给尾张的一名农夫，秀吉出人头地之际也将这个妹夫提拔为武士，称作佐治日向守。不过当秀吉拥有长滨城之后，就勒令佐治日向守自杀，强行将末津许配给了织田信长配给自己的陪臣副田吉成。现在又逼迫副田吉成与末津离婚，将末津送到德川家，给没有正室的家康做妻子。副田吉成也是个有骨气的人，秀吉夺走末津之际，要给他5万石之地做补偿，副田却选择放弃领地出家为僧。

对于关白送来的正室，如果家康选择将她赶走，那么就意味着正式向秀吉宣战，而且理不在德川。无奈之下，德川家康只好将末津迎入府中，此后德川家内都称她为"朝日姬"或"朝日夫人"。

但是随后的几个月里，家康仍没有向秀吉做出任何臣服的表示。此时九州的诸侯大友宗麟已经向秀吉臣服，并请求秀吉出兵九州，攻打正在九州急速扩张的岛津义久四兄弟。九州岛在本州与四国的西面，中间还隔着大海，秀吉要远征九州，不得不先巩固他的后方。而德川家康的强硬态度，是秀吉最担心的问题。

10月初，秀吉派到九州的先锋毛利军在北九州战场上陷入胶着。情急之下，秀吉在10月18日将自己的母亲大政所送到冈崎，名义上是去探望朝日姬，实则是送到家康处做人质。"大政所"，就是关白母亲的尊称，实际上，秀吉的母亲名叫"阿仲"，这一年，她已经74岁了，万一在德川家领内有什么三长两短，那么就成了秀吉向家康宣战的借口。此时德川家康终于意识到，秀吉身为天下至尊者的权威在于，他给的东西，即使是炸药，也不能不收，不收，等于自焚，收了，还要小心爆炸。

10月18日大政所到达冈崎，10月20日德川家康就带着1000人赶紧西上。为了求秀吉赶快把炸药挪走，家康在10月26日进入了大坂城下的丰臣秀长府邸。

此时羽柴秀吉已经改名为丰臣秀吉。这一年的9月9日，正亲町天皇颁下诏书，将"丰臣"之姓赐给了秀吉，秀吉也成为900年以来得到天皇赐姓的唯一一人。

26日当天晚上，丰臣秀吉仅带着少数随从偷偷潜入秀长府邸，提前会见了德川家康。自长篠合战以来，两人已有12年没有正式会面了。

畅叙了旧谊之后，秀吉不顾关白之尊，向家康请求道："明日正式会面之时，还望殿下您能屈尊对我行臣下之礼，为天下的诸侯做个表率，今天我就先向您行礼作为补偿了。"秀吉拜托再三，直到家康颔首答应，才告辞离去。

10月27日，德川家康正式登上大坂城本丸大殿谒见了秀吉。当时毛利辉元、宇喜多秀家等远国大名也都在座。

众目睽睽之下，家康向秀吉行了臣从之礼，又献上太刀、骏马等贡品。而秀吉则高居正座，神情威严地回答了一句："阁下来得正好，辛苦了。"家康正要退到一旁，看见坐在秀吉右侧一人对他使眼色，一边拉身上阵羽织，一边连连望向秀吉。家康恍然大悟，急忙又伏到地上："吾乃东国鄙陋之人，从未见过关白殿下身上这般华丽的阵羽织，还望关白将阵羽织赐予在下。"秀吉闻言顿时露出如沐春风般的满足神色，大笑着将阵羽织递给了家康。后来家康一打听，提示他的那个人名叫浅野长政，是秀吉的连襟兄弟（浅野长政之妻是秀吉正室弥弥夫人的妹妹），一个极为豪爽友善之人。

天正十四年（1586）11月5日，经秀吉奏请，家康升任"正三位大纳言"，跟随家康一起前往大坂的四位大将也得到了叙官：

酒井忠次，叙任从四位下左卫门督。

本多忠胜，叙任从五位下中务大辅。

神原康政，叙任从五位下式部大辅。

井伊直政，叙任从五位下兵部少辅。

在众多德川家臣中，这四位勇将最受秀吉瞩目，他们也因此被世人称作"德川四天王"。

◇ （从左至右）酒井忠次、本多忠胜、神原康政、井伊直政

11月中旬，家康一行由大坂返回滨松，随后立刻将大政所送还给了秀吉。当时这枚炸弹差一点就在冈崎爆炸了：据说本多重次为了防止秀吉将家康扣留，在大政所的住所周围堆满了干柴，准备大坂方面一传来不妙的消息，就点火对秀吉进行恐吓。尽管家康最后安然返回，大政所却记住了本多重次这个要放火烧死自己的独眼瘸腿恶汉。

― 第三十六章 ―

东海道探题

日本的六十六州，按照位置与地域，仿照中国唐宋时代的行政划分，又可以分为"五畿七道"。"五畿"就是京都周边的山城、大和、摄津、河内、和泉五国。七道为东山道、东海道、北陆道、山阴道、山阳道、南海道、西海道。每一个道的总管，在中古时代被称作"探题"。尽管这个名称在战国时代已不多见，但是家康在臣服于丰臣政权之后，实际上履行了"东海道探题"的职责。

◇ 五畿七道图

东海道在骏河、远江、三河之外，还可以兼指甲斐、武藏、相模、伊豆、上总、下总、安房、常陆等国。除了领有手中的五个国之外，德川家康还作为秀吉的代理人，负责对关东诸将的交涉。作为这一任命的标志，丰臣秀吉在1586年向关东的相马义胤、多贺谷重经等诸侯发出书状，让他们停止私战，如有纠纷，可以仰赖德川家康解决，若是违反，就会受到秀吉大军的讨伐。这样的书状，在此后的两年里，由秀吉的使者送到了关东的陆奥、出羽所有大名手中，又被称为"关东·奥羽总无事令"。

尽管家康已与秀吉结成了臣从性的同盟，但是仍有一丝尴尬横在两家之间，那就是上田城的真田昌幸。此前真田昌幸乘着上杉景胜上京之机，让留在上杉家春日山城做人质的次子弁丸逃了出来，又把他送到秀吉的身边做了近侍。弁丸元服之后，取名为"真田信繁"，秀吉对信繁极为欣赏，还把心腹部将大谷吉继的女儿许配给了他。而上杉景胜尽管十分恼怒，但是真田家已得到秀吉的袒护，他也无可奈何。

德川家康成为丰臣家东海道的管理者之后，为表示诚意，秀吉又把真田昌幸归到了家康的属下。而德川家康早已对真田家的非凡战斗力刮目相看，为了笼络真田家，家康将本多忠胜的女儿收为养女，嫁给了昌幸的嫡子真田信幸。另外对于秀吉的信任，家康也投桃报李，在1586年12月4日，将居城移到了骏河的国府骏府城，以示将安心经营东方，绝无西向反抗秀吉之意。

秀吉得到家康以实际行动做出的承诺，也开始放心地筹备九州征伐计划。天正十五年（1587）初，秀吉从日本各地征集了25万人的大军，其中也有德川家的本多广孝部参阵。随后秀吉与弟弟秀长各带10余万人，分别从丰前和丰后登陆九州。

当时的九州霸主岛津义久，已在三个兄弟义弘、岁久、家久的辅佐下，占领了九州的萨摩、大隅、日向、肥后、丰后、筑后、筑前七个国。在征战九州的过程中，岛津兄弟分别在日向耳川合战击破4万大友军、于肥前冲田畷合战击破2万龙造寺军、在丰后户次川合战击破丰臣家援军的先锋仙石秀久部，三场决战让岛津强兵之名响震天下。到1586年底，肥前的龙造寺家又向岛津俯首称臣，只有大友家的丰后、筑前还有少量城池仍在支撑。

眼看岛津家已经到了统一九州的前夕，秀吉的大军却及时赶到，由北向南对岛津家的根据地萨摩展开进攻。面对人数占有压倒性优势的丰臣军，岛津兄弟也只能节节败退。4月17日，丰臣秀长在日向的根白坂击败岛津军主力，而丰臣秀吉则由肥后突入到萨摩国内。

5月8日，岛津义久削发为僧，向秀吉降服，并把家主之位传给了二弟岛津义弘。事后秀吉仅留给岛津家萨摩、大隅两国以及日向一郡，其余的四个半国，除少数旧领主得到保全之外，大多被封给了丰臣家的嫡系重臣，其中佐佐成政还封领了肥后一国。

7月10日，秀吉乘船由九州凯旋回到大坂。8月5日，秀吉前往京都向天皇告捷之际，家康亲自在近江国的大津迎接，随后与秀吉一同上京。

这一年10月，由于佐佐成政在肥后推行过于粗暴的检地政策，遭到豪族们的反抗，最后演变成为波及整个九州的暴动，直到第二年年初才被平定下来。第二年的4月14日，佐佐成政被秀吉追究责任，在摄津尼崎切腹自杀，结束了他悲剧性的后半生。

天正十六年（1588）5月9日，丰臣秀吉在自己京都的府邸"聚乐第"

◇ 丰臣秀吉九州征伐路线

内招待后阳成天皇行幸，包括家康在内，几乎所有丰臣政权下的大名，都参加了这次盛会。席间秀吉向诸侯们提议，让大家全部写下起请文，表明自己将跟从关白秀吉一起，向天皇效忠。实际上这就是宣誓绝对服从秀吉的誓书。对于这个明摆着的陷阱，德川家康也和其他的大名一道跳了进去。

然而举办这次聚乐第盛会之前，丰臣秀吉也曾邀请关东的北条氏政、北条氏直父子出席。随着岛津被平定，整个西日本已经全在秀吉的控制之下，而东北的陆奥、出羽多数大名也派出使者向秀吉臣服，如果北条氏政、北条氏直父子能够上京向秀吉行臣从之礼，那么聚乐第行幸就等于是秀吉向天皇显示：自己已经统一整个日本了。不过北条氏政父子既没有亲自前来，也没有派出代表参会，给秀吉留下了巨大的遗憾。

天正十五年（1587）2月，北条军第四次在沼田城下被矢泽赖纲击破。但是局部的败战掩盖不了北条家霸者的辉煌，以常陆佐竹义重、下野宇都宫国纲为首的一些关东豪族曾结成联盟对抗北条家的扩张，仍被北条氏政、氏照、氏邦、氏规四兄弟打得毫无还手之力。到天正十六年（1588），北条家已经领有相模、伊豆、

149

武藏、下总、上总五国以及上野、下野、常陆的一部分，总实力约为240万石，几乎是德川家的两倍。拥有这样的实力，北条氏政对于秀吉的臣从要求，自然就像三年前的家康一样，采取了无视态度。

聚乐第行幸过后，京都一度传出了秀吉即将对北条出兵的传闻。德川家康十分清楚，就凭北条之力，绝不是秀吉的对手，但是作为东海道事务的负责人以及北条氏直的岳父，他有责任从中调解。

5月中，家康向秀吉递上了一封起请文为北条家担保：
- 北条父子一心只求保全领国，若说他们有违抗关白之心，定是谗言。
- 本月中北条家会派遣兄弟辈的人物上京。
- 如果北条拒绝臣从于丰臣家，家康将让督姬与北条氏直离婚。

随后家康又把这封起请文抄写了一遍派人送往北条家。5月底，北条氏规作为北条家的代表，前来京都谒见秀吉。双方的关系也因此暂时缓和了下来。

天正十七年（1589）2月，北条家派出重臣板部冈江雪斋前往京都，请求秀吉解决北条与真田的沼田领地纠纷。看到北条主动依靠自己，秀吉十分得意，随即对沼田问题做出了偏向于北条家的裁断：包括沼田城在内，三分之二的沼田地区划归北条家；剩下的三分之一，以名胡桃城为中心，划归真田家。另外秀吉又给真田昌幸加增了信浓的更级郡之地作为补偿。对此真田昌幸依旧不乐意，后来秀吉派出津田盛月、富田一白为使者，家康派出神原康政为使者，一起进入上田城劝说，才促使昌幸答应让城。但事后秀吉要求北条氏政马上上京时，北条氏政却声称要到来年的春夏之际才有空，这让双方的矛盾仍无法化解。

天正十七年7月，德川家康按照秀吉制定的标准，对自己领有的骏河、远江、三河、甲斐、信浓五个国进行检地，最后得出的石高数为150万石。

所谓的"检地"，乃是通过丈量土地、计算粮食产量对各国土地生产力进行统一的核算，一般水田即是以产米的石、斗、升来核算，旱田则根据所产麦子、豆类的数量按一定比例换算成米的数量。本来各地的土地情况、度量衡都不统一，但是丰臣秀吉命人制定了土地肥沃程度的等级标准，统一了量尺、米升的大小规格，使得各国的领地的石高数可以用一个统一的标准来衡量。检地的结果，会直接使得各地小领主无法隐瞒收入以实现地方割据，因而极容易引起地方豪族的抵抗。在以前形势紧张的年代，家康一直没有在领国内实行检地，直到形势最为稳定的1589年，才完成了对领国石高的全面测算。

— 第三十七章 —

小田原之阵

天正十七年（1589）10月23日，北条家的沼田城代猪俣邦宪施计夺取真田家的名胡桃城，公然违反了秀吉的"关东·奥羽总无事令"。

此前北条家五度在沼田受挫，作为最前线的箕轮城代，每一次进攻沼田的战斗都是由猪俣邦宪担任先锋，所以他吃到真田家的苦头也最多。在秀吉对沼田领进行重新划分之后，猪俣邦宪又被北条家派到最前线去守沼田城。由于正好和名胡桃城的老冤家铃木重则相对，猪俣邦宪整日里想的就是复仇。最终这一年10月，猪俣邦宪买通了铃木重则的家臣中山九郎兵卫，后者做了一封来自真田昌幸的伪书，将铃木重则诱出名胡桃城外。中山九郎兵卫乘隙占领城池献给了北条家。而铃木重则则因羞愤难忍，在城外的正觉寺内切腹自杀。

猪俣邦宪为自己的谋略扬扬得意时，却不知他已经把主家北条氏拖进了深渊。

秀吉得悉名胡桃城的变故之后，立刻招德川家康与上杉景胜等大大名上京，讨论对北条的处理问题。同时又以津田盛月与富田一白为使者，前往关东要求北条氏政：立刻惩办首谋者，上京向秀吉谢罪。

但是北条氏政既担心上京后会被秀吉扣留或剥夺领国，又受到主战的北条氏照、北条氏邦力挺，最后他让儿子北条氏直回复使者道："若要氏直送父亲上京，请把大政所先送来做人质。"但是此时的丰臣秀吉已经今非昔比，除了关东之外，他又没有急着要征讨的领国，自然不会送上大政所去讨好北条。而且北条虽然号称实力雄厚，却不曾像家康那样在战场上让秀吉吃到过苦头，所以秀吉对北条氏也不存在对家康那般的又敬又怕。

天正十七年（1589）11月24日，丰臣秀吉正式向北条家发出宣战布告。随后在天正十八年（1590）正月，秀吉编成了一支超过22万人的大军。其组成如下：

东海道先锋：德川家康3万人。

北陆道先锋：前田利家、前田利长、上杉景胜、真田昌幸，由依田康国作为向导，总计约35000人。

秀吉主力：丰臣秀吉、丰臣秀次、织田信雄、蒲生氏乡、黑田如水、丰臣秀胜、宇喜多秀家、织田信包、细川忠兴、小早川隆景、吉川广家、堀秀政、池田辉政、浅野长政、石田三成、长束正家、长谷川秀一、大谷吉隆、石川数正、增田长盛、金森长近、筒井定次、生驹亲正、蜂须贺家政、大友吉统、岛津久保。总计约14万人。

水军：长宗我部元亲、加藤嘉明、九鬼嘉隆、胁坂安治，约1万人。

从前一年年底起，秀吉已经征集了20万石大米与谷物做备用兵粮，接着又以1万枚金币筹备了50万石兵粮，从大坂、京都到德川家的三河、远江、骏河，所有的街道全部被整备起来，作为行军通道，各地的商人均承担了购粮与运输任务。借着这种方式，家康所领有的骏河、远江、三河三国也被纳入了丰臣家的经济与交通统一体系。

不过在家康出发之前的正月十四日，朝日姬在京都的聚乐第内病逝，享年48岁，当时她正在京都探望病重的大政所。得到噩耗之后，为了继续维系与秀吉之间的感情牵绊，德川家康迅速将已被立为嫡子的德川秀忠（家康第三子长松丸）送往秀吉处做人质。此时秀忠只有12岁。秀吉见识到家康的诚意后，也十分大方地将秀忠送还骏府城，不过秀吉没有让秀忠空跑一趟。在此期间，他亲自做媒为秀忠与织田信雄之女小姬订立了婚约。

2月1日，前田利家与上杉景胜的北陆方面军作为先锋最先出发。2月7日，德川家康的3万人出动。这是德川军第一次以武田流军制的形式大规模出发，这3万人的编制为：

第一先锋备七队：酒井家次、本多忠胜、神原康政、平岩亲吉、鸟居元忠、大久保忠世、井伊直政。

第二先锋备七队：松平清宗、酒井重忠、本多重次、内藤家长、柴田康忠、松平家乘、石川康通。

本阵前备两队：户田忠次、植村忠安。

本阵后备四队：松平康元、奥平信昌、高力清长、保科正直。

左备三队：内藤信成、三宅康贞、天野康景。

右备三队：松平信一、菅沼定政、久野宗能。

游军三队：本多康重、牧野康成、菅沼定利。

以上每一备的大将称为"大番头"，相当于武田时代的军团长。不过在德川军中，大番头采取的是轮换制，没有固定人选。而每一备下面的小队主将，就相当于武田时代的侍大将与足轻大将。各个小队随时回来组合成新的备，让敌军无法揣测整支军队的构成，这就是新德川军制的核心。为了在小田原一展身手，这一次家康安排家中最为勇猛的七员大将组成前锋的第一备。

　　北陆与东海道的两支大军出动之后，3月1日，秀吉参拜天皇，获得了征讨逆臣的"节刀"，并在当天率领32000人离开聚乐第，向关东前进。在前进过程中，各地的诸侯纷纷前来会合，不久秀吉的身边的兵力就达到了14万人。

　　作为东海道方面的先锋，德川军的任务十分简单，只不过是平整道路、架设桥梁，攻取北条家在骏河东部的几座城砦。在北条的居城小田原城与骏河之间，仅隔着一个狭长的伊豆半岛，半岛上的三座城池足助、山中、韭山，扼守着通往小田原城的箱根天险，而攻取这三座小城的功劳，是要留给秀吉嫡系部队的。

　　3月27日，秀吉到达骏河沼津，29日即开始麾师进攻山中城，仅用了半天时间，便将城池攻落，通往小田原的大门由此被打开。而德川军负责清理山中城的支城鹰之巢城。4月1日，井伊直政队又攻落足柄城，紧接着德川军引导秀吉的主力进至小田原城下。

　　在此同时，织田信雄军却奈何不了北条氏规所守的韭山城。不过韭山城位于足柄与山中两城的南方，尽管北条氏规有3600名守军，却根本不足以对超过10万的丰臣军构成威胁。秀吉让信雄留下少量部队围城，把大部分的主力都推进到了小田原城下。丰臣方的水军也绕过伊豆半岛，封锁了小田原城的海面。

　　上野方面，由信浓进军的前田利家与上杉景胜部最初受制于松井田城下，城将是北条家的宿老大道寺政繁。此时跟在北陆军中的真田昌幸再一次发挥了智将本色，他一时截断守城方的水源，一时派忍者

◇ 关东征战进军路线

入城烧毁兵粮,一时又以尾巴被点燃的火牛冲击城门,最终使得大道寺政繁因为整天担惊受怕而筋疲力尽,在4月20日开城向联军降服。接下来以大道寺政繁为向导,北陆军迅速平定了上野,又南下攻入武藏。

小田原城历经北条家五代100年的营造和扩建,其规模称得上是关东的第一巨城。另外北条氏政又收拢了近8万人在城中防守。秀吉到达小田原城下之后,并没有进行攻城,只是从水陆两面对城池进行全面包围。

秀吉为了展示自己各方面仍有余裕,一方面从京都招来爱妾淀夫人和茶道宗师千利休,每天不停地在阵中召开茶会、歌会、能乐鉴赏会,另一方面又让自己的亲信武士跟随德川家康一起向东进攻,以加快对北条家领国的占领。

由于以前和北条家的友好关系,德川军经过的玉绳城、江户城先后都没怎么抵抗就开城投降。在江户城下,家康将军队分作三路,一路由内藤家长与秀吉的家臣浅野长政率领,向南攻入下总、上总、安房,一路由秀吉的亲信石田三成率领,继续向武藏的北部进攻。家康自己则回到小田原城下继续参加包围。

此后浅野长政极为轻易地攻落下总的小金(5月5日)、臼井(5月10日)、本佐仓城(5月18日),另一边石田三成也攻落武藏河越城、岩付城。由于北条家的大多数豪族与兵力已经收拢到小田原城内,秀吉进攻这些小城只不过是为了让浅野长政、长束正家、石田三成这样一些在身边从事行政事务的奉行们立下战功而已。家康看懂了这一点,所以也懒得前去抢功。

在小田原城下,双方直接战斗的次数十分稀少,更多时候只是互射铁炮。北条军唯一的一次反击,是6

◇ 小田原之围

月中太田氏房对丰臣家蒲生氏乡（就是蒲生赋秀）部的夜袭。而在6月25日深夜，家康旗下的井伊直政发动夜袭，一连突破小田原城的蒉曲轮、舍曲轮，最终在北条军展开反击前退了出来。尽管如此，井伊直政仍然以前无古人地第一次攻入小田原城内而名震天下。

围城期间，不仅关东的佐竹义重、结城晴朝、宇都宫国纲等大小大名，陆奥、出羽的户泽盛安、津轻为信、最上义光、南部信直、八户政荣也都争先恐后地赶往小田原城下参见秀吉。6月5日，南陆奥的霸主伊达政宗，穿着切腹的装束，到达了小田原。

伊达政宗是陆奥名门伊达家第16代的伊达辉宗嫡子，4岁时因患天花而导致右眼失明，但是父亲伊达辉宗却在他身上看到了名君的资质，并在1584年将家业传给了18岁的政宗。1585年10月，小豪族二本松义继向伊达政宗降服，因政宗提出的条件过于苛刻而转去与温厚的伊达辉宗商量。但是义继在看到馆内全副武装的士兵之际，愤然拿刀将伊达辉宗绑架，并退往自己的居城二本松城，不久即在阿武隈川畔被伊达政宗的军队追上。在辉宗的鼓励下，伊达政宗命令铁炮队射击，将父亲与敌人一起打死。同年11月，政宗在人取桥合战中击破赶来救援二本松的佐竹、芦名、岩城、白河、石川共3万联军，奥州的"独眼龙政宗"之名响震天下。

人取桥合战之后，伊达政宗逐渐向佐竹与芦名的领地侵攻。秀吉于1588年对陆奥发布"总无事令"之际，伊达政宗依然没有停止战争，并于1589年7月在摺上原与芦名义广展开决战，一举消灭了芦名家主力，占领了会津。此后在陆奥五十四郡、出羽十二郡总计六十六郡之中，伊达家独占了三十余郡，领地约150万石。这一年伊达政宗仅23岁。事后秀吉立即派出使者前去陆奥责问，并要求伊达政宗上京解释，对此政宗只是沉默。而秀吉正在攻打的北条氏政，自政宗的父亲辉宗时起，便是伊达家的盟友。所以秀吉进攻小田原时，伊达政宗迟迟不肯响应秀吉的出兵号召，到了1590年4月，才正式决定前往小田原参见秀吉，此时他已做好了接受秀吉处罚的准备。

伊达政宗于6月5日到达小田原，但是并没有马上受到秀吉的接见，而是被秀吉留在了箱根山的底仓。

6月6日—8日，连续三天，秀吉以前田利家、浅野长政、施药院全宗等五人为使者，每天诘问政宗"为何这么迟才赶来参阵""为何违反总无事令而与芦名氏交战"等问题。对于以上问题，伊达政宗全都根据当时家内的形势一一做出了解释。不过这也只是秀吉向天下人做出的一个样子而已,事实上负责诘问的浅野长政与施药院全宗等人,此前也一直负责对伊达家的交涉,并与政宗多有酬答。对此,秀吉自然也是知道的。

6月9日,秀吉在茶会上召见了伊达政宗,当时政宗穿着切腹用的白衣,匍匐在席前,并说道:"政宗我已经做好了自刎的准备。"秀吉则当着众多大名的面,拿着手杖敲打他的头:"今天心情不错,过去一概不再追究,不过你要是再迟来一步,那这颗脑袋可就危险了。"说罢便扶起政宗一起品茶。

但是事后秀吉做出的裁断却是没收伊达政宗在1589年攻下的芦名旧领会津、仙道之地,仅给政宗保全了战前的72万石,并对政宗说道:"你若不满,可以马上回国备战,等我消灭北条之后,便会赶去讨平陆奥。"政宗则极为惶恐地回答:"在下只是匹夫一个,尚未参透死生,殿下之命,不敢不从,所有会津、仙道之地,当如数奉上。"对此秀吉极为满意,当下便赏给政宗一件阵羽织,又拉着他登上山头,指点介绍布在小田原城下的阵地。

◇ 伊达政宗铜像

6月25日,秀吉让伊达政宗先行回国,准备领地交割事宜。事后有人认为这是放虎归山之举,秀吉却说道:"我正是要激政宗起兵,再拿下他的全部领地。"不过此后伊达政宗却极为小心谨慎,再没有显示与秀吉对抗之心。

6月下旬,丰臣家各路游军几乎攻占了北条家的所有的48座属城。6月26日,在小田原城西南的笠悬山山顶,一夜之间出现了一座城池。

在小田原城内,主张坚决守城抗战的,是北条家首席重臣松田宪秀,但是背地里松田宪秀又与秀吉旗下的堀秀政暗通,借堀秀政告知秀吉:从小田原西南的笠悬山,能够将城内望得一目了然。此山是攻城的必要切入点。随后秀吉动员了3万~4万人,花了80天左右时间,一直在山顶秘密建造这座城池。

由于山顶全是林木,故而小田原城内一时无法察觉,等到城池完成之际,秀吉再让人于一夜之间,将山顶的树木全部砍去,一座一夜城就这样出现了。由于这座城大量采用了石垣,因而被称为"石垣山城"。这座一夜之间出现在小田原西南方的城池，大大加速了北条方士气的瓦解。据说石垣山城建成之后，丰臣秀吉还与德川家康一起，站在山上对着小田原城小便，此后衍生出的俚语"到小田原小便"就表示对强大敌人的轻蔑。

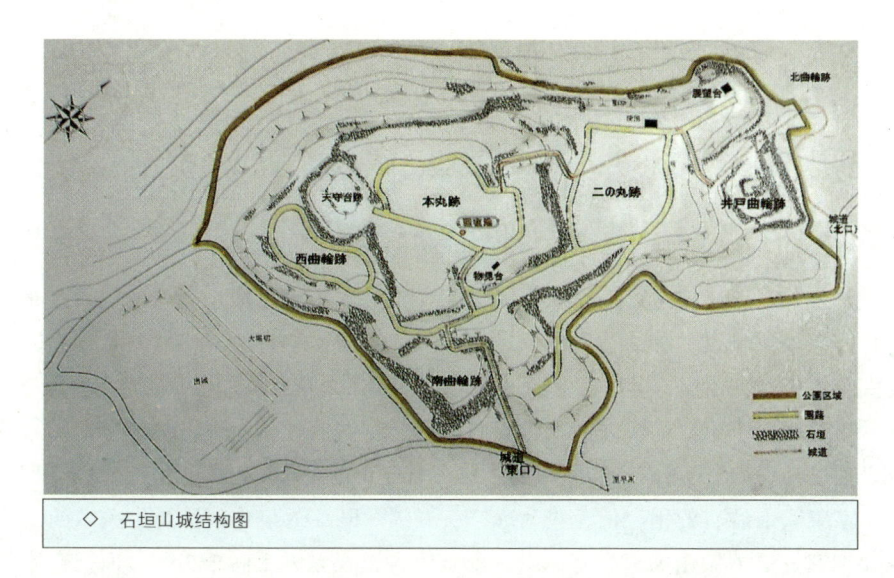

◇ 石垣山城结构图

伊豆方面，秀吉原定于7月3日向韭山城发起总攻。坚守韭山城的北条氏规，与德川家康打小一起做人质，有多年的交往。6月23日，德川家康派人向韭山城的北条氏规送去书状："一向深知你与氏政父子意见不同，为了北条家的存续，请赶紧降服，我当向秀吉公申请，保全你的性命。"北条氏规被家康的情谊所感动，终于在第二天打开城门，进入了家康的阵营。

随后北条氏规被家康推荐给秀吉，作为丰臣家的使者，进入小田原城劝降。在北条氏规的劝说下，北条氏直于7月5日进入家康的营中，家康将他带到了丰臣秀吉面前。面对秀吉，北条氏直请求以自己自杀谢罪，保全父亲氏政的性命。但是秀吉考虑到北条氏直是家康的女婿，决定免除氏直一死，但却要北条氏政、北条氏照兄弟自杀，事已至此，北条家也只有任由秀吉宰割。

7月6日，神原康政与秀吉旗下的片桐且元、胁坂安治作为使者进入小田原城收城，随后北条氏政与北条氏照被送入家康的营中看管。11日，秀吉勒令他们在医师田村安栖之宅切腹自杀，一同切腹的还有倒戈的北条家重臣松田宪秀与大道寺政繁。

157

7月20日，北条氏直、北条氏规及同族30人，在300名士兵的押送下，被流放到了纪伊的高野山，称霸关东的北条家就此灭亡。

— 第三十八章 —

移封关东

天正十八年（1590）7月13日，丰臣秀吉进入小田原城，当天他正式宣布：将德川家康由甲斐、信浓、骏河、远江、三河五国150万石，移封到北条氏旧领的武藏、相模、伊豆、上总、上野、下总六国合计250万石。

据说这是小田原征伐之前秀吉就向家康透露过的计划。不过最初恐怕家康也未必信以为真，但是盖有秀吉朱印的正式文书公布之后，这就成了无法改变的事实。

家康原来领有的甲、信、骏、远、三五国，既靠近畿内，又是由关东西上的重要通路，这五国由家康领有，阻碍了丰臣秀吉直系领土向东扩张。而把家康移封到关东，既能将东海甲信五国变成丰臣家的腹地，又可以让德川家与血肉相连的三河故土分离。失去老家之后，家康也许就不会像以前那般强大了，或许秀吉是这样盘算的。而且移封家康的理由也名正言顺：给你的是100万石的加封，不要就是对不起关白殿下的好意。

这个裁断根本不容许家康犹豫，因为马上就有人作为反抗的表率受到了惩处。秀吉原本要把家康让出来的五国封给织田信雄，以此换取信雄手中的尾张一国和北伊势共计100万石之地，但织田信雄却舍不得尾张这个织田家崛起的老家。遭到拒绝之后，丰臣秀吉勃然变色，直接下令将信雄的全部领地没收，把他流放到下野的鸟山。在丰臣政权下官位仅次于秀吉的织田内大臣，转眼之间就一无所有，最后在流放途中出家为僧，法号"常真"。

当家康把秀吉的命令通报给家臣们时，以井伊直政、本多忠胜为首的武将们都连连叹息："德川家的武运就要终结了。"

不久前，佐佐成政就是骤然得封57万石的肥后一国，但是由于在当地没有任何根基，迅速在豪族们的反抗中走向了灭亡。在关东，大小豪族们已臣服于北条

家半个多世纪，此时各地仍有不少零零星星的抵抗者，众将们仿佛也看到德川家将步佐佐成政的后尘，在反抗者挑起的战火中走向毁灭。家康唯有激励大家："在旧领的石高之上加增100万石，相当于得了一个大国陆奥。一旦天下有变，留下3万人守备领土，率领5万人杀上京都，有谁能是我们的敌手！"重臣们这才无话可说，跟着家康迅速回到骏府打点行装。

8月1日早上，以成濑正一与日下部定好为向导，德川家康正式进驻武藏国的江户城。为了表示对丰臣家没有反抗之心，家康没有以扼守天险的坚城小田原为居城，他所选择的江户城，是关东名将太田道灌在1457年所筑。周围有利根川、荒川等大河经过，南面是品川的入海口，这座平地城池既能以天然的河川形成多重护城壕，又掌握着关东的交通要道，具有发展成关东将来的经济中心的全部条件。江户，在现代的名字叫作东京。不过和后来大江户八百町的盛况相比，家康刚刚入城时，周围还是大片荒凉的沼泽。

进入江户之后，家康连续五天向住民们发放大米，待形势逐渐稳定，便对土地进行划割分封，让主要家臣据有各地的重要城池，形成了强有力的控制体系。当时的划分状况如下：

• 上野国

箕轮12万石，井伊直政；馆林10万石，神原康政；厩桥33000石，平岩亲吉；白井33000石，本多广孝；小幡3万石，奥平信昌；藤冈3万石，松平康贞；大胡2万石，牧野康成；吉井2万石，菅沼定利；总社12000石，诹访赖水；那波1万石，松平家乘；沼田27000石，真田信幸。

• 下总国

矢作4万石，鸟居元忠；白井3万石，酒井家次，家次为酒井忠次之子，忠次战前已经因年老隐居；关宿2万石，松平康元；古河33000石，本多康重；山崎12000石，冈部长盛（冈部正纲之子）；守谷1万石，菅沼定政；多谷1万石，保科正光；佐仓1万石，三浦义次；岩富1万石，北条氏胜（原北条家玉绳城主）；芦户1万石，木曾义昌。木曾义昌原来领有南信浓安昙、筑摩、木曾谷共计10万石，一度背叛家康投向秀吉，但是在德川与丰臣和睦之后，秀吉又把木曾家拨到了家康旗下，移封关东时家康将木曾的领地减为1万石，不久义昌就因窘迫而愤懑去世。

• 武藏国

岩付2万石，高力清长；骑西2万石，松平康重；河越1万石，酒井重忠；

小室1万石，伊奈忠次；松山1万石，松平家广；忍城1万石，松平家忠；羽生1万石，大久保忠邻；深谷1万石，松平康忠；东方1万石，户田康长；本庄1万石，小笠原信岭；阿保1万石，菅沼定盈；八幡山1万石，松平清宗。

• 上总国

大多喜10万石，本多忠胜；久留里3万石，大须贺忠政；佐贯2万石，内藤家长；鸣户2万石，石川康通；古井户3000石，本多重次隐居地。在小田原之役结束后，秀吉追究本多重次当年要放火烧死大政所的罪过，命令家康将重次杀死。但家康却一面向秀吉汇报说重次已经病死了，暗地里把他送到上总的古井户隐居。

• 相模国

小田原45000石，大久保忠世；甘绳1万石，本多正信。

• 伊豆国

韭山1万石，内藤信成。

剩下约100万石，是家康的直辖地，主要由成濑正一、日下部定好等甲斐奉行，伊奈忠次、天野康景、板仓胜重等三河远江奉行执行日常的行政管理。

整个领地的划分，由德川家中最为公正的神原康政主持，青山忠成、伊奈忠次等协助。在极短的时间内，他们查阅原北条家保有的领地相关资料，不分昼夜地派出代官前往各地丈量土地，同时以军队屯居关东各个要所，小滨景隆、向井正纲，以及原北条水军的间宫高则、千贺孙兵卫一起率领船队游弋在江户附近的海面上警备，整个250万石的领土分配便是在这样高度的临战状态中完成。而划分领地可以确定每一块领地根据石高数量所需出动的兵员数目，同时将支城的兵力与军粮全部集中到主城，打破了地方旧豪族作乱的基础。

除了将北条家之地封给德川家

◇ 关东八州图

康以外，丰臣秀吉在关东还保存了一批及时向自己臣服的诸侯。其中较大的有：常陆佐竹义重，545000 石；下野宇都宫国纲，18 万石；安房里见义康，9 万石。

另外，在丰臣秀吉巡视关东、进驻下总结城之际，城主结城中务大辅晴朝曾向秀吉哀叹，自己年事已高，却没有亲生子嗣，希望秀吉能为自己指定一个儿子。秀吉就把家康的庶子——也是自己养子的羽柴秀康（於义丸）托付给结城晴朝，随后秀康娶了结城晴朝的外孙女为妻，继承了结城家名和下总 115000 石的领地，并因此改名为"结城秀康"。

在前一年，秀吉的侧室淀夫人已经为他生下了一个嫡子鹤松。所以无论秀康也好，还是秀吉的外甥秀次也好，继续当养子已经没有什么意义了。

德川家康原来领有的甲斐，被授予秀吉的另一个养子丰臣秀胜，后又转给加藤光泰。

在信浓，秀吉配置有四个较大的大名：

松本 10 万石，石川数正；

饭田 6 万石，毛利秀赖；

小诸 57000 石，仙石秀久；

上田 65000 石，真田昌幸。

东海道三国骏河、远江、三河，被长年以来跟随秀吉的重臣平分：

池田辉政，由美浓大垣转封三河吉田 152000 石；

田中吉政，获三河冈崎 57400 石；

堀尾吉晴，获得远江滨松 12 万石；

山内一丰，获得远江挂川 51000 石；

中村一氏，获得骏河 14 万石。

北信浓的石川数正是背叛家康之人，毛利秀赖重获了旧领伊奈郡，真田昌幸与家康有过节儿，仙石秀久则是秀吉的嫡系猛将，这四个人对家康都不会有什么好意。东海道的池田辉政，与家康有杀父之仇。田中吉政、堀尾吉晴、山内一丰、中村一氏，是跟随秀吉 20 年以上的中坚将领，原本秀吉是将他们配为养子丰臣秀次的家老，将来秀次掌管天下时，这四人便可作为辅佐的重臣。

◇ 结城秀康

但是鹤松丸一出生，秀次的继承人地位消失，把这四个战历丰富的中年将领留在秀次身边也是多余，于是秀吉便把他们放到东海道，组成阻挡关东强者西上的第一线阵地。而当时的关东第一强者，显然非德川家康莫属。

小田原之役结束后的8月9日，秀吉进入会津的黑川城，由于以伊达政宗为首，陆奥、出羽的主要大名多已在小田原向他行过臣从之礼，所以秀吉在黑川城只是正式宣布了对奥羽两国的领地划分，就西上回京了。

这次"奥羽仕置"在陆奥与出羽产生的较大变更是：伊达政宗按照事前的约定，由150万石减封为72万石。蒲生氏乡，由伊势松岛12万石转封会津黑川42万石。另外一些没有及时赶往小田原城效忠的小豪族则全部被铲除。

11月3日，丰臣秀吉上京向天皇通报关东·奥羽平定之事，并交还节刀，这也标志着他完成了全日本的统一。

— 第三十九章 —

桃山时代

本能寺之变以后，丰臣秀吉凭着旺盛的征服欲，仅用九年就统一了日本，达到了自己人生的顶峰。然而月满之时即是月缺之始，巅峰过后往往伴随着凋零。

距秀吉统一天下还不到半年，天正十九年（1591）正月二十二日，他的重要支柱之一、弟弟大和大纳言丰臣秀长，在自己的大和郡山城内去世，享年52岁。秀长是秀吉唯一的兄弟，为人温厚诚恳，得到包括家康在内的许多大名尊重，在政治上一直是秀吉的得力助手。此外丰臣秀长也作为总大将，在征讨纪伊、四国、九州时有过出色的表现。

同年8月5日，又一桩不幸袭来，秀吉的儿子鹤松，因病百般医治却无效，在大坂夭折，时年仅3岁。这一年秀吉已经55岁了，鹤松一死，秀吉又没了亲生子嗣，老来丧子，足以让他的心态发生扭曲，孩子夭折之后的第二天，他就向全国的大名发出通告："准备出征朝鲜！"只有战争，才能让他沉醉于其中，暂时忘记年华的老去和生命的消逝。

正式出兵之前，秀吉对后事做了一些安排：12月28日，他将"关白"的称号与聚乐第让与养子丰臣秀次，此后丰臣秀次便称"关白内大臣""丰氏长者"，也就是丰臣一族的家主。秀次同时作为聚乐第的主人处理天下政务。而秀吉此时仍然保留着正一位太政大臣的官位，实际上可以说此后的丰臣政权实行的是"丰臣秀吉+丰臣秀次"的双头政治，这也是秀吉将自己的事业传给秀次的最后过渡阶段。

◇ 1590年左右丰臣政权下的全日本大名配置图

作为前任关白，丰臣秀吉此后又被称为"丰太阁"。"太阁"，是对前关白的尊称。另外，秀吉于第二年在京都附近的伏见，筑起一座城池，作为自己的隐居所。这座伏见城内广种桃木，也被世人称为"桃山城"。此后秀吉余生的大半时间都在桃山城度过，后世遂将他开创的时代称为"桃山时代"，而此前织田信长的时代则称"安土时代"。

天正十九年（1591）年底，加藤清正、黑田长政、小西行长三将，奉秀吉之命在九州西北角的肥后筑起一座名护屋城，作为秀吉侵略朝鲜的兵站。

天正二十年（1592）改元为文禄元年，这一年

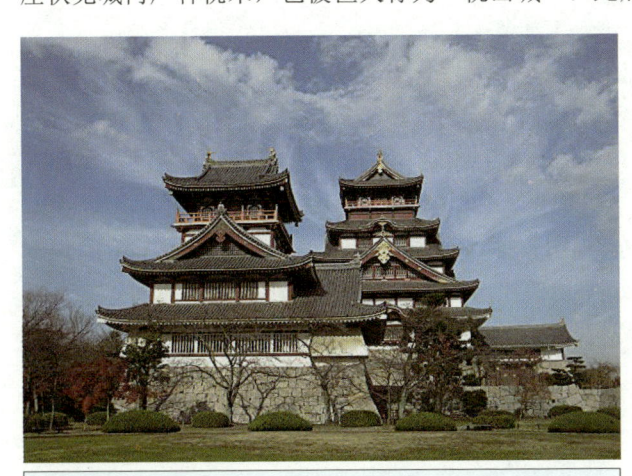

◇ 伏见桃山城

正月，秀吉编成了18万人的侵朝先锋队列，总计分为九军：

第一军：18700人，大将为小西行长（九州之肥后宇土城主）。

第二军：1万人，大将为加藤清正（贱岳七本枪之一，肥后熊本城主）。

第三军：11000人，大将为黑田长政（九州之丰前中津城主，其父为秀吉的军师黑田官兵卫如水）。

第四军：14000人，大将为毛利吉成（丰前小仓城主）。

第五军：25100人，大将为福岛正则（伊予今治城主）。

第六军：15700人，大将为小早川隆景（毛利辉元叔父，领有九州之筑前、筑后371300石）。

第七军：3万人，大将为毛利辉元。

第八军：1万人，大将为宇喜多秀家（秀吉养子，领有备前、备中、美作）。

第九军：11500人，大将为丰臣秀胜，也是前九军的总大将。

秀吉另外又集中西日本地区的水军（海贼）1万人组建了运输船队，并以石田三成、大谷吉继、增田长盛、加藤光泰、前野长康为奉行，负责后勤及占领地的行政事务。而德川家康则与前田利家、上杉景胜、蒲生氏乡、佐竹义宣、伊达政宗、最上义光、森忠政、丹羽长重等10余万人作为预备队。关白丰臣秀次，率兵2万留守京都。

据说家康收到秀吉的出发命令时，一时仰天长叹，一时又默默不语。身边的本多正信便问道："殿下会渡海去朝鲜么？"但是家康却思索得出了神。本多正信喊了三次，家康才回过神来说道："我若渡海，谁来守箱根天险。"实则他是害怕万一自己在朝鲜战场上有所不测，秀吉会乘机消灭德川家。

不过到了出兵的时候，家康才发现自己的担心是多余的，被秀吉派往朝鲜的先锋部队，不是九州大名就是西国大名，像加藤清正、黑田长政、福岛正则等人，还是秀吉的嫡系猛将。而且战争一开打，家康更发现自己不用上战场：4月12日，小西行长的第一军在朝鲜釜山登陆，另外八军也陆续上岸，随后仅用了一个月时间，日军就占领朝鲜首都汉城、陪都开城、平壤。朝鲜国王李昖一口气逃到了朝鲜与中国交界的义州。战争结果如此一边倒的原因在于，朝鲜因为东人党与西人党的党争，导致政治腐败，防御准备与应变决策屡屡失误，而且军备也极为松弛。大部分的朝鲜士兵身上就是一件皮马甲。

驻阵名护屋城的丰臣秀吉，看到在朝鲜的进军过于迅猛，大喜之下发布更加疯狂的远景计划：灭亡朝鲜之后，就向大陆进军，今后把天皇迎入北京，以周边十国作为天皇的直辖地，所有公卿知行增加10倍；丰臣秀次作为大陆关白领有100国，羽柴秀保担任日本关白，宇喜多秀家担任朝鲜关白，秀吉自己在宁波建立居所；作为先锋的众大名此后再向天竺（印度）展开进攻。

不过秀吉还没高兴多久，明朝万历皇帝收到李昖的求援，在7月向朝鲜派出了第一拨援军。同年年底，又以李如松为大将，出兵43000人援救朝鲜。1593年正月，李如松一路南下势如破竹，连续帮朝鲜克复平壤、开城，在正月二十六日的碧蹄馆之战后才稍稍放缓攻势。

得知前方战事不利，丰臣秀吉一度准备亲自渡海督战，当时相随在名护屋的德川家康与前田利家急忙劝阻，又搬动天皇颁下了禁止秀吉渡海的纶旨。

由于已经到了冬季，侵朝的日军因为行装单薄，出现大范围的冻死冻伤，不得不退到朝鲜半岛的南端。另一方面，第一军的小西行长，本是商人出身、被秀吉提拔起来的武将，从本质上来说，他并不希望长期与朝鲜、明朝冲突而影响自己的对外贸易。因此小西在前线一边拖延，一边向明朝派出使者，探求和睦之道。这场因年号命名的"文禄之役"，此后进入了漫长的休战期。

◇ 朝鲜军队的皮马甲

文禄之役期间，家康与众多东国大名虽然没有渡海前往朝鲜，却承担了伏见城的筑城任务，以及约48万人份的兵粮与物资供应。秀吉出兵朝鲜的另一个目的，就是要消耗天下大名的战力与财力，但是家康的江户与关东在此期间不但没有发生动荡，反而得到了迅速开发。

自天正十八年（1590）起，家康在江户发布了鼓励贸易的"乐市乐座"法令，此后城下的人口日益增多，商业也得到迅速发展。各地的盗贼与失去主家的浪人也都纷纷迁居到江户，寻找自己的人生机遇。为此家康逐渐增加了江户的奉行、代官数量，并立下禁止盗窃、赌博、斗殴、喧哗的法度，以维系当地的治安。

进入江户的前两年，家康并没有修复江户的城池，而是致力于沿着平川河口到江户城开挖了一条名为"道三堀"的运河，以便运送木材、兵粮、食盐等必需物资。沿着道三堀，划分出了木材町、船町、柳町（游女屋）等专门的市场。京都的茶屋清延，关东的桶屋藤左卫门、奈良屋市右卫门等豪商，均被家康邀请来开设店铺，并担任"町年寄"，也就是商人代表、商会会长，参与城下町的规划与开发。

文禄元年（1592），家康留驻大坂、京都或名护屋期间，由伊奈忠次、大久保长安等奉行主持，在江户城扩建了以"西之丸"为中心的西城区。在这个区域内的骏河台与神田山修筑了各级家臣的宅邸、值勤武士所住的"番町"，本丸与西之丸周边，继续发展出了铁匠、染屋、木器、酒屋、吴服等总计60多种职业的市场。

另一方面，跟随秀吉来回于名护屋—大坂—京都三地的德川家康，也有了一段难得的悠闲时光。在京都，家康向公卿山科言经学习《吾妻镜》《拾芥抄》《武家名目抄》《职原抄》《丰后风土记》等和书，以及《资治通鉴》《性理文书》《中庸》《六韬》《毛诗》等中国典籍。除此之外，家康还师从稻富一梦斋学习铁炮，向剑豪柳生但马守宗严学习新阴流兵法，并将柳生宗严之子柳生宗矩召为江户城负责治安的"大目付"，以剑客之名威慑城下的盗贼与浪人。

到20年之后的庆长十四年、十五年之际，日本主要都市的人口数量为：江户，15万人。骏府，12万人。京都，30万人。大坂，20万人。滨松，3万人。堺，8万人。

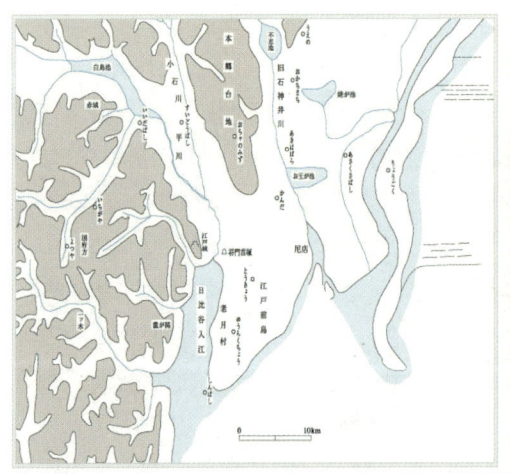

◇ 最初的江户（左图）与文禄年间的江户（右图）

卷之五 关原篇

第四十章

太阁之死

文禄元年（1592）5月5日，在名护屋的阵中，德川家康的仆役汲水时，与前田利家的随从发生了冲突，随后各自出动了兵力对峙。前织田系的大名蒲生氏乡、浅野长政、金森长近、毛利秀赖、堀秀治等人赶往前田方助阵，关东大名佐竹义宣、里见义康、宇都宫国纲等人则加入德川一方。尽管事后由于伊达政宗与丰臣秀吉从中斡旋，双方达成了和解，但是通过这次小冲突，家康也看到了丰臣政权下自己敌人的面目。

文禄元年（1592）7月22日，丰臣秀吉的母亲大政所（阿仲）在京都的聚乐第去世，享年80岁，时在肥后名护屋的秀吉闻讯当场昏倒。

在秀吉决定出兵朝鲜之际，大政所知道这是一个可怕的梦想，特意给秀吉送去一个"貘枕"。貘，在中国神话中是可以吃掉人噩梦的神兽。尽管如此，秀吉那无限放大的野心也没有收回，最终使他失去了再见母亲最后一面的机会。

为了排遣丧母之忧，化解长期滞留于名护屋的枯燥乏味，据说秀吉排练了一个名为"瓜田游"的小品，以慰劳在阵的大名。当时秀吉扮演卖瓜的小贩，家康扮演买瓜人，前田利家则扮演僧人打扮的游商，一时间嬉笑怒骂，让人看不出他们曾经

◇ 淀夫人（茶茶）

是斗得你死我活的对手。

另一方面，秀吉借助发动战争所维持的狂热生命力，终于结出了实际成果。文禄二年（1593）8月3日，淀夫人又为秀吉生下了一个男孩，当时秀吉已经57岁了。秀吉在名护屋的阵中得知喜讯后，给儿子取名为"拾丸"，也就是心灰意冷之际拾来的孩子。而这位屡次为秀吉立下大功的淀夫人，就是浅井长政与信长之妹阿市所生的长女茶茶。

青年时代的秀吉，由于一无所有，所以敢与天下的强者相争，最终凭借着一往无前的闯劲统一了日本。但是有了号令天下的基业，有了亲生子嗣之后，老年的秀吉就失去了摧坚破锐的进取心，一心只想着如何保护好手中的一切。为了讨好德川家康，让德川家今后成为拾丸的有力后援，秀吉策划了三场联姻：

文禄三年（1594），秀吉做媒将家康的次女督姬许配给了池田辉政。督姬的前夫原本是北条氏直，在小田原征伐之后的第二年，经过家康的运动，秀吉一度赦免了流放到高野山的北条氏直，并重新封给他小田原1万石的领地。但是这一年11月，北条氏直却染上天花，在大坂病死，此时督姬只有26岁。秀吉让督姬与池田辉政成亲，以婚姻抚平了横在池田辉政与德川家康之间的杀父之仇。

文禄四年（1595）2月底，秀吉让家康的第三女振姬，与蒲生氏乡的嫡子蒲生秀行订立了婚约。这一年的2月7日，蒲生氏乡因直肠癌在伏见去世，年仅40岁。这位织田信长的爱将，临死前已经是会津92万石的大诸侯，据说秀吉对他的文武全才也颇为忌惮，因此后世也有氏乡是秀吉毒死的说法。

在蒲生氏乡死后，秀吉裁定将92万石的会津领收公。关白丰臣秀次却裁定让蒲生秀行继承领地，为此秀吉与秀次一度闹得不愉快。秀吉之所以不想让蒲生秀行继承会津92万石，盖因这块土地与越后上杉景胜、出羽最上义光、陆奥伊达政宗三家相邻，肩负着监视陆奥、出羽的重任。秀吉怕蒲生秀行少不更事，所以想将这块地收回。但后来采取的折中办法就是，让蒲生秀行娶家康之女振姬为妻，使德川家成为蒲生的后援,由此也可以看出此时秀吉对家康的信重。

文禄四年(1595)9月17日,秀吉给家康的嫡子德川秀忠找了一个妻子,此女便是淀夫人的三妹阿江。阿江此前已经嫁过两次,1584年,她奉秀吉之命嫁给尾张武士佐治一成,但佐治一成却在小牧·长久手一役支持信雄与家康,秀吉一怒之下没收了佐治的领地,又让阿江与他离婚。当时阿江的姐姐茶茶还没有成为秀吉的侧室。1592年,秀吉纳茶茶为侧室后,把阿江嫁给了自己的外甥丰臣秀胜,这个秀胜就是文禄之役侵朝的总大将。不过同年9月9日,丰臣秀胜因水土不服,病死于朝鲜巨济岛的阵中。

◇ 阿江夫人

阿江的两次婚姻,都没有维持到一年,但是随着茶茶为秀吉生下子嗣,升格为淀夫人,阿江的作用也越来越重要。秀吉把她再嫁给德川秀忠,不外乎是希望自己和家康去世之后,继承了德川家的秀忠,作为淀夫人的妹夫,能够竭尽全力支持拾丸。阿江与秀忠成婚的这一年,她已经22岁,而秀忠才16岁。

文禄四年(1595)7月初,秀吉剥夺了丰臣秀次的关白称号与左大臣官位,理由是丰臣秀次胡作非为,一度被人们称为"杀生关白"。据说传闻秀次企图谋害拾丸,秀吉就治了他一个谋反之罪。

实际上从拾丸诞生的那一刻起,就注定了秀次的悲惨结局。丰臣秀吉如果不能把家业传给亲生儿子,那么这一生的奋斗到头来又有什么意义?但是秀次作为关白和左大臣,已经以一批跟随秀吉起家的老臣为中心,形成了随时能够接班的家臣团队,又与菊亭晴季等公卿交游联姻,得到了朝廷的认可,而且与一些地方上的大名有深交,拥有了相当的人望。可以说丰臣秀次已经具备继承丰臣政权的一切条件。秀吉出于一己私心,要强行从丰臣政权中抹去秀次的身影,也就不得不把自己为秀次建立的这一切连根铲除。

7月15日,已经在高野山出家的丰臣秀次仍然被勒令自杀。他的正室为右大臣菊亭晴季之女,侧室中有出羽24万石的最上义光之女,加上四子一女与其他姬妾侍女,总计39人,全部被秀吉下令在京都的三条河原处死,尸首堆在一起筑成

169

了一座"畜生冢"。

最早跟随秀吉出生入死的前野长康、木村重兹等重臣，作为秀次的辅佐人，被勒令切腹。秀次的父亲三好吉房、岳父菊亭晴季，浅野长政之子浅野幸长等多人被没收领地流放。另外一批与秀次关系密切却没有受到牵连的诸侯有：东海道的田中吉政、山内一丰、中村一氏、堀尾吉晴四将，以及藤堂高虎、伊达政宗、最上义光、细川忠兴。

◇ 丰臣秀次

丰臣秀吉事先恐怕没有考虑到的后果是，既然把秀次摆到了拾丸的对立面，那么拾丸长大之后就极有可能就秀次事件再次追责秀次这些幸免于难的旧友。所以从这一刻起，幸存的人就成了拾丸最早的敌人。

8月3日，丰臣秀吉任命德川家康、前田利家、宇喜多秀家、毛利辉元、小早川隆景为"五大老"，负责充当拾丸的辅佐人，参与中央的政务。按照秀吉的指示，五大老联名发出一个《御掟》，作为天下诸侯的行事规范：

一、未经上方许可，诸大名之间不得擅自联姻。

二、诸大名之间，不得结定同盟关系。

三、不可口诛笔伐、互相攻击。

四、若有无真凭实据的举报，则要召见双方当事人当面核对，查明真相。

五、乘物（主要指牛车，为公卿专用）除经许可，否则不得使用。

以上《御掟》的核心思想是：天下的大名互相不得有亲密往来，须独立地服从丰臣家，向丰臣家效忠，同时遵守丰臣家的等级规定。不久之后又追加了四条补充，称为《御掟追加》，但这五条核心仍然没有改变。这一次的声明，是秀吉为丰臣家长久统治日本而拟定的政治秩序规范，也可以看作是秀吉开始向五大老交托后事，希望五大老以身作则，带头遵守。

庆长二年（1597）2月，随着与明朝和谈的破裂，丰臣秀吉再一次编成14万人的军队，对朝鲜发起大举攻势，是为"庆长之役"。

近六年的时间里双方时战时和，而且派在最前线的九州与西国大名，没有与

东国大名轮换，早已对侵朝产生了倦惧之情。而且尽管在文禄之役中他们对朝鲜方作战取得过一些优势，但是随着明军的到来又逐渐失去了。

同年5月，明朝最先派名将麻贵率领17000人支援朝鲜。到了年底，又以兵部尚书邢玠为大将，出兵12万南下。日军被迫全面退守到朝鲜西南端沿海的城池中，再没有发起主动的攻击。

这一次侵朝，日军在朝鲜展开了疯狂的屠杀。丰臣秀吉处死秀次之后，被私心所吞没，完全失去了人性，他甚至鼓励日军以割下朝鲜军民的鼻子或耳朵代替首级来请功。最后，送来的耳鼻在京都堆成了高高的耳冢和鼻冢。这种疯狂，也是秀吉生命之火燃尽之前的回光返照。

庆长三年（1598）4月，丰臣秀吉开始发病，有胃癌和痢疾等几种说法，到6月份进一步恶化。

7月15日，家康与前田利家、毛利辉元等大名在秀吉的病榻前，向拾丸呈上了发誓效忠的起请文。

8月5日，秀吉已经进入弥留阶段，他将德川家康、前田利家、毛利辉元、上杉景胜、宇喜多秀家五位大老招到床边托以后事。五大老中的小早川隆景，已经在1597年去世，他的位置，便由上杉景胜顶替。同年会津的蒲生秀行家内发生了内讧，秀吉借机将秀行减封为下野宇都宫12万石，又把上杉景胜移封到会津。

当时五大老的领地实力是：

德川家康，关东250万石。

毛利辉元，西国1205000石。

上杉景胜，会津120万石。

前田利家，北陆105万石。

宇喜多秀家，山阳57万石。

秀吉除了把丰臣政权托付给五人之外，还特别安排：

- 此后的三年里，德川家康要一直留在伏见城内主持政事。
- 前田利家作为拾丸的传役（随从兼师傅），在大坂抚养拾丸长大。
- 让拾丸与家康的孙女千姬（秀忠之女）订下婚约。

丰臣秀吉当时62岁，家康也已经57岁，秀吉认为家康也没有多少时日了，根本不可能在余生扳倒丰臣家的政权。所以越到晚年，对家康越加优待，搞得像一对老兄弟一样。到此时，秀吉十分放心地将天下政务暂时托付给家康。

◇ 丰国大明神　　　　　　　　　◇ 丰臣秀吉的葬礼

　　德川秀忠娶了阿江为妻，算是拾丸的亲姨夫。再让拾丸与家康的孙女千姬定亲，使拾丸成为家康的孙女婿，今后丰臣家与德川家就有双重亲缘。就亲情之常道来说，秀吉的安排可以让丰臣家的基业坚如磐石。

　　而前田利家作为秀吉的老友，无论人品、武功与资历，都堪称天下武士的表率，让他担任拾丸的师傅，既能为拾丸确立良好的成长环境，又是对家康权力的一种制衡。

　　8月18日，由一介农民爬升为天下主人的丰臣秀吉，在伏见城的本丸内去世。临死前，他留下的辞世词是："如朝露般降临，如朝露般消逝，大坂城的荣华往事，如同梦中之梦。"

　　由于朝鲜的战事尚未结束，当天晚上，家康与前田利家为秀吉举行了通宵的葬礼，第二天便把遗体移到京都东山的阿弥陀峰埋葬。战事结束之后，才为秀吉追加了"丰国大明神"的神号，并盖起一座"丰国神社"进行祭祀。

— 第四十一章 —

五大老五奉行

　　庆长三年（1598）8月25日，也就是丰臣秀吉去世后的第七天，家康与前田利家发出朱印状,以德永寿昌与宫内丰盛为使者,前往朝鲜通知诸将撤军。随后又派出毛利辉元、浅野长政、石田三成前往筑前迎接。

11月18日,日军在撤退的最后过程中,遭遇中朝联军的追击,是为露梁海战。最终日本水军以巨大的损失掩护小西行长部成功撤军。明朝与朝鲜虽然获胜,但是明将邓子龙、李舜臣战死于此役。

11月20日,岛津义弘军乘船离开巨济岛,庆长之役到此结束。

庆长四年(1599)元旦,众大名全部集中到伏见,向丰臣家的新主人丰臣秀赖(拾丸)行贺年之礼。当时前田利家虽然生病,仍然努力起身,抱着秀赖接受了大名们的朝见。正月初十,按照秀吉的遗言,利家带着秀赖前往大坂,将伏见城让给了家康。

然而在元旦朝会期间,九州岛津家的家主岛津惟新斋义弘,受到了丰臣家奉行石田三成的责问,其罪责是义弘的兄长岛津龙伯(岛津义久出家后的法名)与德川家康往来密切。岛津义弘急忙与兄长龙伯、嫡子忠恒一起向丰臣家献上誓书,表示岛津家绝无二心。此事便是石田三成与家康敌对的开端。

丰臣政权中,在德川家康等五大老之下,另外还有"五奉行"。五大老是按照五条《御掟》,维持全日本大名向丰臣家臣从的秩序,简而言之,就是政体维持者,德川家康是其中的首席。而"五奉行"则是丰臣家日常事务的具体管理者,五人为:浅野长政、石田三成、增田长盛、长束正家、前田玄以。他们各有分工:

- 前田玄以,作为京都奉行,负责与寺院以及朝廷的交涉,同时维持京都的治安,他是丹波龟山5万石的领主。
- 增田长盛,主要负责土木工程以及检地,他领有大和国郡山城20万石。
- 长束正家,作为财政奉行,负责管理丰臣家分散在日本各地的直辖领地"藏入地"的收入,实行检地,在战争时期调配兵粮;领有近江水口12万石。
- 浅野长政,作为奉行的首席,一度负责外交与军务,在奥羽仕置与文禄庆长之役时都担任过前线的监军,同时参与前方的交涉,领有甲斐国22万石。
- 石田三成,号称"秀吉的智囊",实际上以机要顾问的身份参与了各方面的政务。

石田三成与秀吉的结识也有一段逸话:天正二年(1574)的一天,羽柴秀吉才刚刚担任长滨城主,当他巡视领内时路过近江的观音寺,感到口干舌燥,便进入寺内要水喝。寺内的小沙弥先用大碗倒了一碗温水呈上来,秀吉一饮而尽,之

◇ 石田三成

后觉得意犹未尽，又向他要了一碗。这时小沙弥就用小一半的碗呈上一杯更热的茶，秀吉饮过之后但觉口齿生津，不禁对这个沙弥的举动产生了兴趣。此时小沙弥再度呈上第三杯茶碗更小、温度更高、精心泡制的点茶，秀吉饮过之后，在这山野的小寺之中，也品味到了茶道的宁静深远，同时也从这个聪明绝顶的小沙弥的身上看到了自己当年作为杂役侍奉信长时的影子，便当场命他还俗当了自己的侍童。这个侍童就是后来的石田三成。

由于秀吉长期没有亲生子嗣，他和正室北政所夫人在留于家中长大的加藤清正、福岛正则、石田三成等少年身上倾注了大量心血，也十分欣慰地看到他们的成长。一旦这些亲信有了成绩，秀吉就立刻予以厚赏。这位石田三成在小田原征伐时，因为水攻武藏的忍城作战失败，得到了"不善于打仗"的臭名，却仍然因长于政务、奇计迭出而得到秀吉的厚爱。

秀吉去世时，石田三成领有近江佐和山20万石，控制着由美浓前往畿内的最重要通道。

丰臣秀吉在世时，石田三成既参与了检地、藏入地管理等内政，又参与了对大名的交涉、领地的分割等外交、恩赏事务。秀吉对三成的赏识与三成对秀吉的忠心，使得两人的行政组合相得益彰。秀吉去世之后，德川家康在伏见所担负的工作，主要是维持大名之间的秩序，自然也涉及了对大名们的交涉、奖励与处罚，与石田三成的工作有所重合。而石田三成又是一个心高气傲的人，以忠于丰臣秀赖为由，不肯俯首帖耳地听从家康的指示。本来是需要沟通配合的工作，就变成了两个人冲突的根源。不过由于德高望重的前田利家在世，石田三成与家康的矛盾暂时被掩盖了下来。

在前田利家与秀赖一起前往大坂之后，德川家康利用手中的权力，一连结下了三门亲事：

- 伊达政宗的长女五郎八姬与家康的第六子松平忠辉定亲。
- 松平康元之女被家康收为养女，与尾张半国国主福岛正则之子福岛正之定亲。
- 小笠原秀政之女被家康收为养女，嫁与阿波国主蜂须贺家政之子蜂须贺至镇。

陆奥的伊达家与萨摩岛津家，是仅次于五大老的强大大名。德川家康与伊达联姻，可以说是结成了足以让天下震动的同盟。而另外两场联姻，女方都是德川家旗下的嫡系家臣之女，男方福岛正则、蜂须贺家政两家，乃是丰臣家第二代中最具实力的领主和名将之一。这三门亲事在一个月内结成，足以使世人侧目：家康连续违反五大老《御掟》的首条"未经上方许可，诸大名之间不得擅自联姻"。

大坂的前田利家与石田三成对家康这种不守承诺的行为分外激愤，立刻派堀尾吉晴前往伏见城问罪。堀尾还没说完来意，德川家康就须发怒张地呵斥道："法度上说'未经上方许可，诸大名不得联姻'。现在秀赖殿下年幼，我就是代为裁断大名间联姻的上方。而且身为秀赖殿下的外祖父，我这样做也是为了加强丰臣家的向心力！"

堀尾吉晴受到家康这雷霆般的一骂，无从反驳，只好仓皇退走。不久他就觉得夹在丰臣与德川之间无法做人。作为秀吉的重臣，堀尾吉晴知道自己有责任忠于丰臣家，但是为了堀尾家的存续，必须得向家康低头，于是便把家督之位让给了嫡子堀尾忠氏，自己隐居去了。家康十分赏识吉晴的识相之举，后来还送给他越前府中5万石的养老地，算是当时的一个大手笔。

且说当堀尾吉晴灰溜溜地返回大坂回报之后，前田利家的府中转眼之间便聚起了毛利辉元，上杉景胜，宇喜多秀家，加藤清正，石田三成，增田长盛，细川幽斋、细川忠兴父子，加藤嘉明，浅野长政、浅野幸长父子，长束正家，前田玄以，佐竹义宣，小西行长，长宗我部盛亲等诸侯。而德川家康的邸中则有福岛正则，黑田如水、黑田长政父子，池田辉政，蜂须贺家政，藤堂高虎，山内一丰，有马则赖、有马丰氏父子，京极高次、京极高知兄弟，胁坂安治，伊达政宗，新庄直赖，大谷吉继等大名助阵，一时间双方剑拔弩张。

此时德川家康发现，尽管已经有不少识时务的丰臣嫡系大名向自己靠拢，但是要全面与前田利家对抗，并没有百分之百的胜算。当时前田利家已经卧病在床，家康盘算着他也没多少日子了，决定再忍一忍。

2月2日，家康递交誓书，表示自己对丰臣家并无二心。随后包括前田利家在内的四个大老与五个奉行，也交给家康誓书，表示不再追究他的责任。

为了专心抚养丰臣秀赖，前田利家已经退隐，把前田家的家主之位让给了嫡子前田利长，自己长期留驻于大坂城内。但是随着病情的恶化，在油尽灯枯之前，抛却了种种俗务困扰，前田利家能清楚看到的是，生前若是为了一时快意，继续

◇ 前田利家

与家康敌对，死后前田家的家门传续就会因家康的报复而面临危机。

毕竟前田利家是跟随织田信长、丰臣秀吉经历了整个大飞跃时代的老将。在60年的人生里几乎见识过全日本的英雄豪杰，由此所积累的丰富人生经验，让他在贱岳合战里及时应变，虽然没有参加战斗，却因在最恰当的时刻倒戈而获得了加封，最后成为加贺、越中、能登百万石的大名。能将应变的时机拿捏得这么准的，除了真田昌幸之外，当时似乎还找不出第二个人来。

在生命的最后时刻，利家对危机的敏锐嗅觉，又让他从病榻上挣扎起来。随后前田利家不顾石田三成等人的劝阻，在2月29日前往伏见的家康邸中，彻夜长谈之后，利家将前田家与儿子前田利长都托付给了家康。

先前双方对抗所引起的关注还没有消失，前田利家就拖着不该起身的病体，在不该拜访的时候拜访家康，这足以令所有的人都认为利家是在向家康投降。经此一行，以加藤清正为首，一些原本跟随前田利家与家康对抗的诸侯，开始改变立场，倒向家康。这就是前田利家送给德川家康的最后一份大礼。

对于前田利家的好意，家康心领神会。作为回应，3月11日，家康亲自前往大坂城的前田邸中探病，以表示自己接受了利家的托付，不会与前田家为敌。

在此期间，石田三成曾在小西行长府邸内与另外四个奉行商讨暗杀德川家康，但是却因互相不能达成一致而作罢。

在回程中，德川家康访问了藤堂高虎的屋敷。

藤堂高虎是近江的下级武士出身，此前已经换了七个主公。据说每一次跳槽他的领地都能成功获得加增。在侍奉秀吉之前，高虎只是秀吉之弟丰臣秀长的陪臣，秀长死后，他归属秀吉，凭着战功成为伊予宇和岛7万石的大名，乃是未经秀吉培养，却在秀吉晚年脱颖而出的极具才能之人。秀吉死后，藤堂高虎又在第一时间成为德川家康的坚定追随者。而家康也将这个非秀吉嫡系出身的豪杰视为自己在大坂城内的心腹。

当德川家康到达藤堂屋敷的时候，池田辉政、黑田长政、福岛正则、加藤清正、细川忠兴已聚集在那里。其中的加藤清正与细川忠兴不久前还跟着前田利家与家康对抗，由此也可见前田利家前度的访问已经让家康得到了实际的收获。而家康与他们会面，正是为了确认这份收获的分量，同时商讨前田利家去世之后的行动计划。

同年闰三月初三，前田利家在大坂城内的前田邸里去世，享年61岁。丰臣秀吉去世之后仅半年，维系着时局平衡的最后一根砥柱崩塌了。

— 第四十二章 —

文治与武断

先前丰臣家旗下诸侯之间的矛盾，因为前田利家与德川家康的对抗这条主线存在而纷纷退居次位。

失去了利家这个与家康对抗的核心凝聚人物之后，众人暂时失去了团结到一起的目标。原本次要的个人矛盾，便全部浮出了水面。其中最突出的，就是以石田三成为首的奉行们，与以福岛正则、加藤清正为首的征朝武将，就封赏问题而产生的对立。奉行一方被称为"文治派"，武将一方被称为"武断派"。

九州、西国的大名们，作为侵朝的主力，在朝鲜战场上苦斗了七年时间，伤亡人数接近出征的18万人的三分之一，却只有极少数人获得了封赏。尽管行赏的是秀吉，但是制定赏罚标准、在前线考察功绩大小的却是以石田三成为首的奉行众。

对于这场没有战果的侵略战争，作为政务担当者，奉行们自然希望只付出尽可能少的领地封赏，以减轻丰臣家今后的财务压力。而武将们虽然没有占领土地，却也曾取得过一些大大小小的胜战，其中的大量战功，因为石田三成向秀吉进言确立的苛刻标准而被无视了。而石田三成没有出生入死，只凭着手上的算盘与量尺，就成为数十万石的大名，据有中央要职，对武将予赏予夺，也让武断派不满已久。

在前田利家去世前的3月23日，参与侵朝的加藤清正、黑田长政、锅岛直茂、毛利吉政四人，与小西行长就蔚山守城战的封赏进行争功。小西行长虽然也参加了侵朝，但一方面与武断派中的加藤清正不和，另一方面以前也从事奉行工作，与石田三成一直是好友。由于石田力挺小西行长，加藤清正、黑田长政四人最终败诉。

十天之后的闰三月初四，也就是前田利家去世的第二天，武断派的福岛正则、加藤清正、黑田长政、细川忠兴、加藤嘉明、浅野幸长、池田辉政七将一起率兵袭击了大坂的石田三成屋敷。石田三成事先得知消息，在佐竹义宣的协助下溜出大坂，逃往伏见城内。福岛正则等七将虽然紧跟着追到伏见城下，但是考虑到家康的存在，也不敢贸然向石田三成的宅邸进攻。

事后德川家康出面调停，以石田三成退出中央的政务、前往佐和山城隐居为条件，让双方达成了和解。闰三月初十，由结城秀康护送，石田三成回到了佐和山城。

9月9日，德川家康为了向丰臣秀赖祝贺重阳节而进入大坂城，随后便一直留在城内处理政务。

此时秀吉的正室北政所夫人（弥弥）住在大坂城的西之丸。秀吉临终前曾嘱托北政所和淀夫人一起辅佐秀赖。但是随着前田利家的去世、石田三成的蛰居，作为秀赖亲生母亲的淀夫人已成为城内的统治者，北政所夫人也难免受到排挤和冷落，唯有德川家康入城后还时时向她问好。

北政所作为丰臣秀吉的糟糠之妻，本是个十分贤惠的女子，她与秀吉视若己出、一手抚养长大的福岛正则、加藤清正倒向德川家，已经让她感觉到了时代的潮流正在转变方向。于是北政所夫人宣布，在9月26日离开大坂，移居到京都，此后专门维护丰国神社与秀吉生前建立的方广寺，为秀吉求来生之福。而大坂城的西之丸，则被北政所让给了德川家康。

◇ 北政所

进入大坂城之后，德川家康处理了一起暗杀事件：他以怀疑有人要暗杀自己为由，将嫌疑栽到前田利长（利家嫡子）、浅野长政、大野治长、土方雄久四人身上。由于已经没有任何人能制压家康，所以抗议也无从谈起。

10月初，家康便下令将大野治长流放到结城秀康处、土方雄久流放到常陆的佐竹义宣处、浅野长政返回甲斐蛰居，同时发布动员令，准备集结兵力征讨前田利长的加贺。实际上家康只是要借这种恐吓来逼迫尚有所犹豫的前田利长与浅野长政完全向自己降服。

事后浅野长政毫不反抗，直接退回了甲斐。而前田利长则派出使者横山长知三度前往大坂辩解。在辩解无用的情况下，前田利长的母亲芳春院夫人（利家之妻阿松）主动前往江户城做人质，前田氏由此完全臣属于家康之下。

庆长五年（1600）元旦，各地的大名们在大坂城本丸朝贺丰臣秀赖之后，又前往西之丸向德川家康贺岁。在此前后，岛津义弘、细川忠兴以及毛利辉元的养子毛利秀元已经向德川家康献上誓书效忠，而且细川忠兴还让嫡子光千代前往江户城做人质。

家康为了笼络人心，对及时向自己臣服的表率展开了一系列的封赏：
- 萨摩、大隅的岛津氏，因为侵朝的战功，加增日向5万石。
- 丹后的细川忠兴，获得丰后杵筑6万石加增。
- 堀尾吉晴获得越前府中5万石的隐居地。
- 美浓金山城7万石的森忠政，移封信浓川中岛137000石。
- 对马宗义智，因为侵朝的功劳，加增1万石。

萨摩岛津义弘、岛津忠恒向家康迅速靠拢的原因在于，在家康的保护下，岛津家成功清除了石田三成留在岛津家的一个大患。

在秀吉征伐岛津之际，岛津家中负责向丰臣家进行降服交涉的，是宿老伊集院忠栋。这位伊集院忠栋借机绕开岛津家，与秀吉的奉行之首石田三成结成了至交。

1595年石田三成在岛津领内实施检地，借机排挤掉岛津家的同族北乡时久，将日向国诸县郡一块属于岛津家的8万石领地送给了伊集院忠栋，由此引起了岛津家内的极度不满。据说后来伊集院忠栋还曾与石田三成密谋，欲将岛津义弘、岛津忠恒父子毒杀，让伊集院家取而代之成为萨摩、大隅、日向三国的国主。

庆长四年（1599）3月9日，岛津义弘之子岛津忠恒，在伏见的岛津邸内将伊集院忠栋斩杀。事发地点虽然是在家康的管治范围内，但是家康却对岛津忠恒的行动予以了默许。这是德川家康前往大坂探望前田利家的前两天发生的事。所以探病当天，石田三成与奉行们策划暗杀家康，也极有可能是被此事激怒。

秀吉生前，天下的大名多是由秀吉自己、前田利家或是浅野长政来笼络结交，普通大名们的重臣多不具备什么影响力。像伊集院忠栋这样既有大片领地，又因

特战争典 WAR HISTORY

◇ 直江兼续

为诸侯家臣身份，不便与秀吉直接交往的人，乃是石田三成最爱笼络的对象。其中有一人像伊集院忠栋一样极具实力，他就是会津上杉家的重臣——直江兼续。

直江兼续原名桶口兼续，是越后的下层武士出身，早年担任上杉谦信身边的小姓。在御馆之乱中，就是直江兼续为上杉景胜出谋划策，赶在第一时间占领了春日山城的本丸与金库，从而取得了继承权争夺战的主动权。上杉景胜消灭上杉景虎之后，桶口兼续也由一介小姓被提拔为景胜身边的重臣，并被安排继承了越后名门直江家的家门，改名为直江兼续。对于此人，不仅石田三成倾心结交，丰臣秀吉在世时也是极为叹赏，授予他"丰臣"姓和从五位下山城守的官位。1598年，上杉景胜移封会津120万石，其中有30万石，就是赐给了直江兼续和他的部下。

伊集院忠栋横死、石田三成被迫隐居接连发生，让直江兼续惶惶不可终日。他与石田三成商量之后，开始劝说主君上杉景胜与德川家康对抗。另一方面，上杉景胜作为四个大老之一，对于家康的专横也有所不满。不久上杉景胜发出通令招募各地的浪人前往会津参阵，同时又整备了领内的军用道路。

会津周边的户泽政盛、堀秀治、最上义光听闻上杉军备战，均以为自家是上杉的进攻目标，先后都向家康进行了汇报。

庆长五年（1600）元旦，上杉家派出重臣藤田信吉前往大坂恭贺新年。

拜年之后，德川家康最开始赐给藤田信吉名刀"青江直次"与白银若干，让藤田受宠若惊。但是家康马上就翻脸，责问起上杉景胜在会津备战之事。藤田连忙表示，上杉家绝无敌对之意。

回到会津，藤田信吉极力请求上杉景胜与德川家和解，但却遭到了主战派直江兼续的排斥。而同年春天，上杉景胜开始着手在领内的要害处修筑鹤城、神指城等要塞。藤田信吉感到灾难已经无法挽回，经过激烈的心理斗争之后，终于选择在3月中从会津出逃，辗转由江户城西上京都，向家康通报了上杉家的举动。

4月1日，德川家康让京都相国寺的西笑承兑写下一封责问书，以伊奈昭纲为使者送往会津。

家康在信中除了对上杉景胜的种种备战行为进行质疑外，还要求上杉景胜与直江兼续一起上京解释。由于此时家康尚不想与上杉家发生正面的冲突，所以写信者是顾问僧西笑承兑，收信人是上杉景胜的家臣直江兼续，表明这只是私人的沟通邀请，而不是对上杉家的公开命令。但是直江兼续却害怕自己成为第二个伊集院忠栋，在征得上杉景胜同意后，他写下了一封回信，主要就家康问到的三点进行了解释：

• 推迟上京，是因为上杉家刚刚移封会津，需要进行领国治理，再则因为北国风雪，往来不便。

• 其他武士附庸风雅，热衷于收集茶器、艺术品，而上杉家却是乡下武士，只懂得收藏刀剑，所以才大量置办武具。

• 修路造桥，是为了解决往来不便，加强领国治理。

解释中回避了招募浪人以及修筑城池的问题。在避重就轻的诡辩式解释之后，直江兼续又直接向家康挑衅："反正家中的藤田（信吉）已经出奔，恐怕内府大人（家康时任正二位内大臣）已认定我们的反叛之心昭然若揭。""但是受到逸人诬陷，被当成不义之人，我却是无法承担的，内府大人想来就尽管来吧。这个时候什么约定和誓言都没用了。"收信人依旧是西笑承兑。这就是大名鼎鼎的"直江状"。

— 第四十三章 —

石田起兵

庆长五年（1600）5月3日，西笑承兑将直江兼续的回信传到德川家康手中。读罢，家康虽然心知直江是诡辩式的挑衅，但仍然被对方的言辞激怒，立刻咆哮着发出了讨伐上杉的宣言。丰臣家三奉行前田玄以、增田长盛、长束正家见势不妙，急忙拉上堀尾吉晴、中村一氏、生驹亲正等丰臣家老臣前来劝解，最终全部被家康以一张愤怒的面孔顶回。

6月2日，德川家康向直属于自己的关东诸大名送去了出发的动员令。四天之后，留驻于大坂的大名们被家康集中到西之丸召开军议。最后确定的进攻方案是出动东国之兵，从关东、常陆、陆奥、出羽、越后五个出口，对会津进行围攻：

- 德川家康前往江户与秀忠会合后，由下野白川口向会津进发。
- 佐竹义宣由常陆仙道口出发。
- 伊达政宗由陆奥信夫口、最上义光由出羽米泽口出发。
- 前田利长由越后津川口出发。

6月8日，后阳成天皇得知家康要征伐会津，以权大纳言劝修寺晴丰为使者，前往大坂赐给他晒布100匹。6月15日，丰臣秀赖赐给德川家康黄金2万两，军粮2万石，由此昭示家康是为丰臣家讨伐叛党的大义之师。

6月16日，德川家康从大坂的京桥口起程，当天进入了伏见。伊达政宗、最上义光、佐竹义宣、南部利直等东北大名先行告辞家康，返回领地集结兵力。

6月18日，德川家康由伏见出发，开始向东国进军。本来这场战争，只是东国的大名有出征的义务。但是也有一群西国、九州大名，包括黑田长政、加藤嘉明、藤堂高虎、蜂须贺至镇、细川忠兴、生驹一正等，为了向家康表示自己追随德川家的诚意，也跟着家康踏上了征途。

6月18日夜，德川家康一行在近江的石部过夜。当天晚上家康得到密告：石部附近的水口城主长束正家与石田三成要谋害自己，立刻连夜起程离开了近江。

以当时德川家康身边的军力，足以将长束正家与石田三成消灭。但是家康却连夜避走，就原因来说，德川家康一是怕长束正家、石田三成与周边更多近江大名联手，二是过早地铲除长束、石田，就是打草惊蛇，畿内的敌对者肯定会低下头去，一段时间内再不浮出水面。此时德川家康或许已经洞悉了上杉家与他对抗的背后阴谋，所以为这场会津征伐定下了更大的目标。否则，单纯是要讨灭上杉景胜、树立德川家的武威，只需要以江户的德川秀忠为总大将，辅以百战老臣，让东国大名们一起出兵就足够了。

6月22日，德川家康到达三河吉田，受到城主池田辉政的款待。6月23日进入远江滨松，受到城主堀尾忠氏款待。6月25日进入骏府，受到城主中村一氏的款待。

家康沿途会见的东海道诸将池田辉政、田中吉政、堀尾忠氏、山内一丰，以及尾张的福岛正则，全部都加入了家康的队列。骏府城主中村一氏时已病重，派了弟弟中村一荣率军参阵。

随后德川家康每到一处就停一天，6月26日停于三岛，6月27日停于小田原，6月28日停于藤泽，6月29日参拜了镰仓的鹤冈八幡宫，或许他此时祈愿的，并不是一场单纯的会津征伐。

7月2日，德川家康才慢悠悠地进入江户。在此过程中，更多的西国大名已经察觉到时局的风吹草动，急忙返回领地集结好兵力，向东追赶家康参阵。

此后几天德川家康又继续拖延，他在7月7日发布了出征时的军令军法，同时宣布出征日期——7月19日。

在家康从大坂返回江户的半个月时间里，留驻江户的德川秀忠有充分的时间集结直属于德川家的关东军力，待家康一到便可作为先锋出发。但是家康却把出征日期放缓了半个月。

在接近一个月的时间里，近畿的大名筒井定次、织田有乐斋、德永寿昌等家，甲信的浅野幸长、森忠政、仙石秀久、京极高知，以及远在西国之山阴道，但是反应与行动较快的宫部长熙、龟井兹矩，全部都带兵追赶加入了德川家康的队列。和前田利家生前敌对双方只是聚在大坂城下的府邸里对抗相比，这种带着军队千里迢迢地追赶，更让人看到了人心的向背。

蛰伏在佐和山城隐居的石田三成，看到一个又一个的大名经过自己的领地追赶家康，心中也犹如被一次又一次的怒潮冲击着。偏偏三成的佐和山，又是近畿通往东国的必经要道。"等到家康平定会津之日，再无人敢与德川家对抗，恐怕所有的大名将完全向他臣服。"被这个念头无数次地撞击之后，石田三成那因为准备不足、时机不成熟而潜藏起来的抗争之心终于被激活，一个大胆的作战计划也开始在他心中酝酿。

7月11日，石田三成得知自己的挚友大谷吉继，也由越前的敦贺出发，南下赶往东国，就再也坐不住了。

大谷吉继，和石田三成一样，也是秀吉收在身边的小姓，从贱岳合战起崭露头角，1585年被授予从五位下刑部少辅的官位。后来在九州征伐、关东出发、朝鲜侵略中大谷吉继多有建树，并于1589年成为越前敦贺5万石的领主。不过大谷吉继在中年的时候，患上了麻风病，满头满脸生起大疮，不得不以头巾遮面。据豪商兼茶人神屋宗湛所著的《宗湛日记》记载，秀吉在世时，神屋宗湛与丰臣家

◇ 大谷吉继

诸将一起召开茶会，当时只使用一个茶碗，每人捧着饮一口之后就传给下一个人。但是大谷吉继喝过之后，一擦嘴，脸上大疮的脓汁竟掉到了碗里，本来大谷喝过的茶碗众人都不想碰，这一下更是傻了眼。最后石田三成走上前去，二话不说，将带有大谷脓汁的茶水一口气喝干。从此以后，大谷吉继就只认石田三成这个过命的朋友。

秀吉去世之后，大谷吉继也曾主动向德川家康接近。当家康与前田利家对立时，大谷也是赶往德川府中的一人。此次大谷吉继率兵前往东国，是因为收到了德川家康的邀请。但是他深知此行会遭到石田三成的反对。所以经过近江时，大谷也没去拜访石田三成，直接从三成的佐和山城下绕道而过了。

但是石田三成闻讯之后急忙出城追赶，一直追到美浓的垂井，才把大谷吉继截住，又把他强行拉回佐和山城小聚。对于这个朋友，大谷吉继根本没法拒绝。不过入城之后，石田三成还没开口说出自己的计划，大谷吉继就抢先婉转地表明了自己的立场：希望石田三成让嫡子石田重家随自己一同前往关东加入德川军。

石田三成先是一愣，反应过来大谷是在逃避后，还是直接道出了正题：为了丰臣家，自己要起兵打倒家康，希望能得到大谷的支持。大谷吉继不得不正面回答："这样无谋之事，一点胜机都没有。"随后他又推辞了三次，仍然拗不过石田三成，最终看到三成的决心已定，不得不叹着气表示愿意与三成同舟共济。

和大谷吉继谋划之后，石田三成在7月12日将也在向东国进军的安国寺惠琼与增田长盛请到佐和山城，共同商议起兵的计划。

安国寺惠琼本是毛利家的外交僧，在本能寺之变后帮助秀吉达成了与毛利家的同盟，因而深得秀吉的信重，后来还被封为伊予6万石的领主。石田三成将安国寺惠琼拉为同志，是希望他说动西国的大老毛利辉元能够担任讨伐家康的总大将。他们的密议刚刚结束，增田长盛就派使者前往东国，向家康通报石田与大谷的异动。

同一天，石田三成以其兄石田正澄为奉行，在近江的爱知川渡口设立关所，禁止西国的大名们通行前往关东。肥前国主锅岛胜茂、土佐国主长宗我部盛亲等大名行动慢了一步,都被石田正澄截住并劝回到大坂的屋敷中。在此期间石田三成又飞檄各地,通知原丰臣系的大名们赶往大坂参阵,并让会津的上杉景胜与常陆的佐竹义宣一起夹击德川。

7月16日,毛利辉元以协助守城的名义进入大坂,赶走家康的留守役佐野纲正,占领了大坂的西之丸。

在此情况下,石田三成说服增田长盛、长束正家、前田玄以三奉行在一篇列有德川家康13条罪状的檄文上署名,然后把这篇檄文送往各地大名手中。另外,石田三成又要把大名们留驻大坂城下的妻子儿女送入本丸中做人质。

加藤清正等少数大名的妻子由于见机较早,及时从府中逃走。但是细川忠兴的妻子玉子(明智光秀之女)却拒绝当人质。

7月17日,石田三成派兵包围了细川家在大坂玉造的屋敷,此时玉子抱定了必死之心,但她是一个基督徒,按教规不允许自杀。最后玉子让家老小笠原秀清将自己刺死。随后小笠原秀清在屋内引爆炸药,从容自杀。经此一闹,人质没收成,细川家反倒成了石田的死敌,石田三成也不敢再向其他大名家收取人质了。

不过众多被截留的西国大名由于被挟持,以及受到三奉行联署檄文的影响,大多答应跟随石田三成、毛利辉元作战,秀吉的养子、另一个大老宇喜多秀家也率兵进入大坂城。第一时间,在大坂城下集结了约93000人,另外一些远国的军队还在陆续赶来。因为石田三成阵营中多数大名来自西国,且处在德川军的西面,所以被称为"西军"。相应地,德川家康阵营就被称为"东军"。

7月18日,毛利辉元发出命令,要求家康留驻伏见城的守将鸟居元忠将城池让给自己,遭到了元忠的拒绝。随后毛利辉元以宇喜多秀家为总大将,率领小早川秀秋、毛利秀元、吉川广家、小西行长、长宗我部盛亲、长束正家等部4万人向伏见城发起进攻。

在4月27日家康出发会津之前,岛津义弘曾登上大坂城谒见家康,对他帮助岛津家平定伊集院之乱表示感谢。家康当时便托付岛津义弘,在自己远征会津之际,请岛津军协助防守伏见城。尽管岛津义弘知道攻城方

◇ 细川忠兴与玉子夫妇

有数万大军，仍然在战斗开始前，率领身边的1000岛津军前往伏见助守。但是在这个风雨飘摇的瞬间，守城的鸟居元忠担心岛津军是石田方派到城内的内应，所以以未接到家康的命令为由，禁止岛津义弘入城，还向靠近城下的岛津军开枪射击。岛津义弘一怒之下带着部队加入了石田方。

然而当石田三成为首的西军诸将看到堂堂九州之雄岛津家仅带着1000人参阵，不免也大为愕然。实际上岛津义弘也曾向萨摩老家请求过援军，但是在局势前景未明的情况下，他的兄长岛津龙伯与儿子岛津忠恒都不肯派兵增援。由于岛津只出动了这么一点兵力，后来石田三成对他的存在就无视了。

◇ 鸟居元忠

守备伏见城的，除了鸟居元忠之外，还有内藤家长、松平家忠以及1800名城兵。尽管遭到兵力20倍以上的西军猛攻，但是凭借着丰臣秀吉所筑的这座坚城，鸟居等人还是将对方拖延了十天以上。

最后在岛津义弘的建议下，近江水口城主长束正家将参与守城的甲贺众妻子及一族抓到城前进行胁迫。甲贺众虽然和伊贺众都是侍奉德川家的忍者豪族，但是由于地处南近江，一直与长束正家交好，现在看到亲人即将受刑，在长束正家的明逼暗诱下，不得不在伏见城内放火策应。

8月1日，鸟居元忠看到大势已去，率军从城内冲出，最后在与西军武士铃木重朝的单打独斗中被对方斩杀，享年62岁。

— 第四十四章 —

小山评定

7月19日，家康以德川秀忠为先锋，率领37000人先行从江户出发，前往下

野的宇都宫。

当天稍晚些时候，增田长盛派人送来通报石田与大谷密谋起兵的书信到达家康手中。由于对方仅是密谋，家康仍然不为所动。21日，他亲率31000人的后军出发前往下野，在24日到达宇都宫附近的小山城。同一天收到鸟居元忠派来的急使通报，得知了石田三成与大谷吉继正式起兵的消息。

24日晚上，德川家康召来随军出征的黑田长政进行密议。

由于庆长四年（1599）3月争论侵朝之功败诉，黑田长政已经是众所周知的石田三成之死敌。另外德川家康在决定会津征伐后，又于出兵前，将直属大名下总多胡领主保科正直的女儿收为养女，嫁给了黑田长政。所以在众多丰臣系将领中，黑田长政算是家康的心腹支持者。

得到家康授意，黑田长政连夜游说好友福岛正则向家康递交了发誓效忠的誓书。福岛正则是丰臣秀吉最为照顾的青年将领之一，领有尾张清洲24万石，同时作为"贱岳七本枪"之首，在丰臣系的武断派大名中享有极高的声望。而另一个武断派大名领袖加藤清正，此时留在了九州肥后的领国中。所以福岛的倒向，对于此时小山阵中的丰臣系诸大名，起了堪为表率的作用。

7月25日，德川家康在小山召集所有参加会津征伐的大名进行军议，是为"小山评定"。

会议上，家康的代表山冈道阿弥景友与板部冈江雪斋向众多大名们绘声绘色地讲述了石田三成在大坂举兵之事，并转述了家康的意向：由于诸位都有妻子儿女留在大坂，此番必然已被石田三成挟为人质，而且秀赖公被石田控制，此番的出兵名义，有可能由丰臣旗下的联合军，变成家康公的私人军队。所以愿意离开前去投靠石田三成者，家康公任其来去自由，决不勉强。

参阵的不少大名虽然也得知了石田三成的异动，但大多数人一时拿不定主意。此时德川家康表现出这种任其来去自由的大度，反而让他们因为被看穿了心中的想法而面面相觑。在这个尴尬的时刻，福岛正则最先跳出来，义愤填膺地说道："石田三成挟持幼主，实乃丰臣家之逆贼，这个时候谁还顾得上妻子，我愿意豁出性命，追随内府大人西上讨平叛党！"福岛话声一落，黑田长政、池田辉政、浅野幸长、细川忠兴等人也附和响应起来。不久这就变成了几乎所有参会大名的统一声调。只有一个美浓岩村4万石的小领主田丸直昌乘众人不注意，悄悄溜走。

辨明风向之后，远江挂川城主山内一丰大叹可惜比福岛正则慢了一步。不过

◇ 黑田长政

在福至心灵的一瞬间，山内一丰突然想到一策，立刻站起来说道："为了让内府大人方便进军，我愿意将居城挂川城和城中的粮草全部捐出来！"正所谓"欲取先与"，山内一丰自知难以在战场上独当一面，像福岛那样建立赫赫的武名，但是抢先把挂川城5万石的领地交给家康，战争胜利后，家康还回来的，就绝不只是5万石了。如果作战不行，在关键的投机时刻还不能赌一把，山内一丰就会永远落后于年纪比自己小、资历比自己浅的福岛、加藤、黑田之流。

其他人马上也意识到山内一丰赌上全部家产的智慧。继山内一丰之后，堀尾忠氏、池田辉政、田中吉政、中村一荣、福岛正则等东海道沿线领主，陆续都表示愿意把领地和城池全部交给家康。被丰臣秀吉换走的东海道三国，片刻之间就回到了家康手中。

山内一丰有一个贤妻名叫千代，当时正留在大坂城中，石田三成写下一封诱降信让她派人送给一丰。但千代却让送信人转告一丰："石田的信千万不要打开，直接上交给内府大人。"有这样的贤内助，山内一丰想不发达都不行。

大名们的立场达成了统一，接下来就是讨论今后的行动方案。基于前有上杉景胜、后有石田三成两个大敌，家康最后确定的作战方案是：

- 以结城秀康为大将、蒲生秀行为副将，统领冈部长盛、皆川广照、小笠原秀政等部分德川系大名留在下野，与出羽的最上义光、陆奥的伊达政宗、越后的堀秀治一起监视上杉家。

- 福岛正则、黑田长政、浅野幸长等原丰臣系大名先行率军由东海道西上，进入清洲城集结，井伊直政跟随这支部队一起西上。

- 德川秀忠在加固下野宇都宫的城防后，率领德川军主力沿中山道的甲斐、信浓西进，在美浓、近江与清洲城的部队合流，再寻机与西军决战。

本来在7月21日，信浓上田城主真田昌幸为了参加会津征伐，也带着次子真田信繁，为追赶家康进军到了下野的犬伏。但是昌幸在这里却收到了石田三成派人送来催他起事的密信。

当天晚上，真田昌幸将跟随德川秀忠一起驻阵宇都宫的长子真田信幸找来，父子三人一起聚在犬伏唐泽山城的药师堂内密谈。由于真田昌幸与真田信繁一直受到秀吉的大恩，而且昌幸的正室寒松院与石田三成的正室皎月院是亲姐妹，所以真田昌幸这位"表里比兴"的智将，为了亲情与恩义，坚持要跟随石田三成一方。真田信幸则因娶了本多忠胜的女儿为妻，选择跟随德川家康。真田昌幸也认识到，父子兄弟各自跟随一方，不管哪一边获得胜利，真田家的家名都能存续下去。

◇ 真田父子"犬伏话别"

送走真田信幸后，真田昌幸、真田信繁父子于7月23日深夜悄悄离开犬伏，回到上野的沼田城下。但是真田信幸之妻小松姬（本多忠胜之女）得报后，却关上城门，禁止他们入城。真田昌幸只能在城外的正觉寺借宿半晚，第二天返回了信浓上田。而真田信幸在父亲走后参加了小山评定，并向家康献上了效忠的誓书。

德川家康让儿子秀忠率领德川军的嫡系主力走甲斐信浓，就是为了顺便讨平小小的真田家以立威，同时与福岛正则、黑田长政等东海道方面军的行进错开。

福岛等原丰臣系大名走道路通畅的东海道，一定能比秀忠提前一段时间到达前线。他们在前线多待的这段时间，家康就能考验出谁是在小山评定假意投诚、到了石田的势力影响范围内又会临阵倒戈。等潜在的不服者全部倒戈之后，剩下的才是真正死忠于德川家的力量。

所以在东海道方面，家康最初仅派井伊直政率领3600人押阵，不过井伊直政却在出发前突然病倒。情急之下，家康在8月8日，派出原本配属到德川秀忠部的本多忠胜，代替井伊押领东海道方面军。由于预定是在秀忠的主力部队到达战场后展开决战，所以本多忠胜只带了小姓与足轻共500人走东海道，剩下的本多军主力依然由他的嫡子本多忠政率领，跟随在德川秀忠身边。本多出发后不久，井伊直政突然痊愈，他立刻又率领3600名井伊赤备，由东海道追上去与本多忠胜会合。

◇ 上杉景胜

在德川军从宇都宫撤走之际，由于会津的上杉景胜与常陆的佐竹义宣动向都不稳，所以德川家康采取的是分三段撤军的部署。最初是福岛正则的东海道先锋军退走，8月5日，德川家康本队离开宇都宫，8月24日，德川秀忠率领中山道方面军前往甲信。

8月5日，德川家康由宇都宫退走的时候，直江兼续曾劝上杉景胜进行追击。在这个关键时刻，向来听从直江兼续建议的上杉景胜，突然意识到，此时是否追击，直接关系到上杉家是生存还是灭亡。追击失败，上杉家必会遭到德川军的反攻灭族；然而面对十万大军，要一战击破家康的可能也是微乎其微。由于一封"直江状"所引起的战火，已经超过他最初设想的范围。

最后上杉景胜无视直江兼续的干扰，决定按兵不动，卖给家康一个人情，借此给上杉家留一条后路。而德川家康临走前也写信给伊达政宗与最上义光，嘱咐他们不得向上杉家主动进攻。此时所有人都明白，会津征伐只不过是一个挑起决战的幌子而已。唯一还在梦中的，或许只有直江兼续而已。

— 第四十五章 —

战机一瞬

8月14日，以福岛正则为首的先锋军，风驰电掣般地穿过关东与东海道进入清洲城。

而此时德川秀忠仍然率领德川军主力在宇都宫修着阵地。德川家康在8月5日返回江户后，也没有采取任何军事行动，只是不停地写信发出书状，向各地的大名们承诺加封领地，要求他们交纳誓书向自己效忠。

8月4日，德川家康发信给福岛正则，承诺加封他为尾张一国之主。

8月12日，家康发信给细川忠兴，承诺加增他但马一国。同一天家康还发信给肥后的加藤清正，承诺授予他肥后、筑后两国。

8月14日，家康发信给志摩鸟羽的九鬼守隆，承诺授予他南伊势五郡。

8月22日，家康发信给伊达政宗，承诺加增伊达家仙道七处领地，使伊达家总领地达到100万石，这就是让伊达家此后300年都耿耿于怀的"伊达百万石朱印状"。

除了投靠己方的大名外，对那些已经加入西军的大名如真田昌幸等人，德川家康也发出了书状。停留江户的20多天里，据统计，家康发出的书状，总计接近200封。前方的黑田长政、藤堂高虎等人，也按照家康的指示，向西军中的旧友们写信诱降。德川家康的这些空头支票，让不少西军大名产生了动摇。美浓的竹中重门、稻叶贞通、加藤贞泰等大名就是被这种书信攻势打倒，由西军投靠了东军。除此之外，这场书信战，还动摇了西军中的一条大鱼，对后来的战局产生了决定性的影响。

德川家康的主力迟迟不到达前线，石田三成也不敢突破美浓—尾张—东海道，直接向家康的关东进攻。毕竟通路上的福岛、中村、田中、堀尾等家，还在石田的争取范围之内。结果西军唯一能做的，就是在主力屯集美浓前线之余，分兵进攻畿内的东军系大名，由此接连开拓出了许多小战场。

在北陆，大谷吉继回到敦贺的领地。在他的积极策反下，丹羽长重、山口宗永、上田重安等多数北陆大名都加入了西军。但是领有加贺、越中、能登百万石的前田利长，因为老母芳春院已经到江户当了人质，所以他无法挽回地成为东军的死硬分子。由于加贺以南的所有大名全部加入了西军，7月底，前田利长率领25000人南下展开攻击。

8月2日，前田军攻克山口宗永的大圣寺城，山口宗永、修弘父子战死。不过前田利长却迟迟无法攻落丹羽长重的小松城。随后大谷吉继向前田军放出种种流言："上杉景胜已经平定越后，正在向加贺进军""西军攻占伏见城，平定了整个畿内""大谷吉继派出别动队，从海路向前田家的金泽城奇袭"，这些虚虚实实的流言让前田利长惶惶不可终日。8月8日，前田利长终于从小松城下撤兵返回金泽，中途在浅井畷受到丹羽长重的追击，还付出了相当大的伤亡代价。

8月，毛利辉元以宇喜多秀家为大将，毛利秀元与锅岛直茂为副将，出动3万

◇ 前田利长

大军翻山越岭攻入伊势。伊势的安浓津城主富田信高、松坂城主古田重胜、上野城主分部光嘉、长岛城的福岛正赖四人跟随家康参加了会津征伐，随福岛正则西上之后便各自回到居城内守城。宇喜多秀家的这3万人在伊势一直被拖到了8月底。

除此之外，西军还有一支15000人的部队被钉在了丹后的田边城下。

田边城主是细川忠兴的父亲细川幽斋（藤孝）。7月17日，忠兴之妻玉子在大坂的细川屋敷内自杀之后，细川幽斋立刻返回自己的居城丹后田边城，将城池周边的树木全部砍伐，运入城中加固城防。到了7月20日，西军方面才做出反应，以丹波福知山城城主小野木重胜为大将，率领丹波、但马之兵15000人进攻田边城。

尽管田边城内只有500名守军，但是玉子夫人的横死，使得守城方因为愤慨之心而众志成城。细川幽斋以及所有家臣的妻妾也都穿上甲胄，拿起长刀，登上城头协助守城。而城外的树木被砍伐，使得攻城方一时难以造出攻城器械，为了抵挡铁炮而勉强凑起来的一些竹盾，也被城头的大炮轰得七零八落。

细川幽斋除了身为武士之外，还是日本当时最顶尖的教养人和和歌大师，早年师从于"二条流"歌道的宗主三条西实枝，得到了《古今传授》。公元905年，醍醐天皇曾下令公卿们将前140年间的和歌编成一集，称作《古今和歌集》或《古今集》，其中的歌风奥义，乃是由极少数公卿世代相传，到了后来就变成每代只传一人。而细川幽斋，就是17世纪初《古今传授》的唯一在世传人。

跟随小野木重胜进攻田边城的众多武士之中，有不少人是细川幽斋的歌道弟子，所以面对细川家时战意十分低下，进一步拖延了攻城的进度。而细川藤孝在攻城的枪林弹雨中，还豪气横溢地吟下一首和歌："指之所向，铁炮所发，弹之所中，命之所失，尽归大道。"

田边城的守城战，持续了30多天之后，守城方终于有了士气衰竭的迹象。

8月底，细川藤孝使出最后的招数，写下几条与《古今传授》有关的奥义，派人送给后阳成天皇的弟弟八条宫智仁亲王。智仁亲王收到这封信后作为一件大事立马呈报给了天皇。

天皇看到信上的几首和歌之歌风解释，大为痛惜歌道的奥义将随着幽斋的战死而失传。于是在 8 月 27 日，天皇派出敕使前往田边城下，劝细川幽斋开城投降，但却遭到了幽斋的拒绝。不过细川藤孝让使者返回时将一份通晓《古今集》的认可状送给智仁亲王，将《源氏抄》《二十一代和歌集》送给天皇。

得了幽斋的赠礼，天皇即刻便派出使者前往大坂，要求丰臣秀赖下令，让田边城下的小野木重胜停战，又向丰臣家的京都所司代前田玄以发下敕命，让他命令小野木退兵。不过在小野木停战之后，前田玄以只是单方面派儿子前田茂胜前往田边城下，劝细川幽斋开城，又遭到了幽斋的拒绝。

◇ 细川幽斋

接下来，细川幽斋将 20 卷《古今传授》中的一卷抄送给智仁亲王，智仁亲王得到这一卷后如获至宝，更加对其余的 19 卷垂涎欲滴，连忙为救幽斋一命而在朝廷与丰臣家中来回奔走。

9 月 3 日，天皇派出权大纳言乌丸光宣、前大纳言中院通胜、富小路秀直为使者，在小野木重胜停战后，向细川藤孝宣布敕命，让他向天皇投降而不是向西军投降。细川藤孝又磨蹭了九天，才打开城门退往丹波龟山城。凭着一座小小的田边城与 500 名守军，细川幽斋就这样把 15000 名西军拖延了 50 天之久。

在西军四处出击的同时，以福岛正则为首的东军先锋 35000 人集结在清洲城内，由于没有接到家康的命令，一直没有行动。但是出乎德川家康意料的是，在等待期间，这群原丰臣系大名中居然没有出现一个倒向西军的人。而且因为等待而郁积的斗志空前高涨，福岛正则因为家康迟迟不出兵还与池田辉政发生了争吵。军监本多忠胜将这边的情况都看在了眼里，并迅速向家康做了汇报。

8 月 21 日，德川家康派村越直吉前往清洲，向福岛以下的众将宣读了自己的指示："为什么不先进攻美浓呢？你们不出兵，家康我也不会出兵。"福岛正则与池田辉政立刻二话不说叫齐人马，呼啸着杀往美浓。

为了抢先攻克岐阜，福岛正则与池田辉政各领一军分头前进。8 月 22 日，福

◇ 福岛正则

岛正则抢先攻击木曾川下游的美浓竹鼻城，当他一口气突破城池的三之丸和二之丸后，由岐阜派来的援军也赶到了竹鼻城下。不过援军的大将毛利广盛乃是福岛正则的尾张老乡兼至交，当他看到东军是福岛正则领兵之后，立刻快马过来，与福岛将手紧紧地握到一起，流下了久别重逢的喜悦泪水。竹鼻城的守将杉浦重胜看到这令人崩溃的一幕，满腔的愤恨无处发泄，大吼一声，在本丸内切腹自杀。

得知福岛正则得手，池田辉政为了不让福岛抢先，直接从岐阜正南面的河田岛村抢渡木曾川。尽管西军配置有铁炮队，但东军有18000人的海量人数，铁炮队的中心迅速被突破，紧接着池田辉政又突破西军设在河对岸米野村的两重防线，与福岛正则几乎不分先后地到达岐阜城下。8月23日，两军一起向岐阜城发起总攻，这座成为织田信长天下布武之地的名城一天之内即被攻落。

岐阜的城主是织田信长的嫡孙织田秀信（三法师），城破之后秀信本来要切腹，却被池田辉政说服。事后秀信交出武具并剃发为僧，被送到尾张知多看管，战后前往纪伊的高野山修行。

岐阜城陷落的时候，石田三成正率领西军的主力驻阵于美浓的大垣城内，与岐阜仅有一天的距离，却没有向织田秀信派出援军。所以在8月27日，攻克岐阜的消息传到江户的时候，德川家康确信他所等待的两个战机已经出现了：一是西军的兵力已经分散到各地，集中在大垣的主力力有不足；二是臣服于自己的丰臣系大名们并无二心，而且斗志高涨。这就是他出发的最佳时刻。

8月24日，德川秀忠率领38000人已经从宇都宫出发前往中山道。这38000人，全部是直属于德川家的关东系部队，主要将领包括酒井一族、本多一族、大久保一族、神原康政、牧野康成、成濑正一、日下部定好等人，乃是德川家此战最重要的筹码。由于福岛与池田在美浓的攻势过于迅猛，此时家康担心在自己和秀忠没有到达战场之前，他们在前方触发了决战。万一福岛他们战败了，西军接下来就会取得绝对的优势。若是侥幸打赢了，那么自己苦心营造的形势就是为别人做了嫁衣，战胜的福岛正则等人必然不会再受制于德川家。

所以在8月27日，德川家康以大久保忠益为使者，前往中山道通知德川秀忠计划有变，让秀忠放弃攻打真田昌幸，在9月10日前赶到美浓的赤坂。8月28日前后，德川秀忠部已进军到上野的松井田，在12天内到达赤坂并不是难以办到的事。

— 第四十六章 —

对阵关原

9月1日，德川家康率领3万人从江户出发，西上美浓。在此之前，他还派出快马先行赶往岐阜，通知福岛正则："在我父子赶到之前，绝对不准挑起战斗。"随后仅用了10天，家康便穿过关东与东海道，到达尾张清洲城，与等候在该地的藤堂高虎会合后，于9月13日进入岐阜。然而按照约定，应该在9月10日到达美浓的德川秀忠，却迟迟没有出现。

此前在真田昌幸的信浓上田城下，刚刚发生了第二次上田合战。

9月1日家康由江户出发之际，德川秀忠到达信浓的轻井泽，第二天进入小诸城。按照家康先前的命令，他得攻克真田昌幸的上田城。不过德川秀忠最开始还是派真田信幸为使者，进入上田劝说真田昌幸和平投降。结果真田昌幸却以当天要割麦子为由，请求把交涉日期推后一天，并表示9月3日会在城内好好招待秀忠。

9月3日正式的交涉开始后，真田昌幸突然翻脸，强硬地拒绝了秀忠的开城降服要求。9月4日，德川秀忠向上田城威胁道："如果还不开城降服，就马上让真田信幸切腹！"真田昌幸回答道："我家深受故太阁殿下大恩，若舍弃秀赖公投靠内府殿下，是为不义。即使信幸被勒令切腹，城池遭到攻击，我也不会留下不义之名受后世的嘲笑，若要攻城，便尽管来吧。"

德川秀忠就这样白白耗去了三天，大怒之下决定对上田城展开正面进攻。跟在秀忠身边的神原康政与本多正信急忙进言，劝秀忠无视上田，尽快赶赴主战场。然而此战算是德川秀忠真正意义上的初阵，以38000人的兵力却被真田的2000人侮辱，让他实在是咽不下这口气，结果随军的重臣全都无法说服秀忠。

9月5日，德川秀忠下令将上田城包围。当晚神原康政又向秀忠进言：真田深

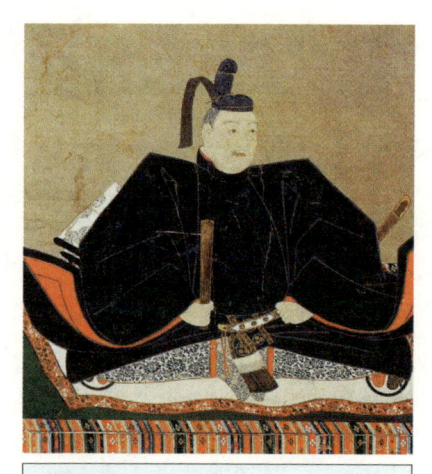

◇ 德川秀忠

知兵法，必会乘夜奇袭，应该让诸将在阵中四处点起篝火，加强警戒。实际上当天晚上真田昌幸确实准备夜袭，不过看到德川军警备森严、灯火通明，便退回城中了。

9月6日，秀忠为断绝城内的兵粮，派兵抢割和烧毁城外的麦子。真田昌幸与真田信繁父子出城干扰，德川方牧野康成率部前去救援麦田中的部队，由此发生了激战。战不多时真田军便仓皇退往城内，不过德川军追到城下时，受到城头的铁炮攒射和埋伏在城下町内的伏兵袭击，产生了巨大伤亡。

接下来的几天，德川秀忠的大军被真田昌幸利用地形来回耍弄，伤亡人数不断增加。到了9月9日夜，家康派出的大久保忠益才赶到小诸城，向秀忠传达了第二道指令。

由于大雨导致上野的利根川涨水，大久保忠益无法渡河，在中途迁延了8日之久，等他见到秀忠时，离家康规定的会合时间9月10日只有一天了。

德川秀忠慌乱之下，留下仙石秀久、石川康长、诹访赖水等信浓本地豪族继续牵制上田城，自己率军于9月10日出发赶往美浓。由于沿途的河川泛滥及中山道的道路狭窄、地形复杂，德川秀忠最终错过了发生在美浓关原的决战。

除了德川秀忠的失约让家康意外之外，还有一个意外，西军的毛利秀元部3万人已经在8月底完成了伊势平定，正穿过美浓与伊势之间的山区，北上与石田三成会合。大谷吉继也由越前南下，进入大垣城，分散在各地的西军有迅速集中到主战场的趋势。

而在9月初，在家康的策动下，西军的后方又出现了一个战场。9月1日，正在协助大谷吉继守备北陆口的近江大津城主京极高次，按照家康出征前的密信指示，突然脱离西军，在9月3日回到大津城，随后集结兵力与粮草，并向东军前锋中的井伊直政送出书信，表示将协助牵制西军。9月7日，西军分出毛利元康（毛利辉元叔父）与立花宗茂两军共计15000人，回头进攻大津城。大津城的倒戈，使得驻阵于大垣城的西军主力被截断了前往大坂的退路。所以大津城陷落之前，是东军最好的进攻时机。

卷之五
关原篇

德川家康

　　为了把握住这个进攻机会，德川家康不得不在秀忠还没赶到的情况下，于9月14日移阵到大垣城附近的赤坂。随着家康本阵的出现，大垣城的西军中陆续出现了逃亡者。

　　石田三成的家老岛左近此时向三成进言：可以一次小规模的奇袭战来恢复士气。

　　得到三成的许可后，岛左近带领一支小队离开大垣城，在大垣与赤坂中间的杭濑川畔密林里留下一半的兵力作为伏兵，率领剩下的骑兵渡河向东军挑衅。当时东军最前方的中村一荣队率先冲出，与岛左近战成一团，不久有马丰氏队也追出来协助中村一荣。少时之后，岛左近假装不敌退走，中村与有马两军追过杭濑川，受到岛左近伏兵的截击，加上西军的宇喜多秀家部将明石全登也赶来进攻。最后中村家家老野一色赖母战死，中村一荣与有马丰氏丢下40多具尸体，退回河的东岸。

◇ 岛左近

　　这位岛左近，又名岛清兴，乃是原大和国筒井顺庆的侍大将，与另一员重臣松仓右近重信并称为筒井家左近右近。筒井顺庆病逝后，岛左近与继任的筒井定次不合，于是离开筒井氏当了浪人。后来石田三成数度邀请，终以2万石的俸禄将他招为家臣，而当时石田三成的总俸禄也就4万石左右。对此世间有一首歌谣："治部少（石田三成）唯有两样过人之物——岛之左近与佐和山城。"随着石田三成重才轻禄的名声传遍天下，还有一些猛士如蒲生家旧臣蒲生赖乡、丰臣秀次的遗臣舞兵库（前野忠康）也都投奔过来，成为石田三成的家臣。

　　9月14日夜，德川家康为了将石田三成的主力诱出大垣城，率领全军离开赤坂，沿着中山道向西面的关原移动，装出要进攻石田家居城佐和山城的样子。此时西军毛利秀元、长宗我部盛亲部已经进军到东军南面的南宫山，与大垣城互为犄角，家康前进到关原，同时也能将南宫山与大垣城隔断。

　　石田三成得知东军向佐和山方向移动后，急忙留下福原长尧以下7500人守备大垣，自己率领西军主力赶到关原的正西面布阵，以阻挡东军的前进。西军以主要大名为中心，分为大的五阵：石田三成4000人以笹尾山为本阵，向南依次是小池村的岛津义弘1500人、北天满山小西行长4000人、南天满山宇喜多秀家17000人、

197

山中村大谷吉继4000人四个大阵。在更南面的松尾山上，是小早川秀秋的15600人。在松尾山脚下，是四个服从大谷吉继指挥的北陆大名：赤座直保、小川佑忠、朽木元纲、胁坂安治。南宫山的部队与关原正西的主力，对东军形成了形式上的半包围：其中毛利秀元15000人坐镇山腰，吉川广家3000人与安国寺惠琼1800人为秀元的前锋，在毛利军后方另有长束正家1500人、长宗我部盛亲6600人。

另一方面，得知西军乘夜出发后，家康以福岛正则为先锋，在凌晨2时左右，移军到关原上布阵，其中主要分成四个大的部分：福岛正则6000人作为先锋移动到松尾山与南天满山中间的松尾村的大关，天明之后，作为先锋，他必须面对周边两个面山上敌人的攻击；在福岛后方，有藤堂高虎2500人、京极高知3000人为支撑，这是整个东军的左翼；第二番是黑田长政的5400人，在关原北面的丸山之麓布阵，黑田长政周边有加藤嘉明、竹中重门、细川忠兴等大名，是整个东军的右翼；两翼的中间第一层，是田中吉政、筒井定次、稻叶贞通等小大名，井伊直政与家康第四子松平忠吉以及龟井兹矩、别所重宗在中间的第二层，作为机动兵力，本多忠胜与实力较弱的四个大名古田重胜、织田有乐斋、金森长近、生驹一正排在中间的第三层，充当预备队，家康的主力3万人布阵于中后方的桃配山上。另外家康对中村一忠、有马则赖、山内一丰、蜂须贺至镇这四个在丰臣家中资历极老的重臣仍不放心，把他们摆在了连接关原与赤坂的中山道上警备道路，又以池田辉政4600人与浅野幸长6500人布阵于南宫山脚下，防备毛利军。

◇ 关原之战对阵图

东西军人数一览表

西军		东军	
主要参战武将	兵数（人）	主要参战武将	兵数（人）
石田三成	4000	德川家康	30000
（岛左近）	1000	黑田长政	5400
（蒲生赖乡）	1000	细川忠兴	5000
（织田信高）	2000	加藤嘉明	3000
岛津义弘	1500	筒井定次	2900
小西行长	4000	田中吉政	3000
宇喜多秀家	17000	福岛正则	6000
（大谷吉继）	5000	藤堂高虎	2500
（大谷吉胜）	3500	京极高知	3000
（户田胜成）	450	古田重胜	1200
（平塚为广）	450	织田有乐斋	450
朽木元纲	600	金森长近	1100
胁坂安治	1000	松平忠吉	3000
小川佑忠	2000	寺泽广高	2400
赤座直保	600	本多忠胜	500
小早川秀秋	15600	生驹一正	1800
吉川广家	3000	井伊直政	3600
毛利秀元	15000	有马丰氏	900
安国寺惠琼	1800	山内一丰	2000
长束正家	1500	浅野幸长	6500
长宗我部盛亲	6600	池田辉政	4600
总计	87600	总计	88850
备注：另有福原长尧7500人守大垣		另有堀尾忠氏部守赤坂	

— 第四十七章 —

人间五十年，关原一日

9月15日拂晓，东军的先锋福岛正则派出斥候查探，将西军各处的阵势报告给了德川家康。

随后家康让井伊直政辅佐松平忠吉作战。另一方面，福岛正则也命令部下对着西军的宇喜多秀家部摆开弓箭与铁炮队，准备最先发起攻击。

不过松平忠吉却在井伊直政的劝告下，穿过福岛队前往阵前。福岛家的侍大将可儿才藏见状急忙拦阻："今日的先锋乃是我主正则殿下，战斗开始前谁都不许通过！"井伊直政呵斥道："此乃家康公之四男忠吉公，今日是其初阵，特来带他侦察敌情，还不赶快让路。"可儿才藏也听说过松平忠吉之名，只好放他们通过。

井伊直政与松平忠吉穿过福岛军后，抢先向着宇喜多阵地发射铁炮，引起宇喜多军的还击。大惊之下，福岛正则立刻下令全军进攻，在晨雾中拉开了关原合战的序幕。

合战开始后，福岛正则的6000人与井伊直政、松平忠吉一起合攻宇喜多秀家的17000人；黑田长政的5400人与细川忠兴5000人一起向石田三成的4000人进攻；藤堂高虎2500人与京极高知3000人进攻西军大谷吉继部；田中吉政3000人、筒井定次2900人与小西行长的4000人发生激战。参战的文学家太田牛一后来描绘当时的场景是："敌我双方缠斗到一起，难以分辨，铁炮射击之声轰天动地，战场黑烟弥漫，使得白昼如同暗夜一般。"

开战后不久，德川家康就下令将本阵移动到黑田长政军身后的关原驿，因为桃配山上虽然能监视后方的南宫山，但却无法看清前方关原主战场的战况。家康为了对主战场战局进行观察应变而移阵到关原驿，也是在打赌南宫山的毛利军，不会成为自己的致命威胁。

此时双方投入战斗的兵力，都是3万人左右。由于西军占据山地居高临下，

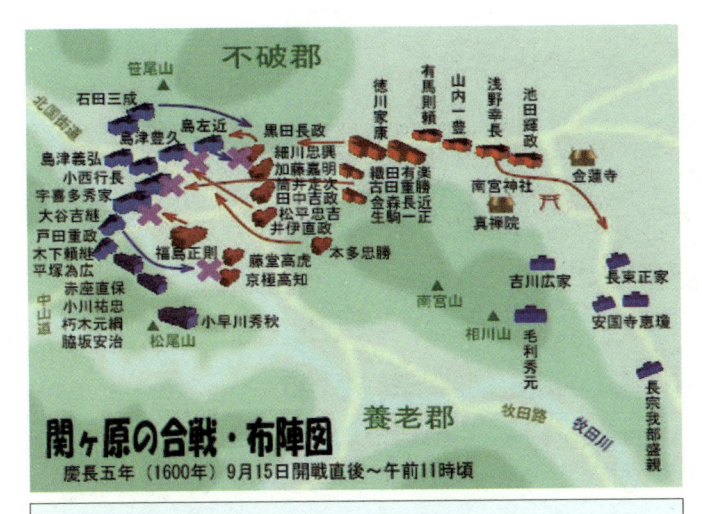

◇ 开战后至上午 11 时的形势

形势上较为有利。

在左翼，井伊直政与松平忠吉挑起战斗之后，按照家康的指示，转往小池村，进攻西军人数最少的岛津义弘部。福岛正则的 6000 人由此承受了宇喜多秀家 17000 人的猛攻，加上宇喜多军中的明石全登、长船吉兵卫、本多政重、延原土佐、浮田太郎左卫门都是健斗之士，凭着一股悍勇，将福岛正则队逼退了 500 米左右，福岛方的武将星野又八也在激战中战死。福岛正则怒目切齿地大声叱咤，才勉强稳住了阵脚。看到福岛的劣势，东军的猛将、曾经与福岛同属"贱岳七本枪"之一的加藤嘉明立刻横穿战场，向宇喜多军的侧面进攻，不过由于宇喜多方阵形深厚，一时间双方相持不下，这片地区成为东西两军最大的激战地。

在笹尾山的战场，石田三成部 4000 人受到黑田长政与细川忠兴、金森长近、竹中重门等部 1 万余人的猛攻。石田三成最初只是让岛左近与蒲生赖乡指挥铁炮队，在防马栅内向东军射击。看到宇喜多秀家周围发生大规模激战后，三成认为战机已经成熟，点起狼烟，通知所有阵地的西军全线突击，同时下令岛左近与蒲生赖乡打开防马栅，向东军展开进攻。

岛左近与蒲生赖乡也不负猛将之名，最初确实是将东军的先锋突破，直逼黑田长政的阵地。但是黑田长政乃是自朝鲜征伐以来就对石田三成恨之入骨的人，他的父亲黑田如水是连秀吉都极为忌惮的天下第一军师，长政的智谋虽然不及其

◇ 黑田长政的铁炮队。左上骑白马者为白石庄兵卫，正中骑黑马者为菅六之介正利

父，不过惩治石田三成手下的这群勇夫还是绰绰有余。

岛左近等人突击之际，黑田长政便让部下的铁炮大将菅六之介正利、白石庄兵卫带着50名铁炮手由丸山迂回到岛左近北面。岛左近向黑田阵地冲锋时，黑田方埋伏的铁炮队一起向岛军的侧面射击，几声枪响过后，冲在最前方的岛左近就全身中弹、丧失了战斗力，被左右的亲随抱着退往后方。黑田长政见机立刻下令总攻，石田军由于蒲生赖乡的拼死奋战，才免于全面崩溃。

尽管石田三成燃起狼烟，但是松尾山上的小早川秀秋部与小池村的岛津义弘部仍然没有动静。

在前一天晚上，岛津义弘曾建议石田三成不必移出大垣城布阵，应该直接向未确定阵地的德川军进行夜袭，却被石田否决。自己的意见不被采纳，西军众将号令不统一，使得岛津义弘早已预见到了这一战的结果。不过为了不让岛津之名蒙羞，他也不好直接撤退。此时岛津义弘身着印有岛津十文字纹的阵羽织，手持白色采配（指挥扇），泰然自若地在阵中凭几而坐，远远往去好像坐禅一般。

没过多久，石田三成的使者骑马驰入岛津本阵。这位使者名叫八十岛助右卫门，他奉三成之命前来催岛津进军，但是面对岛津义弘时，他居然没有下马而是直接在马上传令。岛津家的武士们被助右卫门的无礼所激怒，立刻把他拖下马来暴打一顿后赶走。随后石田三成再三派使者前来，岛津方面仍然按兵不动。最后，石田三成亲自赶到岛津阵中，对义弘说道："今日之胜败无人可以预知，岛津家也有自主选择的权利。"岛津义弘仍旧默然不应，石田只好悻悻退回本阵。

不久大量东军攻到岛津军的阵前，岛津方的先锋岛津丰久、山田有荣从容指挥铁炮队从两侧将敌军打乱，勇士指宿忠政紧接着率领一小队萨摩武士从正中突入东军，一举将敌方逼退约400米，此后双方在岛津军的阵前展开了一进一退的拉锯战。

在南宫山东麓布阵的安国寺惠琼，看到石田的狼烟燃起后，急忙上山请求毛利秀元出兵攻击家康的后方。毛利秀元却回答道："本人年少，一切军务全部交由堂兄吉川广家代劳。"安国寺惠琼再三向秀元诉说丰臣秀吉对毛利家的恩情，毛利秀元才答应出发。送走安国寺惠琼之后，秀元派使者前去传令吉川广家出击，但吉川广家的 3000 人却依旧横在毛利军北面的山脚下雷打不动。

毛利辉元最盛的时候，在两个叔父吉川元春与小早川隆景的辅佐下统领着山阴山阳十国。毛利家以安国寺惠琼为中介降服于秀吉之后，秀吉为了拆垮毛利家的吉川和小早川之"两川"体系，一方面大力提拔积极投效自己的小早川隆景，让他单独成为筑前、筑后 37 万石的大诸侯，与辉元并列为五大老之一。另一方面丰臣秀吉却打压性格倔强、不肯向丰臣家服输的吉川元春。吉川元春身患重病之时，还被秀吉强拉着参加九州征伐，最后病死在丰前小仓的阵中。他的嫡子吉川元长不久也在战场上染上瘟疫，病死于九州日向的阵地。这两件事成为吉川家的两大恨事。身为吉川元春之子、吉川元长之弟，吉川广家自然对安国寺惠琼与丰臣家全无好感，早早就开始单方面与德川家康联络，答应协助家康阻止毛利军的行动。

看到各处的友军都没有进展，石田三成再次点起狼烟，并派出使者催促南宫山、松尾山的两军参战。石田三成自己从笹尾山下山，进入前线与岛左近、蒲生赖乡会合。分析过战况后，石田三成派出高野越中、大山伯耆两将率兵 2000，准备迂回到阵地前的黑田长政、细川忠兴侧面进行突袭。对面的德川家康观察到了这一动向，立刻命令织田有乐斋、古田重胜、船越景直、佐久间安政等部向高野越中、大山伯耆队猛攻，将两将赶回栅内。接着与黑田、细川一起进攻石田军的正面。

随后石田三成将营中的五门大炮运到栅前，对着东军进行猛烈轰击，待东军的声势有所减弱，蒲生赖乡、舞兵库再次冲出栅外，这一次石田三成也作为后队亲自提刀上阵，一阵猛攻下来，将东军逼退了 300 米。

在北天满山的战场，东军筒井定次、田中吉政与一群小大名寺泽广高、户川达安、宇喜多诠家击破了西军小西行长的先锋，筒井与田中接着继续进攻小西的本阵。寺泽、户川、阪崎则转头协助加藤嘉明进攻宇喜多秀家的侧面。

户川达安与宇喜多诠家以前都是宇喜多秀家的家臣，宇喜多诠家还是秀家的堂兄弟。此前由于宇喜多秀家作为丰臣政权的核心人物，长期留驻畿内，领国一直交由亲信中村次郎兵卫管理。庆长四年（1599），有"宇喜多三老"之称的三大重臣长船纲直、户川达安、冈家利对于中村次郎兵卫的主政十分不满，与宇喜

◇ 宇喜多秀家对战大野治长

多诠家一起前往大坂向秀家抗议，要求秀家把中村流放。但是宇喜多秀家却臭骂了诠家一顿，还拔出配刀威逼家臣们滚回领地，最后事态进一步恶化，中村与宇喜多三老各自在备前集结兵力准备开战。

德川家康曾派出大谷吉继与神原康政前去调解，但中途又让神原停止说和，坐看宇喜多家的内乱进一步扩大。最后宇喜多三老带着70多名重臣出奔，其中户川达安就投奔到了家康的阵营里。为此宇喜多秀家一直归咎于德川家康，这也是他加入西军的主因之一。而宇喜多诠家作为秀家的代表参加会津征伐，在小山评定时借机投靠了家康。这场战斗由此也变成了宇喜多之人的内斗。

尽管宇喜多家的先锋明石全登率领8000人与福岛正则战得不相上下，但是侧面先有加藤嘉明，后有寺泽广高、户川达安、宇喜多诠家前来缠斗，一些东军的小诸侯陆陆续续地加入了对宇喜多军的攻击。苦战多时之后，宇喜多方自恃大将西山久内以下已有百余名知名武士以及2000多足轻战死，宇喜多秀家本人也不得不拿起长枪亲自上阵作战。

上图中身穿红色铠甲、骑黄马，背后有蓝底白字"儿"字旗的武将就是宇喜多秀家。而正对他的黑马黑甲武将名叫大野修理治长，就是因为暗杀嫌疑而被家康流放到结城秀康处的那位丰臣家臣。石田起兵后，大野治长加入了东军，与自己原来的亲友们作战。此时谁也不可能想到，14年后，大野治长将代替宇喜多秀家，高举起讨伐家康的丰臣战旗。

石田三成的第一道狼烟燃起后，南宫山脚下，布阵于毛利秀元后方的长束正家、安国寺惠琼、长宗我部盛亲向北进军，与东军的池田辉政、浅野幸长互射铁炮，继而发生了小规模的战斗。等到三成的第二道狼烟燃起，便是他们约定的总攻时刻。长束正家见到信号后，一面整备军势，一面派使者前往山上催促毛利秀元下山参加总攻。

毛利秀元看到吉川广家依旧没有出兵的迹象，只好对使者说道："再稍等片刻，我军要先做好便当（盒饭）。"当时毛利秀元的官位为正三位大纳言，按唐朝的称法即宰相。从此以后，"宰相殿下的空便当"就成为人们谈之喷饭的一个大笑柄。不过毛利秀元也知道这样回答不妥，马上又另派使者向长束正家与安国寺惠琼解释："我也想参战，只是因为吉川广家不动，所以没法行动，待我再去与他商议一下吧。"但是接着毛利军就没了回音。长束正家与安国寺惠琼遭遇这种情况不由得冷汗直冒，不约而同地下令停止攻击，转而坚守阵地，以防备山上的朋友们突然倒戈。

　　笹尾山方面，东军的右翼受到石田三成的猛攻，一度陷入苦战，由于兼松右四郎、石丸定政等勇士的奋战反击，才将石田的攻势阻住，继续向对方的阵地推进。

　　石田三成一看战局又要被扭转，急忙抽出2000人，亲自带队迂回到战场北面的山地，与简单包扎过的岛左近一起向东军的侧面横击。德川家康见状急忙传令让本多忠胜赶来支援。当时本多忠胜部位于战场的正中，直属部队为500人，加上督领的两个小领主桑山元晴（8000石）、平野长泰（5000石），总兵力也才1000人，一直留在中阵的后方观望，这是家康除本队之外，唯一能动用的一支机动兵力了。

　　得到家康的指示后，本多忠胜大声叱咤，激励士兵道："今日一战是东军生死存亡之时，作为谱代重臣，我等当以必死之心奋战，诸位都跟着我奋勇向前吧！"当时本多忠胜骑着从德川秀忠处拜领的一匹名马"三国黑"，手持天下名枪"蜻蜓切"，虽然年过五十，膂力不减，而威势则更胜从前。他率领着如狼似虎的1000人横穿半个战场突入石田军内，由南到北再由北向南来回冲锋了三度，将石田军冲得支离破碎。忠胜次子本多忠朝也跟在父亲身边，连续挑落西军两名武将。石田三成一

◇ 本多忠胜落马图

看情况已经无法收拾，只能咬牙切齿地瞪着本多父子，怒声下令退回栅内。

本多忠胜逼退石田三成后，余威不减，立刻掉转马头，向岛津军的侧面发起冲锋。但是岛津军拥有战国时代历史最悠久、经验最丰富的种子岛铁炮队，受到骑兵冲锋的时候，这群铁炮手根本不瞄准人，直接朝着目标最大的战马乱射。还未冲到岛津阵前，本多忠胜的"三国黑"就被乱枪打倒，不过武运至强的本多忠胜依然毫发无伤，换过随从送来的新马，他便指挥着平野、桑山两队远远避开岛津军，左转向宇喜多秀家部攻去。

上午11时左右，德川家康确认石田三成部已被压制住，但是在宇喜多秀家方向东军还处于劣势，便将本阵往西南移了1公里，到达距岛津军500米、距笹尾山600米的阵场野。同时家康连番派使者前去打探松尾山小早川秀秋与南宫山毛利秀元的动向。

从开战到现在的3个小时，距离战场极近的西军第二大部队小早川秀秋没有任何行动。在双方陷入胶着的混战状态之时，松尾山上的这15600人对整个战局具有决定性的作用。情急之下，德川家康咬着指甲骂道："如果被这小子一口吞掉，那就是无尽的悔恨啊。"在危急关头无意识地咬指甲，是德川家康少年时便养成的习惯。又气又急地思索了片刻后，家康让前方哨探久保岛孙兵卫带上铁炮队长布施孙兵卫，又去招来福岛正则的铁炮队长堀田勘左卫门，拨出10名铁炮手，潜行到松尾山下，向小早川秀秋的阵地鸣炮射击。

小早川秀秋，以前又叫羽柴秀俊，是丰臣秀吉正室北政所夫人的侄子，也曾当过秀吉的养子，后来被秀吉安排继承了前五大老之一小早川隆景的家门。侵朝战争中，他也曾与石田三成就封赏问题发生纠纷，差点遭到惩罚性的减封，后来德川家康在中间调解，才被保全了领地。此后秀秋便一直与家康往来密切。

石田三成起兵之际，曾利诱秀秋："在丰臣秀赖成年前的这段时间，可以让你当关白。"受到这种诱惑，秀秋才不计前嫌地投靠了西军。但是德川家康后来也向小早川秀秋发出了诱降书状，秀秋的好友黑田长政与表兄弟浅野幸长又联名向他发出书状："我们的行动正是为了北政所而战。"由于北政所不满于淀夫人，黑田与浅野便将这一战解释为为北政所复仇的战斗。

石田三成与大谷吉继战前也察觉到了秀秋的犹豫，又开出支票："西军胜利之际，除了关白之位以外，再给你加增畿内两国。"不过在松尾山布阵之后，小早川秀秋仍然采取了先观望态度，而且他的阵中，还有两个不属于西军的人：德川家康的密使奥平贞治与黑田长政的密使大久保猪之助。秀秋允许这两个人待在阵中，已经注定了小早川军是给西军带来悲剧的一支部队。

战斗刚开始的时候，大久保猪之助便拉着小早川重臣平冈赖胜的铠袖说道："现在胜负难分，请赶快倒戈，在下的主君长政公已经对着八幡大菩萨发下重誓，事成之后定不会亏待你们主从。"但平冈却不为所动："现在只是刚开始，我等且在山上先观望一阵。"后来宇喜多秀家压制住福岛正则、大谷吉继击退藤堂高虎的时候，小早川秀秋本来已稍稍产生了响应西军之意，不过有两个德川方的使者在旁监视，他也不敢轻举妄动。随着德川家康的本队3万人向南移动，似乎是朝着松尾山而来，他开始有些惊慌失措。

小早川秀秋虽属西军，却不马上做出决断的行为，也使德川家康在失去耐性之余意识到：对山上这个只求明哲保身、不讲恩义的愣小子，派人去跟他讲道理、晓以利害只是白费唇舌，只有让秀秋更直接地感到身处险境，才能逼着他按本能的反应立刻做出抉择。所以家康让铁炮手向山上射击，就是告诉小早川秀秋：你再不来，我的3万本队就要打上山了。

受到来自东军的铁炮射击，小早川秀秋顿时乱了方寸，加上奥平贞治与大久保猪之助在旁连声催促，小早川秀秋终于在慌乱中下令：吹起法螺，举起战旗，向西军的大谷吉继部进攻。平冈赖胜、稻叶正成以下的重臣立刻听从秀秋的号令出动。

小早川家部下，唯有松野主马重元收到命令后极为愤慨，说道："竟然在这种时候背叛，真是武门的奇耻大辱，身为小早川之人，我宁愿与东军战斗到死。"小早川秀秋闻言大怒，又让村上右兵卫去勒令松野重元服从。最后松野重元带着自己的亲随从后方下山，脱离了战场。

紧接着小早川军以平冈赖胜、稻叶正成为先锋，奥平贞治也接管了松野重元的部队，一起杀向北面的大谷吉继队。而松尾山山脚的西军赤座直保、小川佑忠、朽木元纲、胁坂安治四将，为身后摆着小早川这颗地雷时刻捏着冷汗，一直也按兵不动地旁观，看到小早川秀秋果然叛变，当下不作二想，马上全部倒戈，向大谷吉继部发起进攻。

当时大谷吉继已经双目失明、四肢僵化，只能坐着乘舆进退。尽管如此，他依然与平冢为广、户田胜成两支友军一起，顽强地击败东军藤堂高虎与京极高知两部，随之展开了深入追击。

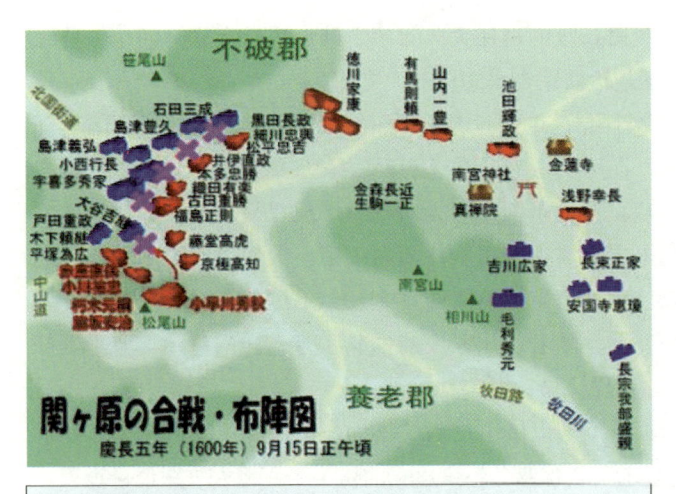

◇ 9月15日正午小早川秀秋倒戈时的形势

当松尾山上铁炮齐发，稻叶正成、平冈赖胜两部向大谷军的侧面杀来之际，大谷吉继先是一愣，反应过来后便大骂道："无道的秀秋，有生之年，我只要取下你的首级，就没有憾恨了！"随即大谷吉继命部下所有人左转，向秀秋的本阵攻击。

大谷军以户田胜成部迎战小早川队的先锋，又让平冢为广率领60骑进攻小早川队的侧面。这支强兵带着一股愤恨发起猛攻，转眼间便将小早川的先锋打散，同时给对方造成了370人的伤亡。随着小早川军内第三阵的奥平贞治一面鼓励士卒，一面持刀浴血奋战，终于遏住了大谷军反扑的锋芒。过不多时，赤座直保、小川佑忠、朽木元纲、胁坂安治四将向大谷军的背后发起进攻，东军的藤堂高虎也重整军势回头杀到，从三面将大谷吉继部包围。

此时大谷军也到了强弩之末。不久，户田胜成、户田内记父子被东军的织田有乐斋部斩杀，跟在大谷麾下的岛左近之子新吉清政被藤堂高虎家臣藤堂玄蕃斩杀，平冢为广被小川佑忠麾下的樫井太兵卫斩杀。随着一个个大将的人头被东军举起，大谷军迅速走向了崩溃。

当吉继的郎党汤浅五助骑马赶到他身边，流着泪汇报了平冢为广战死的消息之时，大谷吉继坚毅地说道："一切都过去了。五助，来为我介错。"随后他面朝着小早川秀秋的本阵方向，愤然切腹自杀。午后1时左右，松尾山下藤川以西之地，已经看不到一名活着的西军。

另一方面，在西军宇喜多、小西、石田的阵地上，双方仍然战得难解难分。一时间旌旗错乱、人马嘶鸣，伴随着刀光剑影与铁炮的轰鸣，地面上不时多出新的首级或尸体。不久，德川家康确认了小早川秀秋倒戈的消息，立刻下令吹起法螺，以3万旗本部队发起总攻。转眼之间，小早川秀秋队裹挟着一同倒戈的赤座四将从南面、德川家康的旗本主力从东面一起拥向西军宇喜多秀家部。

此时宇喜多秀家也得到小早川秀秋叛变的确报，咬牙切齿地怒道："余要亲自攻过去斩杀那个狗奴。"并下令主力随自己向南进攻，明石全登改为掩护侧面。但是明石全登却拉住了秀家的马头，苦劝他赶快逃走。此时宇喜多军的前阵已被突破，周围也在不断出现逃兵。在明石的苦苦哀求下，宇喜多秀家带着满心的不甘，与少数近习一起沿着北国街道方向逃往伊吹山。

宇喜多军溃败后，小早川秀秋部继续乘势北上，一口气将北天满山的小西行长击破。而家康的部分旗本向北与黑田长政队会合，向石田三成部发起了最后的总攻。

此时石田军已经苦撑到了极限，随着东军生力军的不断加入，石田方的防马栅陆续被打出缺口，蒲生赖乡之子蒲生大膳与北川十郎等猛将相继战死。当时蒲生赖乡尚在栅内指挥士卒们奋力抵抗，但是骤然听到儿子大膳战死的报告，顿时万念俱灰，跨马持刀突出栅外。不久，他的战马受伤倒地，蒲生赖乡又横刀徒步向敌阵深入。

片刻之后，在他面前出现一将，蒲生赖乡认得是织田信长的弟弟织田有乐斋。当下说道："有乐殿下久违了，在下就是原蒲生飞騨守家中称作横山喜内者。"蒲生赖乡原名横山喜内，他后来的"蒲生"姓与"赖乡"之名都是前主公蒲生氏乡所赐。而蒲生氏乡作为信长的女婿，与织田一族往来密切，所以蒲生赖乡跟着也认识了织田有乐斋。当下织田有乐斋也说道："一向知道你，幸会。向我投降吧，我会向内府大人请求饶你一命。"

蒲生赖乡大怒道："太可笑了，众所周知，你是信长公最没出息的弟弟，我怎会让你去为我请求活命呢？"说着便举刀砍向织田有乐斋。有乐斋的随从泽井久藏急忙举枪来挡，几个回合后，蒲生赖乡将泽井久藏斩杀，不过织田有乐斋的其他随从也赶上来将他包围。最后蒲生赖乡被众多敌军用长枪攒刺而死。

随着这位猛将的阵亡，石田军仅存的部队开始全面溃败，混乱中岛左近上前奋战而死，石田三成则沿着北国街道逃往伊吹山。

下午2时左右，战场上的西军就只剩下1000余名岛津军还在战斗。

冷观友军们逃得一个不剩、东军又从南北两面席卷而来，岛津义弘叫来侄子岛津丰久与家老长寿院盛淳说道："现在背后是以峻险著称的伊吹山，前方是刚刚获胜的内府殿下大军，要从此地生还已经是没有希望了。义弘我行年66岁，到了这把年纪，也不会因为参加了必败的石田阵营而有所憾恨，现在就冲上前去与内府大人的旗本决一死战，壮丽地战死吧！"岛津丰久闻言摘下头盔，夹在腋下说道："殿下是岛津家不可失去的主公，不可以在这里战死，我愿意代您承担战死的结局。"

义弘忍不住老泪纵横。长兄岛津龙伯与三弟岛津岁久都没有亲生子嗣，现在仅存的第二代直系男子，也就是自己的嫡子岛津忠恒与四弟岛津家久的这个儿子丰久。由于岛津家久去世得早，剩下的三兄弟对丰久都疼爱有加，此时义弘更不忍让家久独自踏上不归路，便说道："我也理解你的心意，但是现在已有数百名谱代之士战死，以这点仅存的疲兵要穿过敌方领土返回遥远的萨摩，最终也只是痛苦地死在半途上。与其如此，不如就乘现在玉碎于大敌之前。要走也是丰久你先走。"

岛津丰久再次大声说道："今日之战是因秀赖公之故而不得不参阵，但本家并未与石田三成同谋。内府对此想必也是一清二楚，如能侥幸归国，进行和议交涉，虽然多少会受到一点处罚，但终不至于使家族灭绝。万一殿下战死于此地，忠恒公与内府成为不共戴天之敌，那么内府也不会再让岛津家留在世上了。"

旁边的长寿院盛淳也极力劝谏义弘努力返回萨摩，义弘被两人的忠心感动得热

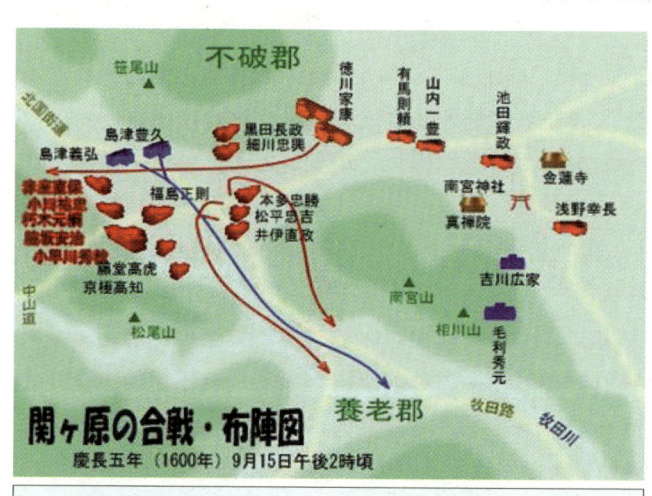

◇ 午后2时左右的战场形势

泪盈眶，心一横，擦干眼泪，脸上重新浮现出当年"鬼岛津"与丰臣秀吉 20 万九州征伐军对战时的威严与豪情。随后义弘将身上的阵羽织脱给丰久，将旗印交给长寿院盛淳，翻身上马，展开了一场称作"岛津之前退"的传奇撤退战。

岛津军所在的小池村距德川家康本阵所在的阵场野只有 500 米。

◇ 岛津义弘突击图

冲出发地之后，岛津军以义弘为中心，分数层进行贴身保护，随着岛津义弘举起白色采配喊"前进！前进！"，700 余名岛津军一起向德川家康的本阵冲去。此时德川家康旗本的先锋为酒井家次（忠次之子），他本来是以进攻式的队列布在前方，看到岛津军杀气腾腾地冲锋，酒井家次担心自己的前卫被突破，使家康的本阵受到影响，急忙收拢兵力，以密集阵形后移，挡到家康大营的正前方，同时招呼友军过来协助防守。但是岛津军冲到酒井的铁炮射程内之前，突然急速右拐变道，绕过德川军呼啸而去。

德川家康此时已经明白：岛津军要突破己方的核心地带，向前方撤退。然而他却不想让岛津军轻易通过。在家康的号令下，不久便有几支部队挡在了阵场野以南岛津军的必经通道上。

不幸担任前阵的是筒井定次的家老中坊飞驒守，他的部队与岛津军的死士一接触，立刻遭到了蹂躏，岛津方的五名先锋勇士川上右京亮、川上四郎兵卫、川上久右卫门、久保七兵、押川六兵卫如同蛟龙般在筒井阵内来回翻江倒海，连中坊飞驒守的次子中坊三四郎也死在了他们的长枪之下。以上五人因为这一战扬名，被称为"小返五本枪"。

德川家康一看前方抵挡不住，急忙命令本多忠胜、井伊直政、小早川秀秋、松平忠吉上前救援苦战的筒井军。发现追兵赶来，岛津军也不恋战，直接从筒井军的正中央突破，紧接着又突破了福岛正则之子福岛正之的队列。

不久，岛津军还是在鸟头坂被本多忠胜、井伊直政部追上。当时岛津丰久让岛津义弘先行前进，自己作为殿军回头拼死阻挡，最终战死在鸟头坂附近。东军

关原合战中的德川家康

的追击虽然受此一挡稍稍有所停滞,不过突破岛津丰久之后又加快了速度,终于在乌头坂东南约3公里的牧田村附近再次追上岛津军。

当时数十名岛津军举着义弘的"丸十文字"旗印,挡在路上,为首的一僧侣打扮的武将向井伊直政挑战:"我即是岛津惟新(义弘),今日武运已经难免一死,但临死前也要让你们见见武士的本色!"片刻之后,长寿院盛淳抱着丸十文字大旗倒在了战场上。

但是凭着战场上的直觉,井伊直政并不相信此刻倒在面前的就是岛津义弘。他让松平忠吉带着旗本注意防守,自己仅率领100名骑马武士和少量步卒又继续向前追击,而松平忠吉也被井伊直政的勇武挑起了血性,他不顾井伊直政的忠告,快马加鞭地超过井伊直政,抢在了最前方。

此时岛津军的"小返五本枪"五名勇士带着一些从骑回过头来拦截,与松平、井伊战成一团。松平忠吉最先也斩落了岛津方几人,但是却在与岛津家武士松井三郎兵卫的搏斗中被砍伤护手坠落马下。接着松井三郎兵卫回马过来掠取松平忠吉的首级。千钧一发之际,松平忠吉的一名从人及时赶来,向松井横刺一枪,将他挑落马下。

负伤的松平忠吉随后在井伊直政的家臣保护下向后退却,岛津军乘机又向前逃走。井伊直政右手高举采配,喝令继续追击。此时岛津军川上忠兄旗下家臣柏木源藤正埋伏在旁边的草丛里,看到敌方的大将举起采配发令,抬手便是一枪。井伊直政被这一枪击中大腿倒落马下,立刻不省人事。而岛津义弘则因这一枪之助,奇迹般地摆脱了追兵,不过他的身边,此时只剩下80人。

受伤的松平忠吉与井伊直政相继被抬回阵地后,德川家康皱了皱眉头,下令停止追击。随后家康策马来到营前,张开折扇,上下振舞三次,高呼:"胜利!胜利!胜利!"由近及远,激起整个战场上的东军如同海潮般的响应。决定天下命运的关原大战,就在此刻结束了。

卷之六 江户篇

— 第四十八章 —

硝烟散尽，沧海桑田

随着关原合战以东军的胜利告终，整个时代都发生了急剧的转变。

9月15日早上，大津城主京极高次在北政所的使者调解下，开城向西军降服。不过西军的毛利元康、立花宗茂部15000人也错过了关原主战场的决战。

9月16日，东军留下少量军队包围大垣城，主力向石田三成的居城佐和山城进发。这一天，德川家康以大野治长为使者前往大坂，向淀夫人转达："今次之战皆是石田三成与安国寺惠琼的阴谋，与年幼的秀赖殿下无关，家康深知这一点，所以请安心。"本来因为西军战败而忧心忡忡的淀夫人闻言大喜，立刻派使者向家康送去了祝贺战胜的贺仪。

9月18日，近江佐和山城被东军攻落，石田三成之父石田正继、兄长石田正澄及其一族全部自杀。

9月19日，德川家康任命奥平信昌为京都所司代，以福岛正则、池田辉政、浅野幸长三军守备京都，同时又以本多忠胜、井伊直政为先锋，向大坂城进军。不过家康同时也写下书状："毛利家只要退出大坂城，便可保全其领地。"由黑田长政送往大坂城。这一天,小西行长在粕川谷的山中被关原的乡民林藏主活捉,交给了东军。

9月20日,德川家康进入近江大津城。迟到的德川秀忠也在这一天赶到大津城下,不过家康却拒绝与秀忠相见。三天之后,在神原康政的调解下,家康才原谅了秀忠,但事后秀忠旗下的牧野康成等人受到了没收领地的处罚。

9月21日,田中吉政在伊吹山古桥村附近的一个山洞内捉住了石田三成。

9月22日,毛利辉元收到了家康要他从大坂退出的书状,两天之后从大坂城的西之丸退去。

9月23日,守备大垣城的福原直高剃发为僧,向东军交出了城池。这一天,京都所司代奥平信昌捉住了潜伏在京都郊外鞍马寺的安国寺惠琼。

9月28日,德川家康与德川秀忠一起进入大坂城,与丰臣秀赖及淀夫人会面。

9月30日,长束正家让出水口城,向东军降服。至此近江—京都—大坂周边的战事告一段落,丹波、丹后、山阴等地西军抵抗者则受到了东军的继续追击。

10月1日,德川家康下令将石田三成、小西行长、安国寺惠琼三人作为西军的首谋,在京都六条河原处斩,随后把他们的首级放到三条的大桥上示众。

据说行刑前,石田三成曾因口渴向看守者讨茶喝,看守者却摘来几个柿子给他。三成说道:"吃了柿子会腹冷生痰,对身体不好。"旁边的人都大笑:"将死之人还怕不舒服么!"此时三成正色说道:"成大事的人,不到人头落地的那一刻,是不会死心的。"

作为关原大战的余震,此时在日本的其他地方还有几场战事:

在出羽,9月9日,直江兼续率领3万上杉军攻入最上义光领地,遭到最上家的全面抵抗。上杉军经过半个多月的攻城战,直到9月29日仍未能攻落最上家志村光安所守的长谷堂城。西军的败报传来之后,直江兼续下令全军撤退,却遭到了最上义光亲自指挥的追击。10月4日,直江兼续付出大量伤亡后逃回米泽城。残留于最上领内的上杉军则全部被消灭。

陆奥的伊达政宗作为东军的一员,最先与上杉家议和,又将会津征伐时攻占的白石城领地交还给上杉家。最上家遭到上杉进攻之时,伊达政宗虽然派出了援军,却在边境持观望态度,并没有与上杉展开交战,同时他还在9月19日煽动和贺的旧领主和贺忠亲发起暴动,让奥羽更加动荡。

在九州,黑田如水、锅岛直茂、加藤清正、岛津龙伯都留驻于本国内。

丰后国的旧国主大友义统原本在侵略朝鲜时被秀吉没收了领地，此番受到毛利辉元的支援，招集旧臣在丰后起兵。而黑田如水则在中津城散尽家财，临时凑起了一支3000人的部队。

黑田军于9月13日在石垣原一战将大友义统军击破。9月15日，大友义统向黑田军降服。随后黑田如水四处出击扫荡东军的势力。

9月23日，加藤清正出兵攻取了小西行长的宇土城。

10月初，岛津义弘与立花宗茂一起回到九州。10月17日，黑田如水、加藤清正、锅岛直茂合兵攻击立花宗茂的柳川城。10月24日，立花宗茂开城降服。

11月初，黑田如水与加藤、立花、锅岛组成了一支4万人的军势，向岛津家的萨摩前进。不过当他们在11月12日到达肥后水俣之际，德川家康与岛津家达成和约的消息传来，这支军势便告解散。

在北陆，前田利长于9月12日再度从金泽出发南进，结果没能在决战时间赶到关原。此前他的弟弟、能登国主前田利政最初参加过对西军大圣寺城的攻击，但在利长第二次出兵时，却倒向了西军，在自己的居城七尾城内守城，战后他的

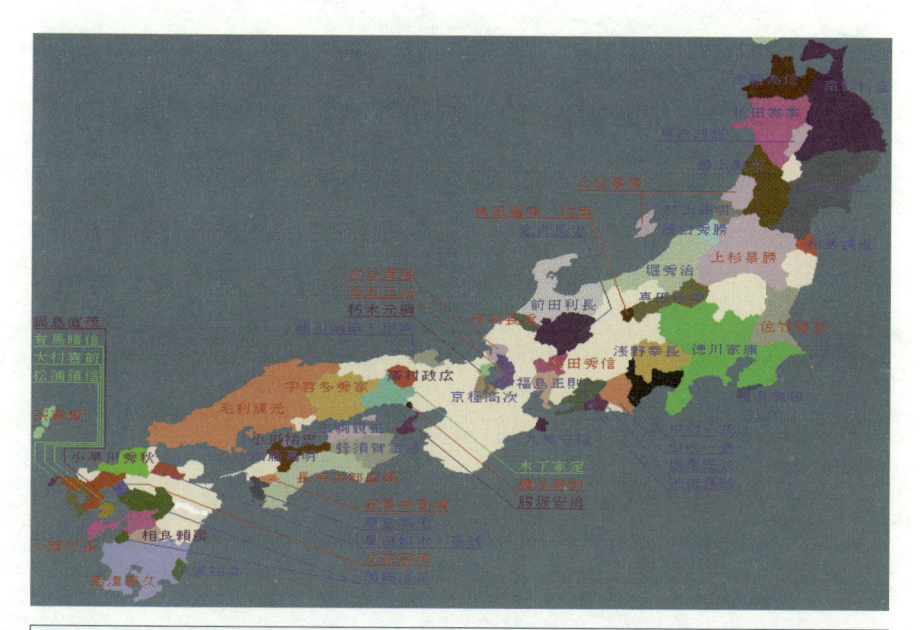

◇ 关原大战主要参战势力一览。蓝字为东军、红字为西军、绿字为中立者、紫字为西军中的倒戈者

领地被没收，交给了前田利长。

在四国，被丰臣秀吉废除的伊予旧守护家河野通轨，招集旧臣平冈直房、曾根高房，与毛利家的援军村上武吉、村上元吉父子联军，为夺回领国，于9月17日从伊予三津滨登陆，随后向加藤嘉明的松前城发出了劝降通告。当天晚上，加藤嘉明留在松前的守将佃十成连夜发动夜袭，结果毛利方曾根高房、村上元吉战死，剩下的部队在关原西军战败的消息传来后退走。

11月12日，德川家康向全日本的东军发出"攻击中止令"。

战后，西军中战死、被处斩和切腹自杀的大名领地全部被没收，幸存的参战大名也全部遭到没收领地或减封的处罚，主要情况如下：

西军主要大名处置一览

武将名	原领地	石高（石）	战后处理	石高（石）
参加关原主战的武将				
石田三成	近江佐和山	194000	受刑，所领没收	0
岛津义弘	萨摩鹿儿岛	609000	所领保全	609000
小西行长	肥后宇土	20万	受刑，所领没收	0
宇喜多秀家	备前冈山	574000	流放八丈岛	0
大谷吉继	越前敦贺	5万	战死，所领没收	0
朽木元纲	近江朽木谷	9500	倒向东军，所领保全	9500
胁坂安治	淡路洲本	33000	倒向东军，所领保全	33000
小川佑忠	伊予今治	7万	倒向东军，仍被抄没	0
赤座直保	越前今庄	12000	倒向东军，仍被抄没	0
小早川秀秋	筑前名岛	357000	倒戈，加增备前美作	51万
吉川广家	出云富田	142000	减封到周防岩国	6万
毛利秀元	周防山口	20万	减封到长门府中	5万
安国寺惠琼	伊予国内	6万	受刑，所领没收	0
长束正家	近江水口	6万	开城自杀，所领没收	0
长宗我部盛亲	土佐一国	22万	没收所领，流放	0
西军其他重要武将				
毛利辉元	安艺广岛	1205000	仅剩周防、长门两国	369000
上杉景胜	陆奥会津	120万	减封至出羽米泽	30万
佐竹义宣	常陆水户	545800	减封至出羽久保田	205800
真田昌幸	信浓上田	38000	流放，所领转给信幸	0

续表

武将名	原领地	石高（石）	战后处理	石高（石）
增田长盛	大和郡山	20万	流放，所领没收	0
织田秀信	美浓岐阜	123000	流放，所领没收	0
立花宗茂	筑后柳川	132000	流放，所领没收	0
丹羽长重	加贺小松	125000	流放，所领没收	0
小野木重胜	丹波福知山	31000	自杀，所领没收	0
前田利政	能登七尾	215000	流放，所领转给利长	0

岛津义弘从关原逃回萨摩后，对萨摩、大隅进行总动员，展现出与东军全力对决的姿态。由于岛津家的主力根本没有参加关原主战场决战，所以此时仍能集结起超过1万的兵力。另一方面，义弘的兄长岛津龙伯则积极与德川家交涉求和，他所拜托的中介，就是在撤退战中被岛津军打成重伤的井伊直政。但是井伊直政竟然诚心诚意地为岛津家来回奔走，同样受到岛津军痛击的福岛正则也为之求情。

由于九州萨摩处在日本遥远的最西端，在天下人心未稳的时候，家康对于发起岛津征伐也有所顾虑，终于在11月12日下令停止追击岛津。不过他到1602年才正式宣布："岛津义弘的行为只是个人行动，没有得到其兄龙伯与岛津一族的响应，所以不对岛津家进行处分。"在领地得到保全后，岛津义弘把家主之位让给嫡子岛津忠恒，自己隐居去了。

与此同时，德川家康撕毁了答应保全毛利家所领的承诺，准备把毛利辉元的安艺、石见、出云、周防、长门、备中全部没收，将其中的周防、长门两国封给内应者吉川广家。在广家的苦苦哀求下，家康才答应将这两国369000石之地留给毛利辉元，吉川广家仅获得其中的岩国6万石。尽管如此，此后毛利一族仍然将吉川广家视为背叛者。以后的200多年里，毛利家一直对德川家视若寇仇，每年重臣们向毛利家主贺年之际，人人都会礼节性地问一句："何时展开德川讨伐战？"毛利家的家主则一遍又一遍地重复回答："现在时机尚早。"这种仪式成为后来毛利家中沿袭了200年的传统。

会津的上杉景胜，由于在小山评定后没有对德川军进行追击，送了家康一个人情，所以战后德川家康也没有对上杉家斩尽杀绝。在本多正信等德川家臣的斡旋下，1601年，上杉景胜与直江兼续一起上京向家康谢罪，家康因此认可了上杉家的存续，不过将上杉的领地由会津120万石减封为米泽的置赐、信夫、伊达三郡30万石，同时将上杉景胜的夫人菊姬、直江兼续的夫人阿船留在伏见上杉邸内作为人质。

对于信浓上田的真田昌幸，德川家康本来是要没收上田，并将真田昌幸与其次子真田信繁一起处死，但是东军中的真田昌幸长子真田信幸冒死请命，家康才在年底下令将真田昌幸、真田信繁父子及家臣16人流放到纪伊的高野山。由于高野山作为佛教真言宗密境，禁止女人上山，而真田信繁又带了妻子前往，最后他们被安排住到了高野山山麓的九度山之中。而真田信幸在得到上田城的领地之余，又得到3万石的加增，成为领有95000石的上田城主。

但是，德川秀忠对真田昌幸极为愤恨，他后来强行让真田信幸去掉名字中的"幸"字，改名为真田信之。而昌幸的次子真田信繁，则立志要如妖刀"村正"一样成为德川家的克星，后来改名为"真田幸村"。1611年，一代智将真田昌幸在九度山的放逐地郁郁去世，享年65岁。临死前，他一直希望得到德川家的赦免却未能如愿，真田幸村继承了他的这份憾恨，成为家康的死敌。

常陆的佐竹义宣，因为和石田三成交好，在关原合战期间聚兵领内，与上杉家结下了共同迎战德川军的密约。他的父亲佐竹义重、兄弟芦名盛重、重臣之首佐竹义久全都主张加入东军，但是遭到了佐竹义宣的强硬反对。不过佐竹义宣的表面态度始终是对东西军都很暧昧，他也派出几名部下参加了向中山道进军的德川秀忠部队。但是这些小伎俩根本瞒不过家康的法眼。战后家康仍然将佐竹家减封到出羽久保田205800石，将常陆水户这块545800石的大领地纳为己有，从此在关东再也没有实力大到可以使德川家不安的诸侯存在。

从西军中倒戈投向东军的小早川秀秋，虽然战后获得宇喜多秀家的领地备前、美作两国51万石，但在两年后的1602年10月18日突然去世，年仅21岁。他的两个兄弟也在同年同月同日同地死亡，小早川家就此断绝，当时街头巷尾纷纷传言小早川兄弟的横死是因为死去的大谷吉继在作祟。

除了罚过之外，德川家康在关原合战后的三个月里，对参加东军的大名陆续

东军主要大名封赏一览

武将名	原领地	石高（石）	新领地	石高（石）
参加关原主战的武将					
黑田长政	丰前中津	181000	筑前名岛	523000
细川忠兴	丹后宫津	18万	丰前小仓	399000

续表

武将名	原领地	石高（石）	新领地	石高（石）
加藤嘉明	伊予松前	10万	伊予松山	20万
筒井定次	伊贺上野	5万	伊贺上野	5万
田中吉政	三河冈崎	10万	筑后柳川	32万
福岛正则	尾张清洲	20万	安艺广岛	498300
藤堂高虎	伊予板岛	8万	伊予今治	20万
京极高知	信浓饭田	10万	丹后宫津	123000
古田重胜	伊势松坂	35000	伊势松坂	55000
织田有乐斋	摄津国内	2000	大和山边	32000
金森长近	飞驒高山	38000	美浓上有知	6000
松平忠吉	武藏忍城	10万	尾张清洲	52万
寺泽广高	肥前唐津	8万	肥前唐津	12万
本多忠胜	上总大多喜	10万	伊势桑名	15万
生驹一正	赞岐高松	17万	赞岐高松	185000
井伊直政	上野箕轮	12万	近江彦根	18万
有马丰氏	远江横须贺	3万	丹波福知山	6万
山内一丰	远江挂川	68000	土佐浦户	222000
浅野幸长	甲斐府中	225000	纪伊和歌山	376000
池田辉政	三河吉田	15万	播磨姬路	5万
堀尾忠氏	远江滨松	12万	出云松江	24万
中村一忠	骏河府中	145000	伯耆米子	175000
东军其他重要武将				
结城秀康	下总结城	101000	越前北之庄	67万
蒲生秀行	下野宇都宫	18万	陆奥会津	60万
前田利长	加贺金泽	835000	北陆三国	1192700
加藤清正	肥后熊本	25万	肥后熊本	515000
最上义光	出羽山形	24万	出羽山形	57万
伊达政宗	陆奥岩出山	585000	陆奥岩出山	605000
真田信之	上野沼田	27000	信浓上田	95000
京极高次	近江大津	6万	若狭小滨	85000
奥平信昌	上野小幡	3万	美浓岐阜	10万
石川康通	上总呜渡	2万	美浓大垣	5万

进行了封赏。

与此同时，家康又以丰臣秀赖年幼，容易受人挟制为由，将丰臣家的直属领地由222万石削减为摄津、河内、和泉三国65万石，给予丰臣家更直接的一刀。

黑田长政、细川忠兴、加藤清正、福岛正则等原丰臣系大名，虽然得到了大幅加增，却被移封到遥远的西国与九州，失去了争霸畿内的机会。相应地，池田辉政获得丰臣秀吉的起家之地播磨姬路、奥平信昌获得织田信长的布武之地美浓岐阜，这两人都是德川家康的女婿；柴田胜家当年的北陆基地越前北之庄被封给了结城秀康，织田的老家尾张被封给了松平忠吉，他们都是家康的亲生子嗣。越前、尾张、播磨、美浓，乃是织田信长以畿内为中心，向四方扩张的军事原点。家康将这四个国牢牢地控制在嫡系势力手中，即使大坂的丰臣秀赖长大，也无法再重振丰臣家当年的威势。

另外，井伊直政领有石田三成的旧领近江佐和山（彦根），控制着东国西国往来的要道。美浓以及东海道三国骏河、远江、三河的要地，多被封给德川家的谱代家臣，由此确保了德川今后由关东进军畿内的最快通道。

骏河、远江、三河新领主概况

领主	领地	石高	身份
本多康重	三河冈崎	5万	德川谱代家臣
本多康俊	三河西尾	2万	德川谱代家臣
松平忠明	三河作手	17000	德川谱代家臣
松平家清	三河吉田	3万	德川谱代家臣
松平忠利	三河深沟	2万	德川谱代家臣
户田尊次	三河田原	1万	德川谱代家臣
松平家信	三河形原	1万	德川谱代家臣
水野胜成	三河刈屋	3万	德川谱代家臣
松平忠政	远江横须贺	55000	德川谱代家臣
松平忠赖	远江滨松	5万	德川谱代家臣
松平定胜	远江挂川	3万	德川谱代家臣
内藤信成	骏河府中	4万	德川谱代家臣
大久保忠佐	骏河沼津	2万	德川谱代家臣
酒井忠利	骏河田中	1万	德川谱代家臣
天野康景	骏河兴国寺	1万	德川谱代家臣

所有的封赏与惩罚结束之后，属于西军的大小诸侯共有88家被消灭，领地4161084石被没收，加上5家遭到减封的土地，总计是6324194石，约占当时全日本总石高数1800万石的三分之一。丰臣氏直辖地也剧减为三个国65万石，只剩下一个中上等诸侯的实力。

而除了封给功臣与谱代重臣的土地，德川家康仍然留下了约400万石的直辖地。原来的丰臣五大老中，加贺百万石的前田已向家康全面臣服，宇喜多被消灭，毛利与上杉减封为30万石的中等大名，唯有德川家坐拥关东八州与400万石的直辖地，通过近江佐和山、东海道三国之要道遥控畿内，以越前、尾张、美浓、播磨四镇钳制丰臣家的再兴，此时谁也不会怀疑，德川家康终将会取代丰臣氏，开创出一个新的时代。

◇ 德川家康在关原合战时所穿的"大黑头巾羊齿朵具足"

— 第四十九章 —

幕府开基

庆长六年（1601）3月23日，德川家康将大坂城的西之丸还给丰臣家，自己重新进入伏见城主持政务。

此时作为丰臣家羽翼的实力大名已经多被家康消灭或收服，以"五奉行"为首的重臣也全部从大坂城中清理了出去。丰臣秀赖身边的首席重臣，只剩下"贱岳七本枪"之一、战历与资望都很浅的片桐且元。丰臣秀吉去世时，片桐且元仅领有播磨1万石，关原合战后，他获得大和龙田28000石的领地，还是由德川家康授予的。

丰臣秀赖身边的另一个重臣，便是那位先被流放关东结城、后来参加东军与宇喜多秀家作战的大野治长。在将家康的和解信带给淀夫人后，大野治长被留在

◇ 板仓胜重

了大坂城内。因为大野治长的母亲大藏卿局是淀夫人的乳母。

随着丰臣家的锋利爪牙逐一被剪除，德川家康自然也无须继续占据大坂城西之丸，背上个欺凌孤儿寡母的恶名。

这一年年中，德川家康任命板仓胜重为京都所司代。

京都所司代，作为京都的行政长官，既管理京都的街町与周边的皇室、公卿领地，又负责维持天皇皇宫的治安与监督。板仓胜重，也属于德川家的三河家臣之一，他的父亲板仓好重在1561年对吉良氏的善明堤之战中战死，兄弟板仓定重在1581年的高天神城之战中战死，早年出家为僧的胜重才受家康之命还俗，继承了板仓家。

关原合战以前，板仓胜重先后担任过骏府町奉行、关东代官、江户町奉行，具有丰富的都市管理经验。家康任命他为京都所司代，一方面是为了维持京都的治安和掌握朝廷，另一方面也是便于监视和限制大坂丰臣家与京都的往来。而且因为有着僧侣出身的背景，板仓胜重也是与京都周边众多寺院交涉的极佳人选。

将京都与朝廷变成自己的势力范围后，德川家康开始着手对朝廷内部进行清理。

当时后阳成天皇的继承人为良仁亲王，是丰臣秀吉在世时主持决定的。不过后阳成天皇不愿受秀吉的干涉，连带着也不喜欢这个儿子，在秀吉死后曾想要直接让位给弟弟，也就是那位得到细川幽斋《古今传授》的智仁亲王，他与天皇因为歌道的共同爱好而十分投缘。但是这位智仁亲王，又是丰臣秀吉的犹子，所谓"犹子"，即不改姓但结成了父子关系的养子，凭着这种关系，智仁亲王成为丰臣家在朝廷内的后援，所以后阳成天皇要传位给他，自然遭到了德川家康的反对。

关原合战后，德川家康对朝廷的控制进一步加强，他直接要求天皇将良仁亲王送到仁和寺内出家，同时撇开智仁亲王，改立第三皇子政仁亲王为继承人。这位政仁亲王的母亲，乃是前关白近卫前久的女儿近卫前子。而近卫前久，自小牧·长久手合战以来，就与家康极为投契。另一方面，德川家康又大方地赠给天皇、女院、公卿、门迹（出家皇族）大量的土地进行安抚，这种又打又摸的手腕，将刚刚脱离了丰臣秀吉控制的朝廷,迅速变成了德川家手中的傀儡。

除此之外,德川家康又让神道专家、时任丰国神社别当(总管)的神龙院梵舜全力编造一份从清和源氏新田氏到三河德川的系图定本,存放在朝廷进行备案。因为家康的官位已经是正二位内大臣,再向上升到左大臣、右大臣的时候,就可以加任最高官位"关白"或"征夷大将军"。这份清和源氏的系图,正是家康给朝廷的暗示。而在1588年,前将军足利义昭已经向秀吉降服,并出家为僧,辞去了象征清和源氏总领身份的征夷大将军之位。

庆长八年(1603)2月12日,后阳成天皇以参议劝修寺光丰为敕使前往伏见,宣示总计有六种任命的八道敕旨,任命家康为征夷大将军兼从一位右大臣,同时担任源氏长者。"源氏长者"是自第三代足利将军时起从朝廷获得的荣衔,有此称号即可负责天下所有源氏之人的官位奏请、授予事宜。

3月21日,德川家康进入京都二条城,正式接受了朝廷的将军任命敕旨。3月25日,家康以征夷大将军的身份进入皇宫参拜天皇还礼。

3月27日,朝廷将德川家康已就任征夷大将军之事向全日本通告,这一天,也是德川幕府成立的日子。

德川幕府,是继源赖朝开创的镰仓幕府、足利尊氏开创的室町幕府之后,作为武士阶层统治日本的第三个幕府。由于幕府之都实际上是在关东的江户,因而又被后世称为江户幕府。德川家康,就是江户幕府开创者和第一代大将军。

德川幕府创立的初期,德川家康主要着力于将全日本的经济与流通命脉抓到自己的手中,这是让日本成为一个统一国家的基础。

在关原合战的封赏过后,家康已经将日本最主要的都市奈良、山田、伏见纳入了德川家的直辖地,同时设立堺町奉行、京都所司代、尼崎郡代、长崎奉行对这四个最重要的都市进行直接管理。

堺町,是日本最重要的铁炮生产基地之一,同时也是大坂附近最大的

◇ 幕府大将军德川家康

223

工商业都市和贸易港口。肥前的长崎，是日本海外贸易的重要处所。除了派遣官员管理这些都市之外，德川家康又将有力的豪商纳入统治体系内，以顾问的形式协助参与都市的开发与管理，以及幕府各项经济政策的执行。受到家康笼络的有名豪商，包括京都的茶屋四郎次郎、后藤庄三郎、角仓了以，堺町的今井宗薫、大国座常是，平野的末吉勘兵卫、末吉孙左卫门，伊势的角屋七郎次郎等。

除此之外，德川家康把各地的金山银山也都收到了自己手中。其中包括产量较大的原属丰臣家的但马生野银山、原属上杉家的佐渡金山。

德川家的金、银矿管理者，是原武田家的金山奉行大久保长安。

大久保长安原名大藏长安，是猿乐师大藏信安之子。父子两人受武田信玄聘请前往甲斐献艺之际，信玄对长安十分赏识，将他提拔为武士，后来又逐渐发现他在经营管理方面的优秀才能，遂将其任命为甲斐黑川金山的开发与税务奉行。武田灭亡后，大藏长安通过成濑正一介绍，转仕德川家。最初他是作为大久保忠邻的陪臣，并获赐了"大久保"姓，后来家康逐渐将他提拔为负责甲斐国战后重建的奉行。几年之内，大久保长安迅速完成了釜无川、笛吹川的堤防重建，新田与金山的重新开发，将满目疮痍的甲斐变成了德川家的一大重要财政来源。

从1600年9月起，大久保长安连续兼任石见银山奉行、佐渡金山奉行、甲斐奉行、石见奉行、佐渡奉行、伊豆奉行，几乎德川家的所有金山银山全都纳入到

◇ 拾两大判金・一两小判金・一两小判银・丁银・小玉银

了他的管辖之下。在大久保长安管理期间，佐渡金山、石见的大森金山、伊豆的土肥汤岛金银山、但马的生野银山、甲斐黑川金山的金银产量都出现了激增，日本也成为当时世界上极少的白银出口国。

与金山银山的开发相伴的是金银币的流通。室町中期以来，日本的主要流通货币为由中国传来的"永乐通宝"。但是时间一长，市面上逐渐出现了品种与年号杂多的中国钱币，加上又有一些不法之徒进行仿造私铸，使得市场情况极为混乱。而秀吉时代的天正大判金及大判银又因面值巨大，不便于使用。1596年，家康曾延请秀吉的御用铸币师铸造了一种面值较小的"武藏小判金"，作为关东的通用货币。

1601年，由于平野的豪商兼近江大津代官末吉勘兵卫的诉请，德川家康在伏见设立银座，以后藤庄三郎为铸币官，铸造面值极小的一分判、丁银与小玉银，以平衡银价和物价。这些小额银两的出现，大大阻抑了永乐钱的泛滥。到了后来的宽永年间，幕府铸造的"宽永通宝"终于代替"永乐通宝"，成为市场上的主要流通铜币。

尽管德川家康就任将军并开创了幕府，但在名义上仍然不是对丰臣家的篡夺，因为家康并没有夺取原归丰臣家所有的"关白"称号。不仅如此，在就任将军之后的4月22日，家康还将丰臣秀赖提升为正二位内大臣，表现出不久即可让秀赖继承关白之位的姿态。因为此时加藤清正、福岛正则、浅野长政等受到丰臣秀吉恩顾的大名仍活在这个世上。

庆长八年（1603）7月，按照丰臣秀吉的遗命，德川家康将秀忠的女儿千姬送入大坂城，与秀赖结为夫妇。当时丰臣秀赖11岁，千姬7岁。

目睹这桩亲事结成后，秀吉的遗孀北政所在京都落发为尼，这也是秀吉的遗命。后来她受到天皇赐予院号，被称作

◇ 江户时期日本货币组成图

"高台院湖月尼"，简称"高台院"。1605年，在德川家康的资助下，高台院在京都东山建起一座"高台寺"为秀吉祈祷冥福，同时也将之作为自己的终老之地。

— 第五十章 —

大御所与大将军

庆长十年（1605）正月，德川家康由江户西上进入伏见城。一个月之后，德川秀忠在关东大名及伊达政宗等奥羽大名的簇拥下，率领10万大军上京。

4月16日，德川家康辞去征夷大将军一职，留任源氏长者。按照惯例，家康作为退休的前将军，享有"大御所"的专称，正如秀吉辞去关白后被称为"太阁"一样。同一天，德川秀忠由从二位权大纳言升任正二位内大臣。三天前，原内大臣丰臣秀赖已升任右大臣，由此才空出了内大臣之位。因为按惯例来说，只有大臣级以上的人物，才能就任大将军或关白。

5月1日，天皇正式宣旨：任命德川秀忠为征夷大将军。这一年德川家康已经63岁，他必须赶在临终之前完成幕府的交接换代，早早帮秀忠确立起权威，以免出现像丰臣家那样因为父死子幼而动摇根本的情况。作为回报，德川父子向天皇与公卿献上土地，又主动承担了皇宫的修理与翻新工程。

德川家康的提前让位，也是向天下宣示：今后征夷大将军之位，将由德川家世袭。这使得原本还抱着希望，以为家康会在秀赖成年后将天下奉还的丰臣家十分不满。

5月8日，德川家康通过高台院向大坂方面转达：希望丰臣秀赖到京都会见新将军德川秀忠，同时行臣下之礼。对此，秀赖之母淀夫人予以激烈的回绝。作为信长之甥、秀吉之妾的淀夫人，她不会向其他的人低头，这一点，和随秀吉一起经历了人生起起落落的高台院是截然不同的。不过这个时候德川家康还不想和丰臣家正式反目，为避免双方的关系进一步恶化，他派出第六子松平忠辉前往大坂致礼，暂时缓和了紧张的气氛。

从庆长十一年（1606）起，幕府开始对江户的城池与城下町进行大规模的整备与扩建。但是幕府是将整个修筑工程以军役的形式分派给了各地的外样大名。

此时幕府旗下的诸侯，分成了三类：

• 亲藩，德川家之同族（家康的子侄及十八松平）。

• 谱代大名，原来的骏河、远江、三河、甲斐、信浓以及部分关东领主，在关原合战前已成为德川家的部下。

• 外样大名，关原合战以后才成为德川家部下的大名，包括福岛、黑田等在关原合战中加入东军的原丰臣系大名。

德川家以确认忠诚心为由，用外样大名修筑江户城，既能消耗有力外样大名的财力与人力，又直接增强了自身的经济与军事实力。这个计策在后来的200多年里，被历代的幕府将军反复使用。

庆长十一年的江户扩建工程，诸大名分担情况如下：

• 外郭石墙修筑：细川忠兴、前田利常、池田辉政、加藤清正、福岛正则、浅野幸长、黑田长政、田中吉政、锅岛胜茂、堀尾吉晴、山内忠义（一丰养子）、毛利秀就（辉元之子）、有马丰氏、生驹一正、寺泽广高、蜂须贺至镇、藤堂高虎、京极高知、中村一忠、加藤嘉明。

• 天守台修筑：黑田长政。

• 石垣修筑：山内一丰、藤堂高虎、木下延俊。

• 本丸修筑：吉川广正、毛利秀就。

• 城廻修筑：远藤庆隆。

• 护城壕沟：伊达政宗、上杉景胜、蒲生秀行、佐竹义宣、堀秀治、沟口秀胜、村上义明。

江户城本丸与外郭的石垣，以及本丸内的部分建筑物，在庆长十一年完成。天守台与壕沟在第二年完成。到了1610年，幕府又对西之丸进行改修，此后的工程一直断断续续，直到1636年，整个江户城的城池结构才全部完成。另外，修筑城池时余下来的土木石料，全部都被填入本丸南面那个名为"日比谷入江"的小海湾，到1620年左右，整个海湾已被填成了平地。

庆长十二年（1607），为了讨家康的欢心，经萨摩岛津家的岛津忠恒发起，各地的大名一起前往江户参见德川将军。此后德川家康便按照丰臣秀吉在大坂修筑大名屋敷的惯例，为所有的大名在江户城下分配了宅邸，让他们的妻子长期留在江户城下居住，并将大名们每年一度自发性地参见将军确定为固定的制度。

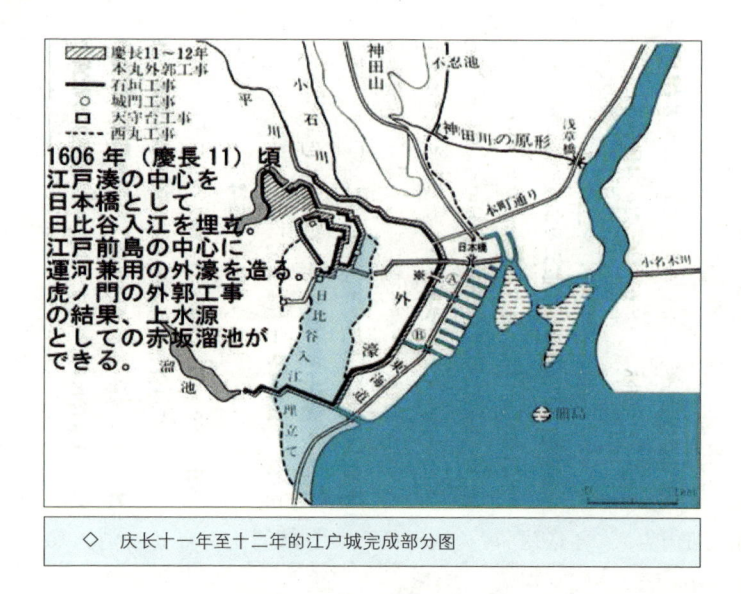

◇ 庆长十一年至十二年的江户城完成部分图

　　随着德川秀忠的权威逐渐稳固，德川家康在庆长十二年正式将江户城让给秀忠，并将心腹本多正信留在江户作为秀忠的辅佐，自己移居到骏府，将那里作为自己的退休地。不过此后作为"大御所"的德川家康仍然全面主持幕府的内政外交。整个关东与江户都是他留给秀忠的政务试练场，借此让秀忠获得独立施政的经验。此后的十年里，江户幕府实际上是"大御所—大将军"的二元政治。

　　德川秀忠这一年29岁，家康留在他身边作为政务顾问的"江户年寄众"全部都是中年或老年谱代重臣，其中大久保忠邻55岁、酒井忠世36岁、土井利胜35岁、安藤重信51岁；陪在秀忠身边相谈的"江户老中"井上正就31岁、水野忠元32岁，则是秀忠的同辈之友，加上"关东总奉行"本多正信（70岁）、内藤清成（53岁）、青山忠成（57岁）为首的老臣，确保了江户幕府行政核心的老成持重。

　　而跟随在家康身边的"新参谱代"本多正纯43岁、成濑正成41岁、安藤直次53岁，"近习头"松平正纲32岁、板仓重昌20岁、秋元泰朝28岁，其中本多正纯为本多正信之子，板仓重昌乃是板仓胜重之子，都是德川家康带在身边培养的中青年武士。德川家康在骏府继续监督国政之外，还为江户幕府打造着未来能够担当政权核心的人才。

　　不管是秀忠的江户政府，还是家康的骏府政府，外样大名全部被排除出了政权的核心。这也是德川家康吸取了自己作为丰臣五大老之一，参与丰臣政权核心、

大将军德川秀忠之下的人事构成		
征夷大将军 德川秀忠	关东总奉行（负责关东的政务）	本多正信
		青山忠成
		内藤清成
	江户年寄众（协助将军处理家政及江户事务）	大久保忠邻
		酒井忠世
		土井利胜
		安藤重信
	留守居（江户城守备者）	酒井忠利
	江户老中（协助将军讨论全日本国政）	水野忠元
		井上正就
	江户町奉行（江户城的行政长官）	米津田政
		岛田利正

大御所德川家康之下的人事构成		
大御所 德川家康	新参谱代（第二辈年轻谱代）	本多正纯
		成濑正成
		安藤直次
		竹腰正信
	近习头（第三辈年轻谱代）	松平正纲
		板仓重昌
		秋元泰朝
	僧侣（政治顾问僧）	南光坊天海
		金地院崇传
	学者（儒学礼法顾问）	林罗山
	代官头（全国的政务奉行，如丰臣家以前的"五奉行"般分工）	大久保长安
		伊奈忠次
		彦坂元正
		长谷川长纲
	骏府町奉行	彦坂光正
	豪商	茶屋四郎次郎
		后藤庄三郎
		角仓了以
		汤浅作兵卫
		长谷川左兵卫
	京都所司代	板仓胜重

最后篡夺丰臣政权的经验教训。

庆长十二年（1607）3 月 5 日，尾张清洲 52 万石的藩主、家康的第四子松平忠吉因病去世，享年 28 岁，死因据说是关原合战时的旧伤复发。忠吉没有留下子嗣。

同年闰四月初八，越前北之庄 67 万石的藩主、家康次子结城秀康去世，享年 34 岁，死因为梅毒。秀康之嫡子松平忠直继承了越前的领地。

家康由于仰慕武田家，曾让第五子福松丸拜穴山信君的遗孀见性院（武田信玄之女）为养母，继承了因穴山信治夭折（1587）而断绝的武田氏名迹，成年后取名为"武田信吉"。武田信吉在关原合战后获封常陆水户 25 万石，统领原穴山家臣与旧武田遗臣。不过这个武田信吉也在 1603 年因为湿疹而病死，时年 21 岁。武田家就此再度断绝。

另外，家康的第七子松千代、第八子仙千代分别在 1599 年、1600 年早夭，均没活到两岁。所以到了庆长十二年的时候，德川家康仅剩下两个成年的儿子：次子德川秀忠、第六子松平忠辉。另外他还有三个未成年的孩子：第九子义直（1601 年生）、第十子赖宣（1602 年生）、第十一子赖房（1603 年生）。得到赖房的时候，德川家康已经 61 岁了。

家康的第六子松平忠辉，据说出生的时候肤色黝黑、面容丑陋，故而一直被家康讨厌。在庆长十二年，松平忠辉仅获封信浓川中岛 12 万石，而且他娶了伊达政宗之女五郎八姬为妻，出于对伊达政宗野心勃勃又爱挑是搬非的防备，家康此后就更加冷落忠辉了。以至在尾张的松平忠吉去世后不久，德川家康安排去镇守

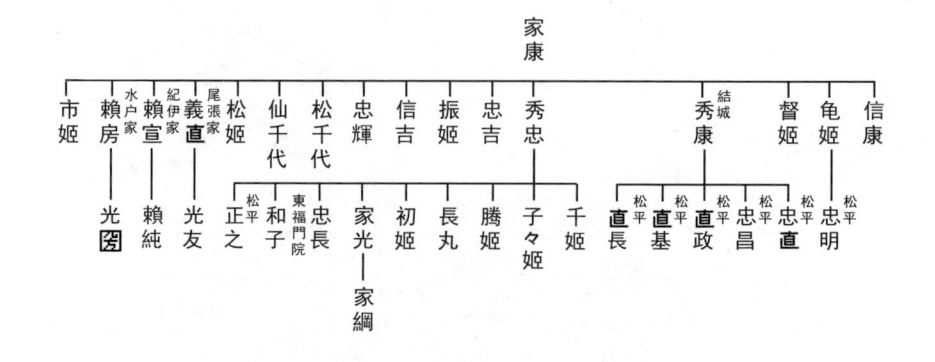

◇ 江户幕府初期世系

尾张的，竟是年仅7岁的第九子义直。不过义直在成年之前也是随家康住在骏府，尾张的国政是由老臣平岩亲吉执掌。

另一方面，德川秀忠与阿江夫人曾在庆长六年（1601）得到一个长子长丸，这个孩子出生没多久便夭折了。庆长九年（1604）7月，他们又生下次子，这个孩子得到了与家康相同的幼名"竹千代"，并健健康康地活了下来。他就是后来的幕府第三代将军——德川家光。

— 第五十一章 —

海之风暴

文禄·庆长之役以后，日本与朝鲜的交流因为战争而完全断绝，但是夹在日本与朝鲜半岛之间的对马岛，由于面积狭小，又山多田少，一直就是靠对朝鲜贸易维持着财政收入。日朝贸易的中断，等于是断绝了对马宗家的生命线。

庆长五年（1600），对马藩主宗义智派家臣柳川调信为使者，以送还一部分侵朝战争中的俘虏为条件，请求朝鲜向日本派出使节重新修好。而朝鲜方面因为明朝的大军已经回国，也害怕遭到日本的再度侵略。几番交涉之后，朝鲜在庆长九年（1604）提出，派出使节之前，日本要先向朝鲜递交国书，并送还破坏朝鲜王陵的罪犯。

先递交国书，有日本向朝鲜降服的意味。这种请求，宗义智自然不敢向幕府汇报，随后他自己伪造了一封国书，又在对马找了几个罪犯，一起交给朝鲜方面，终于骗得朝鲜在庆长十年向日本派出了使节。

庆长十二年（1607），朝鲜的通信使在宗义智的引导下，于骏府谒见了德川家康。经过多个回合的谈判，到庆长十四年（1609），德川幕府与朝鲜重新缔结了贸易与邦交条约，史称《己酉条约》。

此后每逢幕府将军换代，朝鲜通信使就会从釜山出发，航经对马、马关，坐船通过濑户内海，在大坂换乘御座船沿淀川而上，到达山城国的淀城后，换乘舆马由京都前往江户。幕府安排的这一整个路程，就是为了向朝鲜人显示武威，让

231

他们看到幕府统一全日本的轨迹。

另一方面，朝鲜基于军事方面的防备，不准日本的使节进入汉城，只允许在釜山港中因贸易目的而建立的倭馆内举行回礼仪式。同时，朝鲜方面允许对马宗氏定期向朝鲜派出贸易船，岁遣船20艘。而江户幕府此后也把对朝鲜的贸易全权交由对马岛负责。

除了日朝贸易之外，日本中世纪还有两大海外贸易：日明贸易与南海贸易。

对明朝的日明贸易在室町幕府的中期便已停止。而南海贸易，即是指对中国的澳门以及对东南亚与南亚的贸易。除了这些贸易圈内地区的本地商人之外，自1550年以后，有许多葡萄牙商人也成为南海商圈中的活跃者。在日本，丰臣秀吉统一日本后，为了与倭寇进行区分，秀吉对于日本人派往海外的贸易船，有条件地颁发了朱印状（海外渡航许可证）。持有朱印状的商船，才会受到东南亚与日本有邦交的国家认可和保护。秀吉时代的邦交国，主要是暹罗（泰国）、吕宋（菲律宾）以及一些葡萄牙的殖民地。

德川家康开创幕府后，全面沿袭了秀吉的外贸制度。

1600年，一艘荷兰商船在九州岛丰后国的臼杵搁浅，船上的一名英国籍水手威廉·亚当斯作为代表受到德川家康的接见。出于对亚当斯航海与科学知识的赏识，家康特别任命他为幕府的航海与外交顾问，并给他取了一个武士名字"三浦按针"。

在三浦按针的指导下，江户幕府陆续与黎氏越南、阮氏越南、占城、柬埔寨等东南亚国家建立了邦交，从而扩大了贸易对象的范围。

1604年，德川家康重新整理发布朱印船贸易制度，规定所有对外的朱印船必须从长崎出航，回国时也必须在长崎入港。而且，家康颁发的朱印状也极为有限：全日本有65位豪商持有朱印状，其中的代表人物就是家康属下的角仓了以、茶屋四郎次郎，大坂的末吉孙左卫门。另外还有10位九州、西国大名也持有朱印状，分别是：岛津忠恒、松浦镇信、有马晴信、细川忠兴、锅岛胜茂、加藤清正、五岛玄雅、龟井兹矩、竹中重利、松仓重政。有时候江户幕府也会直接将生意资金

◇ 三浦按针

借给这些大名与豪商，与他们分享海外贸易获得的利润。

庆长十四年（1609）2月，一艘朱印船停泊到了澳门，船上的日本水手在当地引发斗殴，遭到了葡萄牙殖民者的惩处：没收船上的全部货物，还将为首闹事的日本人处以绞刑。这艘船的主人，乃是肥前日野江4万石的藩主有马晴信，而且船上的货物也有一部分是借幕府的资金购买的。

被激怒的有马晴信随即向家康请求，以袭击一艘停泊在长崎的葡萄牙商船"耶稣号"向葡萄牙人报复。出于维护日本国威的考虑，德川家康答应了有马的请求，并派出目付役（监察）冈本大八前往肥前，亲眼查看报复行动。这位冈本大八，乃是家康身边新参谱代本多正纯的陪臣。与大八一同担任目付役的，还有长崎奉行长谷川藤广。

同年12月12日，有马晴信率领六艘安宅船与一些小船将"耶稣号"包围。但是"耶稣号"仍然凭着船坚炮利，打碎了一些有马军的小船，冲出了包围圈。经过三天的追击战，有马水军才再度追上并将它击沉。

事后长崎奉行长谷川藤广大骂有马晴信行动迟缓，但有马反唇相讥："你再啰唆，我就把你像"耶稣号"一样打成海藻！"另一个目付役冈本大八却对有马晴信大加叹赏，并通过本多正纯向家康做了禀报。不久家康也送来了一封洋溢着赞赏的回信，但是除了书信之外，没有任何实质的奖励。

事后有马晴信宴请冈本大八，席间长吁短叹道："本来以为凭着此番的功劳，会得到原有马氏旧领、现被锅岛氏领有的藤津、杵岛、彼杵三郡作为恩赏，未料却是如此结果。"冈本大八一听顿觉有机可乘，便说道："大八我的主君本多正纯，乃是家康公侧近中的侧近，只要他向家康公进言，恢复有马旧领也是指日可待。"有马一听顿时两眼放光，事后给了冈本大八黄金6000两作为活动资金，但这些钱全被大八纳入了私囊。

过了两年，有马晴信仍没有收到家康的恩赏通告，只好乘着前往江户谒见将军之机直接与本多正纯会面，催促他赶快去帮自己求封。

本多正纯闻言愕然，急忙找来冈本大八询问，但是冈本大八却死不承认收钱答应了有马的请求。由于有马晴信的嫡子有马直纯娶的是家康的外曾孙女国姬（松平信康的孙女、本多忠政之女），本多正纯即使独断处罚了冈本大八，也不好向有马晴信交账，只好把事情一五一十地禀报给了德川家康。

对于此事，家康也异常愤怒，他派出骏府町奉行彦坂光正进行调查，在庆长十七年（1612）2月23日将冈本大八逮捕并判处极刑。冈本大八死到临头，为了报复又向幕府举报：有马晴信当初曾说过要将长谷川藤广打成海藻，乃是对幕府存有叛逆之心。此事如若属实，有马晴信也将不免于极刑。而且长谷川藤广的妹妹於奈津，又是家康的爱妾。家康立刻以大久保长安为主审，命令冈本大八与有马晴信在大久保长安邸内对质，最后有马晴信理屈词穷，不得不承认有过杀害长谷川藤广的企图。

事后的判决是：将冈本大八在骏府市中游街三日后，再绑到安倍川的河边处以火刑。有马晴信因为企图谋害长谷川藤广，又为恢复旧领采用不正当手段，于3月22日被判流放甲斐。同年5月7日，有马晴信被按照家康的指示处死。

"冈本大八事件"的背后，实际上具有江户幕府中"文治派"与"武断派"此消彼长的斗争背景。

关原合战之后过了两年，"德川四天王"之一的井伊直政，因追击岛津义弘时受的枪伤复发而去世。剩下的以两位天王本多忠胜、神原康政为首的武将在江户幕府中都受到了冷遇。而本多正信、本多正纯父子从未立过战功，却同时担任了幕府核心的要职。据说家康在关原合战前后的种种策略，大半有本多正信的谋划在内。

不过在战场上出生入死的神原康政与本多忠胜却都不承认本多正信的功劳。神原康政曾称本多正信为"烂肠之奴（坏心坏肠的家伙）"。面对家康的冷遇和本多正信的权势日增，神原康政留下一句具有双重意味的"老臣争权，实乃亡国之兆"，便回领地馆林隐居了。神原康政最后于1606年去世，享年59岁。

本多忠胜也公开声称："那家伙（本多正信）与本多一族没有任何关系。"由于远离了幕府中枢，本多忠胜也倍感失落，最终在1609年将伊势桑名的领地让给嫡子本多忠政。本多忠胜于第二年（1610）去世，享年63岁。

◇ 大久保长安

随着"德川四天王"先后陨落，剩下的德川谱代重臣中，以武功立身的"武断派"之首席，就是大久保忠世的嫡子、领有小田原65000石的大久保忠邻。在世诸将之中，唯有他建立的武勋仅次于"德川四天王"。而大久保长安，除了担任幕府的总代官之外，也是大久保忠邻的陪臣。

　　在家康与秀忠的"大御所—大将军"二元体系下，大久保忠邻与大久保长安各自担任江户与骏府的重臣，成为幕府中较有实力的派阀之一。唯一风头比他们还盛的，就是秀忠身边的本多正信与家康身边的本多正纯父子。

　　冈本大八虽然被处死，但他所收的贿赂足有6000两黄金之多。在武断派力量的作用下，此后一段时间，本多正纯在幕府内受到了孤立："就是因为本多正信、本多正纯父子的权力过大，才会出现冈本这种狐假虎威之徒""本多正纯也从冈本大八处收取了黄金"，类似的传言四起。

　　庆长十八年（1613）4月25日，大久保长安因为中风而去世，享年69岁。在"冈本大八事件"之后，他在幕府中的权力与威势已经达到了顶峰，被人们称作"天下总代官"。不过长安死后，却有人告发他生前隐报金山收入、以不正当手段敛财，临死时还令人将遗体装入黄金棺材，举行了过度奢侈的葬礼；另外又私自结交外样大名，让两个儿子分别与石川康长、池田辉政之女成亲，实有谋反嫌疑。

　　经过搜查，家康的使者在大久保长安邸中发现大量金银，以及无数用金银打造的首饰。最后家康下令挖开大久保长安的坟墓，将他已经半腐败的遗体拖出来，在骏府城下的安倍川原进行斩首暴晒。同一天，大久保长安的七个儿子全部被处死。

　　与此同时，大久保忠邻也被问了监管不力之罪，不过由于早年的武勋而免予处罚。

　　第二年，大久保忠邻又被一个名为马场八左卫门的老人告发，说他同情丰臣家、意图谋反，最终被没收了小田原的领地，流放到近江。后在井伊直政之子井伊直孝的奔走下，大久保忠邻才获得5000石的养老地，不久也郁郁而终。

　　在和平年代，看着家内能征善战的名将不断故去或没落，重臣们为争夺权力而倾轧不休，德川家康终于下定决心，在三河武士的质朴勇武之风还未完全丧失之前，挑起一场新的战争，以剪除最后的遗患。

第五十二章

方广寺钟铭

庆长十六年（1611）3月27日，后阳成天皇将皇位让给太子政仁亲王，自己退到仙洞御所隐居。4月12日，政仁亲王正式继位，是为后水尾天皇。

在天皇举办继位仪式期间，德川家康与秀忠也由骏府上京，进驻京都二条城。在这里，家康要求大坂的丰臣秀赖与自己会面。

这一年丰臣秀赖已经19岁，而德川家康69岁。由于感到自己的时日已经不多，所以家康急于想看看，成年后的丰臣秀赖究竟是何等人物。

对于家康的要求，淀夫人再度予以拒绝。但是这回加藤清正与浅野幸长亲自进入大坂城游说，表示此次的上京，秀赖不是去参见主公，而是问候外祖父德川家康与岳父秀忠。加藤与浅野两人还承诺，作为深受秀吉恩顾之人，他们一定保障秀赖的安全。最后淀夫人终于答应让秀赖上京。不知他们是否还记得，26年前，丰臣秀吉也是用这种亲情与姻亲的牵绊，将家康从三河哄到大坂向自己行臣服之礼。此时的情况，仿佛是26年前那一幕的重演。

3月28日，丰臣秀赖在片桐且元与30名随从的陪伴下进入二条城，同一天受到了德川家康的款待。

自关原合战之后，德川家康已有10年没有见过丰臣秀赖。此时出现在他面前的，是一个身高六尺五寸（约197厘米）、体重43贯（约161公斤）的巨汉。当年织田信长的劲敌、美浓斋藤义龙也是身高六尺五寸，因为身形巨大而被人以为头脑简单，实则他在世的时候，每一战都把织田信长压在了下风。所以面对眼前这个"六尺五寸"，德川家康丝毫不敢小看。当家康提出"丰臣家与德川

◇ 丰臣秀赖

家家格相当，可坐在地位相同的位置"时，丰臣秀赖却主动坐到家康的下席，表明了甘愿成为德川家家臣的立场。

然而正是因为秀赖的举动，家康对他更不敢大意。和那个顽固的淀夫人相比，秀赖既懂得顺势而动、忍辱求存，又不失威风凛凛，和家康自己当年对今川、对织田、对秀吉的隐忍姿态有得一拼。或许一般人不懂得这种隐忍背后的智慧，但是忍耐了一生的德川家康对此却是深有体会。所以他判断，丰臣秀赖将来一定会成为一个器量与才干兼具的英主。再一联想到德川秀忠在上田城的丑态，以及如今幕府内部的种种不稳定，家康顿时感觉到无比揪心，同时也生出了在有生之年一定要铲除丰臣秀赖的想法。

不过要当场斩杀秀赖，也是家康不敢想象的事，光看到秀赖那六尺五寸的身躯，家康就得流一身冷汗。若是下令出手，想必自己第一时间就会被秀赖就近扑杀。而且加藤清正与浅野幸长两人一直紧随在秀赖身后，杀气腾腾露出警觉的眼神，一看情况不对，说不定会首先杀过来。

最后德川家康嘘寒问暖了一番，便让秀赖安然回去了。

据《藩翰谱》记载，秀赖上京时，加藤清正在怀中藏了一把原太阁秀吉赐予他的短刀，以防秀赖发生不测。秀赖安然回到大坂城内后，清正从怀中取出那把短刀，自言自语道："今日终于不辱使命，能够报答太阁大人的大恩了。"泪水滴到了刀鞘上。这群受过秀吉厚恩的原丰臣系大名存在，也是家康迟迟不敢挑起决战的原因之一。

关原合战之后，除了修筑江户城之外，德川家康还动员全国的大名参与修筑畿内各个要害的城池。其中包括山城国的伏见城、二条城，近江国的膳所城、彦根城，以及篠山城、龟山城、尾张名古屋城等。

除了用这些城池来耗费外样大名的财力之外，它们所处的位置，大部分都集中

◇ 大坂包围网

在畿内，而且德川家康将亲信大名配置为这些城池的领主，共同组成了一个针对丰臣家大坂城的"大坂包围网"。

在秀赖上京之后的4月12日，德川家康向在京的22名大名收取了誓书，并宣布了三条法令：

一、诸大名须谨守源赖朝以来的武家之礼仪，遵守江户所定之法令。

二、诸大名不得藏匿违反将军之意及法令的罪人。

三、诸家之武士、奉公人如有反逆、杀人行为时，不得包庇。

第二年，德川家康又向东北及关东65家大名收取了效忠誓书。

与家康的筑城行动及加强诸侯控制相对应的是，大坂城的淀夫人与丰臣秀赖，为了祈求丰臣秀吉的冥福，每年都将大量的金银用于修复和营造畿内的寺社。十余年中陆陆续续资助了东寺金堂、延历寺横川中堂、尾张热田神宫、京都石清水八幡宫、北野天满宫、鞍马寺毘沙门堂等85处建筑。

特别是京都天台宗的寺院方广寺，乃是由丰臣秀吉出资建立，供奉大日如来、大黑天的名刹。天正十四年（1586），秀吉曾仿照奈良东大寺的大佛殿，在方广寺也建起一座大佛殿，殿中摆放的大佛，全部都是用没收的武器铸成。

庆长元年（1596）的一场大地震中，方广寺大佛殿一度倒塌。庆长十三年（1608），德川家康以重新实现秀吉的心愿为由，劝丰臣家出资重建方广寺，以此测算大坂城中的财力。但是承担了全部的营造费用后，大坂城的金库丝毫也没有露出枯竭的迹象。此事再度令家康感到震惊。

尽管丰臣家对德川幕府并未露出敌对之意，但却仍然阻止不了家康斩草除根的决心。

在家康与丰臣秀赖会面后的庆长十六年（1611）4月，浅野长政去世。6月，先是堀尾吉晴去世，到了6月24日，加藤清正病死，享年49岁。庆长十八年（1613）正月，领有播磨姬路52万石的池田辉政因为中风突然去世，享年50岁。同年8月，与加藤清正一起护卫过秀赖的浅野幸长也病死了，享年38岁。他与加藤的病因一样，都是在侵朝时行为不检染上了梅毒。以上均是具有相当实力，且深受丰臣秀吉恩顾的诸侯。

此前德川家康曾就消灭丰臣家在伦理上是否说得通的问题，向自己的儒学顾问林罗山进行咨询，林罗山也顺应他的心意，以中国的商汤伐桀、武王伐纣作为比喻，但却丝毫没有减少家康的不安。随着这些受到秀吉恩顾的原丰臣系重臣一

◇ 方广寺钟铭

个个倒下，家康心头的压力与对声名廉耻的顾忌才一点一点减少。

庆长十九年（1614），从庆长十四年起开始重建的方广寺大佛殿终于落成。同年4月，以片桐且元为奉行监工，方广寺内还铸成了一只重达60吨的铜钟。这只大钟的铭文，是由京都南禅寺的和尚文英清韩起草。片桐且元在向家康通报正殿架设大梁和大佛开光典礼日期之际，也顺便将铭文带给家康查阅。

但是在7月29日，德川家康正式派本多正纯向方广寺通知：大钟的铭文中有不吉的语句，在查明真相之前，大佛的开光仪式必须延期。在此期间，德川家康让顾问僧金地院崇传与儒学者林罗山对铭文进行详细解读。

金地院崇传在铭文中发现"君臣丰乐""国家安康"之句，并理解为"君臣丰乐"乃是祈愿丰臣家繁荣昌盛，而"国家安康"将德川家康的名讳"家康"两字分断，是在诅咒家康早日身首异处。林罗山一看金地院崇传大显身手，也不甘落后，他挑出一条：铭文中称家康为"右仆射源朝臣家康"，"右仆射"本来是家康官位"右大臣"的唐名，但是林罗山特地将这一句解释为隐含"射死家康"之意。

8月18日，德川家康煞有介事地令"京都五山"天龙寺、相国寺、建仁寺、东福寺、万寿寺的长老共同再议方广寺钟铭之事。这些僧侣惧于家康的影响力，一致认定："铭中'国家安康'一句，冒犯大御所之御名，尤为不敬！"

随后大坂方面派出片桐且元与文英清韩一同前往骏府辩解，但是两人到达之后，德川家康立刻不由分说地将文英清韩扣留，同时拒绝与片桐且元会面。由于

文英清韩落到了德川家手上,所以无论片桐且元怎么解释,他都失去了向德川家表明清白的证人。

在片桐焦急地徘徊于骏府城期间,大坂又派出大野治长的母亲大藏卿局前往江户。德川家康这一次隆重地接待了大藏卿局,并致以问候,但是避开方广寺钟铭问题不谈。9月6日,家康以金地院崇传、本多正纯为使者,款待片桐且元与大藏卿局。

席间德川方的代表暗示:此次事件的发生,实际上是因丰臣家对德川方的不信任所导致。如要化解纷争,丰臣家应该以实际行动向江户方面表明自己的诚意。

◇ 片桐且元

此时的片桐且元,如同一个溺水的人,突然又看到了生的希望。为了将好不容易得来的这一点希望抓住,他丢弃了所有的坚持和原则。回到大坂后的9月20日,片桐且元自信满满地向秀赖呈上了三条和议之计:

- 从今以后,秀赖本人应如同普通大名一般,定期亲自前往江户参见德川将军。
- 将淀夫人留在江户作为人质。
- 丰臣家从大坂城退出,移封到新的领国。

就算淀夫人已经预想到家康又会提出一些过分的要求,但她所估计的程度,也远不如片桐且元掏心挖肺的这三条建议更过分。所以淀夫人毫无疑问地认定:片桐且元一定是受了德川家的收买,这三条建议正是家康给丰臣家提出的降服条件,家康碍于廉耻不好从正面提出,便让片桐且元从丰臣家内部做工作。但是这三个条件,全部都触及了丰臣家尊严和荣誉的底线。

10月1日,片桐且元带着满心的冤屈被赶出了大坂城。在此前后,担任丰臣秀赖近侍的织田信雄、石川贞政等人,也如同地震来临前的老鼠一般,偷偷从大坂城逃走。同一天,德川家康向天下诸侯发出了攻打大坂城的通告。

― 第五十三章 ―

大坂冬之阵

庆长十九年（1614）10月2日，丰臣家飞檄各地，通知全日本受过秀吉旧恩的大名与浪人们赶到大坂参阵。

同一天，大坂城开始加固外郭与箭橹，大量采购武器和军粮，并强行征收了各地大名们储备在大坂城下"藏屋敷"中的藏米。

藏屋敷，乃是诸侯们设在商业都市中的货栈，尽管日本的政治中心已经移到了江户，但是大坂仍然是最大的商业都市，所以各地的大名大多在大坂城下设立藏屋敷，用于储存领地所产的大米以及各种特产，由大坂的豪商代为销售。结果丰臣家光是从福岛正则的藏屋敷中得到的军粮就有8万石之多，德川家的藏屋敷内也有存粮3万石，仅藏屋敷藏米一项，就足以解决数十万军队的吃饭问题。另外，自丰臣秀吉起储备的军费，直到战争结束都没有用完。

不过此时日本的形势和关原合战时的情况相比已经有了天翻地覆的变化。尽管丰臣家四处传檄，但是全日本却没有一家大名带兵赶到大坂城参阵。秀吉的恩情固然重要，但是丰臣家与幕府的实力对比已经变得过于悬殊，在这个时候明哲保身地保住家名与领地才是最重要的。

唯有那些在关原合战之后，家族被消灭，也失去了领地的流浪武士，除了仅剩的一条性命之外大多已无值得珍惜之物，赌上这条性命，既能报答秀吉的恩情，又有些许机会打败家康、恢复被没收的领地。在这种思想的驱动下，前后有接近10万浪人进入了大坂城。其中不乏一些曾经的大名和天下有名的武士：长宗我部盛亲、真田幸村（昌幸之子）、毛利胜永（原丰前小仓6万石大名毛利胜信之子）、明石全登（宇喜多秀家旗下猛将）、后藤右兵卫基次（原黑田长政重臣），这五人合称为"大坂五人众"或"五大将"。另外有名的还有大谷吉继之子大谷吉次、增田长盛之子增田盛次。此外还有因为与主君不和而被放逐的各地大名之家臣。大坂城内直属于丰臣家的大将，则是大野治长、大野治房、大野治胤兄弟三人，

◇ 大坂冬之阵布阵图

以及他们的姻亲、秀赖的乳母之子木村重成。

但是就作战方案，大坂城内分成了两派。以大野治长为首的丰臣家臣们主张借助两重壕沟与坚固的城池进行守城，等待德川军束手无策又士气衰竭时再进行讲和。以真田幸村为首的浪人们则主张在家康到达之前，主动出击平定畿内，再进军至近江的濑田川，与家康的关东大军展开决战。后藤基次、毛利胜永在真田方案的基础上，还建议向伊贺国与近江大津西北的山间隘口派驻军队，以阻止德川军前行。

有关原合战的战例在前，而且此时丰臣家的状态已远不如关原之时，大野治长根本不奢望能在野战中打败家康，最后仍然确定了以守城为主的作战方案。不过他们加强了大坂城周围的防御工事，如将淀川的大堤挖断，使大坂附近被水淹没；真田幸村在两重壕沟之外的平野口筑起一座名为"真田丸"的出丸（外延城砦），以阻止幕府军攻城时在平原上东西呼应。随后大坂城的武将们分别带兵在外壕的各个入口处筑起城砦进行驻守。

10月11日，德川家康率领东海道诸军从骏府出发，在23日进入京都二条城；23日，德川秀忠率领6万大军从江户出发，在11月10日进入京都。此时幕府集结到京都周边的兵力，已经达到了20万人。

另外，为了防止受到丰臣方策反，德川家康将以福岛正则与黑田长政为首的

少数原丰臣系大名留在了江户城内，仅让他们的嫡子率兵参战。

11月15日，德川家康走大和、德川秀忠走河内，分头并进，在11月18日到达大坂城南郊的茶臼山布下本阵。

大坂守城方虽然有10万兵力，却只是分布在各个城砦内被动驻守。相应地，德川家康可以屡屡集中兵力，以多压少地对一个个城砦进行突破。而丰臣家由于布网过大，根本不知道幕府军会在何时、以多少兵力进攻哪一个城砦，因而也来不及对每一个点都做出及时救援，陷入了全面挨打状态。

11月19日拂晓，蜂须贺至镇以3000人突袭木津川砦，当时守砦大将明石全登正在大坂城内议事，蜂须贺军极为轻易地击败800名守军，将城砦占领。

11月26日，上杉景胜率军5000进攻大坂东面井上赖次2000人所守的鸭野村。在上杉家安田能元、须田长义的猛攻下，井上赖次战死，阵地也一度被上杉军攻占。大坂城的大野治长虽然率领12000名援军来救，却晚到了一步，不过随即他也对上杉军展开反击，但是幕府方神原康胜、丹羽长重、堀尾忠晴先后赶来接应上杉景胜，大野治长最终在上杉军的奋战下被击退。

同一天，在与鸭野村隔着大和川相望的今福村，大坂方的矢野正伦、饭田家贞600人遭到幕府佐竹义宣1500人的进攻。佐竹家的涉江政光、户村义国最初也迅速占领了今福村，并将丰臣方的矢野正伦、饭田家贞二将斩杀，一度逼近到大坂城附近。不久木村重成即率队从大坂城内杀出，将佐竹军逼退。此后两军在今福村附近打得难解难分。

◇　鸭野・今福之战

丰臣秀赖在城头看到今福村的战况后，让后藤基次率兵3000上前支援。在后藤基次的突击下，佐竹军的先锋几乎全被消灭，重臣涉江政光也被木村重成旗下的铁炮手击毙。在败退中，佐竹义宣急忙向大和川对岸的上杉景胜部请求支援。稍后，上杉景胜与堀尾忠晴、神原康胜一起进军到大和川中的小洲上，以铁炮队向丰臣军的侧面射击，迫使后藤与木村退入城内。

11月29日，幕府方石川忠总（石川家成之孙）从木津川北岸，蜂须贺至镇、池田忠雄（辉政之子）从木津川南岸，一起袭击木津川畔的博劳渊砦。大坂方的守砦大将薄田兼相由于前一晚夜宿于娼馆，当时正好不在砦内。由于没有主将，700名守军迅速被击破，薄田兼相的副将平子正贞也被赶上来的池田忠雄部斩杀。薄田兼相是原小早川隆景的家臣，以剑术与兵法出名，此战之后，他以另一种方式扬名天下——被敌我双方称为中看不中用的"橙武者"。

11月28日夜半，幕府方九鬼守隆、向井忠胜、千贺信亲、小滨光隆四支水军一起袭击了丰臣家水军的停泊地——大坂城北郊的上福岛、下福岛。守方的大野治胤与宫岛兼与总兵力仅为幕府方的一半，加上当晚下起了暴雨，更加增添了守方的恐惧之气。战不多时，大野与宫岛舍弃城砦，向大坂城败逃。第二天天明时分又受到了攻克博劳渊砦的池田忠雄夹击。

11月30日，丰臣军将外壕之外的城砦全部破除，收兵退入城内，仅留下真田幸村的真田丸孤悬于战场最前方。而幕府旗下的大名们则沿着大坂城的外壕布阵，将整个城池隔着壕沟包围了起来。

12月2日以后，德川家康逐一视察各大名的阵地，督促他们制造防护铁炮用的竹束，绕着大坂城挖掘堑壕、土山，以防止守城方的突袭。事前他还曾用方广寺铸钟用的熔炉铸造了一批铁盾，此时也运入阵中分给了各家大名。

真田丸是由真田幸村修建的、沿着大坂城外城墙凸出来的城砦。在真田丸内的真田幸村身边，有5000名守军。而德川方配置在真田丸正南面的，是前田利常（前田利家第四子）的12000人，周边有井伊直孝4000人、松平忠直部1万人以及南部利直、松仓重政、神原康胜

◇ 真田幸村

等数千人。德川家康在视察阵地之际，他给前田利常的建议是筑起高高的土垒，把大炮架到土垒上，将真田丸逐步打碎。

在前田利常抢修防御工事期间，真田幸村屡屡派出铁炮队到前田军北面被称作"篠山"的小丘上。一旦前田军开始挖掘壕沟，真田军便会从山上进行铁炮射击干扰。连番受到戏弄之下，前田军有上百人伤亡。

12月4日，前田利常以本多正重、山崎长德为先锋，

◇ 真田丸周边的布阵情况

向篠山发起夜袭。山上的真田军一面向真田丸撤退，一面向前田军挑衅。前田军一直追赶着到达真田丸下时，立刻遭到城头的铁炮攒射，产生了大量伤亡。前田利常看到将领违背命令擅自追击，一度准备下令撤兵，但是在他周围的井伊直孝与松平忠直看到前田军发起了进攻，也开始向真田丸靠近。

在此之前，大坂方守备真田丸右侧平野桥口的大将，乃是原伯耆国主南条元忠，此人也是在关原合战以后失去领国的大名。不过在大坂城下，南条元忠受到幕府方的藤堂高虎以返还伯耆一国为条件的诱降，成了城中的内应。12月3日，南条元忠还没来得及举事，就被丰臣家臣渡边札发现并揭发了出来，最后在城内的千叠敷切腹自杀。但是大坂方此后仍然按照南条的途径向幕府方传达情报，故意显示出内应还没有被发觉的样子。

12月4日，前田军进攻真田丸之际，大坂城内的火药库因为看守士兵的无心之故被点燃，引发了小规模的爆炸。这声音传到城外，幕府方还以为是南条元忠终于在城内举事了。随后前田利常的12000人、井伊直孝的4000人、松平忠直的1万人对真田丸展开了全力的猛攻。

激战半晌之后，幕府军不仅没有看到南条元忠在城内引起后续骚动，反而是

245

木村重成、后藤基次、长宗我部盛亲、明石全登等大坂方诸将越过外壕，向幕府军的侧面发起猛攻，真田幸村见势也带着儿子真田幸昌从西门杀出，将幕府方的松仓重政、寺泽广高等部队打破。最后德川家康派人传令，让幕府诸军全部从真田丸下撤离。

仅是这一战，德川方便产生了超过2000人的伤亡，松平忠直、井伊直孝等部将都受到了家康父子的训斥。此外家康还下达军令：以后在靠近大坂城或真田丸时，都必须使用竹束与铁盾进行掩护。

12月9日，由伊奈忠政、福岛忠胜、毛利秀就、角仓素庵监工的长柄堤全面完工。这条大堤在尼崎附近将淀川的水流截断改道，使得大坂城北的大和川水位日渐降低，几天之后就只及膝下了。

另外德川家康又让各家的铁炮队每天酉（下午6点）、戌（夜晚8点）、寅（凌晨4点）刻各向大坂城射击一次，搅得城内日夜不宁。

12月11日，由甲斐与佐渡金山赶来的矿夫开始在大坂城内挖掘坑道，从地下破坏外郭的土垒与石垣。

此时已经进入冬季，德川军的军粮出现了短缺，家康也逐渐判断无法从正面攻破城池。早在12月3日，他就通过城内的织田有乐斋开始与丰臣方进行和平交涉。织田有乐斋因为是淀夫人的舅舅，所以在关原战后一直居住于大坂城内，另一方面他又得到了家康给予的3万石领地，是双方都无法慢待的人物。

12月8日、12日，织田有乐斋两次与德川方的本多正纯、后藤光次会谈，在15日代表丰臣家提出：可以将淀夫人作为人质送往江户，但德川家必须对参与大坂守城的浪人们给予一定的领土赏赐。对此家康予以断然拒绝。

12月16日，随着各军阵地与土垒的完成，德川方将大炮架到土垒上，从东南西北四面一齐开始向大坂城炮击。在离大坂城最近的城北备前岛，有100门大炮与石火矢，专门轰击大坂城北侧淀夫人居住的奥御殿，隆隆的炮声据说连京都都听得到。

12月17日凌晨2时左右，大坂城内的塙直之率领150人对城外的蜂须贺至镇部发起夜袭。尽管塙直之部取得一场小胜，并斩杀了蜂须贺家家老中村重胜，但是仍然无法改变大坂方的劣势。

和德川方的军粮匮乏相比，大坂城内遭受的更多是心理和精神上的折磨：大量的箭橹与阵屋遭到破坏，因为德川军不分昼夜的铁炮射击，城兵们也被搅得疲劳不堪。而德川方的两颗炮弹分别落到了大坂城本丸和淀夫人所住的奥御殿内，让淀夫人目睹了身边环境遭到的破坏，她的态度也开始软化。

12月18日，和谈在德川方的京极忠高阵中再度展开。德川方的代表是本多正纯与家康的侧室阿茶局；而丰臣方的使者，是淀夫人的妹妹常高院（阿初），也即京极高次之妻、京极忠高的母亲，她与淀夫人的妹妹，就是德川秀忠的正室阿江夫人。在京极高次去世之后，阿初夫人出家为尼，此后时常作为丰臣家的使者在丰臣与德川两家之间来回奔走。

◇ 常高院

最后双方达成的和谈条件是：丰臣方答应将大坂城最外层的壕沟填埋，同时破除二之丸与三之丸（包括真田丸），只存留本丸，以示对德川家再无敌对之心；虽然淀夫人不能前往江户担当人质，但是可以派大野治长或织田有乐斋做人质。德川方则承诺保证丰臣秀赖的生命安全与领地不变；不追究参与守城的武士及浪人之罪责。

12月19日，两家的家主对和谈条件各自进行了确认。12月20日，双方交换了誓书，和约正式成立。

同一天，德川家康与秀忠下令诸将停止炮击。随后，家康以松平忠明、本多忠政、本多康纪为奉行，本多正纯、成濑正成、安藤直次为监工，动员部分士兵与周边的住民一起填埋壕沟，拆除大坂二之丸与三之丸的防御工事，家康自己与德川秀忠各自返回骏府与伏见。

大坂城的平毁工事持续了一个月之久，最初德川方确实是按约定先填埋了外壕，随后又进入二之丸与三之丸开始拆除大门与箭橹。但是乘着丰臣方不注意，他们把拆下来的废料全部都倒到了二之丸的壕沟中，将这两条内壕填平了一大段，等到丰臣家就此进行抗议，德川方以"由于赶进度，一时手误了"为由进行搪塞。

丰臣家不想就此撕毁好不容易达成的协议，所以也只能恨恨作罢。随着外郭与二之丸的防御工事被拆除，以及两重水壕被填埋，只剩下本丸的大坂城，成了一座不折不扣的"裸城"。

— 第五十四章 —

大坂夏之阵

尽管德川家康在和约成立之后返回了骏府，但是同时他也让近江的国友铁匠村加紧制造火枪和大炮，积极为来年的战事做准备。

庆长二十年（1615）3月15日，京都所司代板仓胜重派使者向家康禀报：大坂城的浪人在畿内胡作非为，不但开始重新开挖外壕、修补城墙，还跑到京都与伏见杀人放火。

借此机会，德川家康向丰臣家提出：准备将秀赖移封到其他的领国，同时要求大坂将所有的浪人全部解雇。4月1日，家康让小笠原秀政带兵加强伏见城的守备，又向畿内的大名们发出通令：捕捉所有从大坂城出来的浪人。

4月4日，德川家康从骏府出发前往尾张名古屋城，此番他是为了参加第九子义直与浅野幸长之女的婚礼。

4月5日，大坂的使者大野治长在半路上求见德川家康，请求免去丰臣家的移封之罚。但是德川家康却拒绝与他会面，只是通过常高院转达："正值婚礼喜庆之际来谈这个，似乎有点不大合适。"

而在大野治长走后的4月6日，家康马上发出总动员令，通知各地的大名们全部集结到伏见城。

4月10日，德川家康进入名古屋城，在此为义直的婚礼停留了两日，随后便在4月18日进入京都二条城。

4月21日，德川秀忠也由江户到达京都。第二天，德川家康与秀忠、本多正信正纯父子、土井利胜、藤堂高虎一起召开了攻打大坂的军议。

当时德川方集结在京都的战力约为155000人。由于大坂城的防御工事已被平毁，家康决定仍然由大和与河内两路向大坂进发，直接挑起决战。

5月5日，德川家康从京都出发之际，通知担任先锋的诸将："只需携带三日份的兵粮。"

在大坂城内，主和派的大野治长于4月9日遭到了浪人们的袭击。为了不被众怒吞没，大野治长不得不转而倾向于主战的一方。加上由于家康拒绝交涉，新的战争已经难以避免。丰臣家方面索性在4月12日将金银分发给浪人们，着手重新备战。

因为前一年的和议，已经有部分浪人退走，此时城中的战力已经减少到55000人。尽管浪人们重新挖通了部分外壕，但是被平毁的防御工事并非几个月或半年就能全部修复。无奈之下，丰臣家不得不改变守城的策略，转而主动出击。

4月26日，丰臣方的大野治房率领一军攻落筒井定庆的大和郡山城，并在附近的村庄放火。

4月28日，丰臣军攻入德川方的兵站与转运基地堺町进行烧杀抢掠。

4月28日，丰臣家以大野治房为主将，塙直之、冈部则纲、淡轮重政为副将，率兵3000，攻向浅野长晟的纪伊。在4月28日，浅野长晟为响应家康的进攻大坂号召，也率兵5000向大坂进军。

当天晚上浅野军到达和泉国佐野的时候，一个斥候发现了丰臣军的先锋，但是此人向浅野长晟回禀时，将丰臣方的军力报算为2万人，浅野长晟急忙留下家臣龟田高纲殿后，自己率领主力退回纪伊。

4月29日凌晨，丰臣军的先锋塙直之与冈部则纲向龟田高纲发起了冲锋，当时龟田高纲采取边打边退的战术，将塙直之与冈部则纲两军引入和泉国的樫井一带。此时浅野家的浅野知近、上田重安两将赶来支援，塙直之与冈部则纲则因追击得过于迅猛而与后军脱节，遭到浅野军的包围。最后大坂方的塙直之与淡轮重政战死，冈部则纲败走。战后浅野军顺势退回了纪伊。当大野治房赶到樫井时，除了满地的尸体之外，已经看不到一名浅野军，只好匆匆将塙直之与淡轮重政埋葬，率军退回了大坂。

4月30日，针对幕府军从大和、河内两路来袭的情报，大坂城内召开了军议。

在真田幸村的建议下，大坂方决定在德川军会合到大坂城下之前主动出击，先消灭对方的先锋部队和一部分兵力。这样一来，进——可以利用地形拖住德川军的进军步伐，再另寻奇袭的胜机；退——可以在大坂城下与兵力、士气都受到损耗的德川军展开决战。以这个战略为主旨，大坂方的诸军也分成了大和口与河内口两部。

河内口方面，丰臣家以木村重成6000人为先锋，长宗我部盛亲、增田盛次

5300人为后继。在这个方向,德川军的部署是先锋藤堂高虎、井伊直孝,后继本多忠朝、前田利常、松平忠直,总计55000人,另外德川家康与秀忠的本队6万人在更后方。实际上大坂方配置在河内口的这11300人,主要是对德川军的主力进行牵制拖延。

　　大和口方面,丰臣家以后藤基次的6400人为前队,毛利胜永、真田幸村12000人为后阵。在这个方向,德川军的先锋为水野胜成,总大将松平忠辉,忠辉的岳父伊达政宗是其辅佐人,总兵力34300人。大坂方将接近2万人的兵力与后藤基次、毛利胜永、真田幸村三大名将配置在大和口,是准备全力与人数差距并不大的34300名幕府军展开决战。

　　河内口位于大坂的正东面,沿路多是纵横的河川和低湿的沼泽。5月5日,丰臣方先锋木村重成在今福村周边视察,判断德川军不会在大坂的正东面集结,而会沿着城东面南北向的玉串川南下,再迂回到大坂城的正南面集结。而幕府方各军沿着玉串川向南移动之际,德川家康的本阵就会暴露在河边。在木村重成看来,这将是让他像完成桶狭间奇袭的织田信长一样扬名的机会。

　　5月6日,木村重成撇开后方的长宗我部盛亲军,擅自率军向东移动,隐藏到

◇ 若江之战形势图

玉串川西岸、河内若江村的沼泽地带中，等待着德川家康本阵的出现。

另一方面，作为德川军的先锋，藤堂高虎乃是心思十分缜密之人。他在沿着玉串川向南行进的过程中，分出藤堂高刑、藤堂高吉、藤堂良胜三军，由南到北地监视着玉串川西岸，护卫藤堂军本阵的右翼。

在凌晨4时左右，藤堂军最北端的藤堂良胜部发现了正在向若江移动的木村重成军，随后向高虎做了汇报。尽管战前家康已经约束诸将不得随便开战，但是藤堂高虎看穿了木村重成要偷袭家康本阵的企图，毫不犹豫地下令右翼三阵中藤堂良胜部向西北侧的木村重成进攻，藤堂高吉、藤堂高刑向正西迂回，移动到木村队的后方进行夹击。

结果向西猛进的藤堂高吉部，在萱振村撞上了前去接应木村重成的长宗我部盛亲军先锋吉田重亲，一场遭遇战之后，吉田重亲战死，长宗我部的先锋被消灭。长宗我部盛亲见状急忙让骑马武士下马，持枪隐藏到玉串川西面另一条河流长濑川的堤后。在藤堂军的藤堂高刑部向西渡河时，长宗我部盛亲全力杀出。一场乱战之后，德川方藤堂高刑、桑名吉成战死，藤堂氏胜伤重身亡。战胜了吉田重亲的藤堂高吉由北向南赶来支援，也被士气如虹的长宗我部盛亲击垮。

另一方面，木村重成虽然遭到藤堂北路队藤堂良胜的进攻，但是藤堂军的兵力已经分散成四阵，单对藤堂良胜这一阵，木村重成占有绝对的优势。双方遭遇后不久，藤堂军即有半数或是战死或是败走，主将藤堂良胜与藤堂良重也战死在乱军之中。

尽管形迹已经败露，但是得胜的木村重成既没有及时后退，又没有赶去与长宗我部盛亲会合，而是继续守在若江，还是准备伏击家康的本阵。此时，在藤堂高虎后方的井伊直孝已得知木村队的存在。

上午7时左右，井伊直孝以川上良利、庵原朝昌为左右先锋，率领9500人渡过玉串川向木村的阵地发起进攻，最后丰臣方的木村重成、山口弘定、内藤长秋等武将英勇战死，木村的本队也被消灭。

当天正午，长宗我部盛亲队得到木村队被消灭的战报后，急忙向大坂退走，又受到了井伊直孝的凶猛追击，以致产生重大伤亡，无法参加后来的决战。

这位连续建功的井伊直孝，是井伊直政的次子，他继承了18万石的近江彦根藩和直政的"井伊赤备"。

在大和口方面，5月5日，后藤基次与毛利胜永在河内南部的平野宿营。当晚他们决定连夜分道进军，在第二天拂晓集结到石川西岸的道明寺村，随后越过石

◇ 道明寺之战形势图

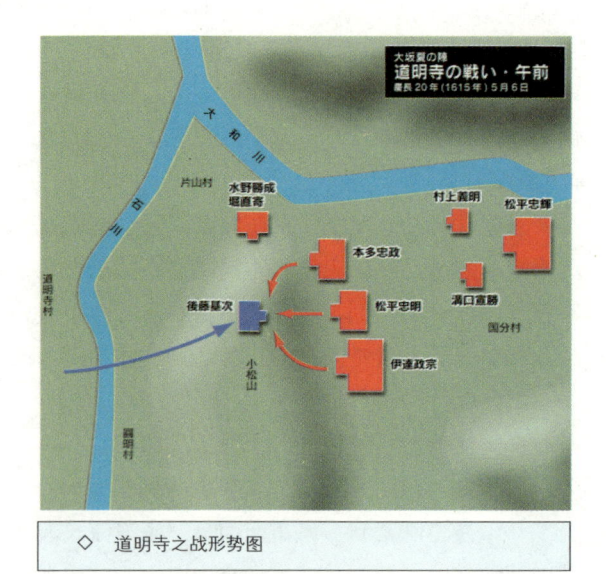

川与小松山，在小松山正东的国分村迎击德川军。国分村东西两侧皆山，北面是大和川，地形如同一个天然的口袋。

5月6日凌晨，后藤基次率领2800人最先到达道明寺村，他部下的另外3400人由薄田兼相、明石全登、山川贤信率领作为后阵，加上真田幸村、毛利胜永，一起分兵前进，就如同在河内平原上撒开一张大网，避免了德川军的奇袭部队从空隙中穿到防线的后方。

不过当后藤基次到达道明寺村时，他派出的斥候回来禀报：德川方的松平忠辉部已经将预定的战场国分村占领，正在急速向西前进。一旦松平忠辉越过了小松山，那么将他困在国分村平野内进行决战的计划就泡了汤。意识到原定计划有这么大的破绽，后藤基次做出了紧急应变，他不等后续的两支部队前来会合，便主动渡过石川，占领小松山布阵。

尽管小松山山头已经被占领，但是松平忠辉阵中有经验丰富的伊达政宗。政宗判断夜晚乃是进攻山头的最佳时机，一旦到了白天，山上的敌军能够充分利用山险地形做掩护，那么攻山就会困难得多。

凌晨4时左右，松平忠辉在政宗的建议下下令将小松山包围，随后连夜向山上发起了冲锋，最开始后藤基次向小松山东北角展开猛烈的反击，幕府方一度有奥田忠次战死、松仓重政队崩溃，但不久先锋水野胜成、堀直寄即从正北面进逼，

迫使后藤收兵上山防守。经过近 8 个小时的彻夜战斗，后藤基次最终被伊达政宗的铁炮手击毙。

中午之后，大坂方的第二阵薄田兼相、明石全登、山川贤信 3400 人才到达道明寺村。这一天早上的大雾，使得他们在行军中迷失了方向，错过了与后藤基次会合的时间。在他们立足未稳之际，松平忠辉又以水野胜成为先锋，抢渡石川攻了过来。最后明石全登、山川贤信向后方的誉田村败退，而薄田兼相为了洗刷"橙武者"的臭名，冲入德川军中奋勇战死。

在第二阵败退之际，大坂第三阵的毛利胜永已经赶来，不过他判断如果贸然加入决战，必然会被德川军各个击破，于是选择在后方收拾败军，静待真田幸村的到来。下午 1 时左右，真田幸村队才姗姗到达，毛利胜永马上与他会合，将还在苦战的第二阵北川宣胜队救了出来。随后真田幸村指挥丰臣军沿着"藤井寺—誉田"以西布阵。尽管后藤基次队已被消灭，但是丰臣方此时仍有实力与 3 万德川军展开决战。

看到真田幸村威风凛凛地来回驰骋，将已经溃散的丰臣军重新编列成队，伊达军中的先锋片仓重长向其主伊达政宗进言道："对面的真田军乃是我方要进入大

◇ 誉田之战

坂城必须跨过的障碍，请让在下前去将他击破。"得到政宗的许可后，片仓重长就带着伊达家最为自傲的"骑马铁炮队"向真田军发起了进攻。

当时片仓重长的战法是：将铁炮队由左右两翼展开进行射击，将骑兵与步兵混合到一起，分作两组从左右两面突击。在混杂的骑兵与步兵中，有既能拿刀在马上杀敌，又能骑在马上射击，专门从正面袭击敌方大将的骑马铁炮手。

真田幸村一开始并不知道这种战法，也是将铁炮队展开成左右两翼，与片仓的铁炮队对射，自己亲率骑兵从正面迎击伊达家的步骑混合冲锋队。真田幸村的骑兵部队，也是全身红盔红甲、承袭了武田战法传统的"真田赤备"。然而两军还没接触，真田幸村的嫡子真田幸昌与部将渡边札即被对方的骑马铁炮手打伤。

真田幸村得知对方有这种诡异战法，马上也想出了应对之策，他让骑马武士们全部下马伏到地上，等伊达的骑兵接近时再翻身上马进行反击。结果由于距离过近，伊达家的骑马铁炮手再也无从施展本领，反而被真田幸村的"真田赤备"砍得人仰马翻。由于冲锋冲得过度深入，片仓重长一度陷入到真田武士的包围中，即使亲自持刀奋战，也被打得左支右绌。幸好伊达家的后续部队前来救援，他才得以脱身回阵。

在这场激战之后，两军进入了对峙状态。不过这种形势也没有持续多久，下午2点半左右，从大坂城传来木村重成在若江的败报，真田幸村不得不放弃在此决战的计划，自己亲自殿后，掩护诸军退回大坂。而松平忠辉部由于已经奋战了一天一夜，过度疲劳之下也放弃了追击。

— 第五十五章 —

元和偃武

5月7日，从大和与河内两路赶来的15万德川军，终于在大坂城南的安倍野平原上会合。

此时大坂城内只剩下3万余人，由于城池遭到平毁、大将连番战死，已经失去了战胜家康的希望，取而代之的，是慷慨赴死的壮烈之心。

◇ 天王寺·冈山合战布阵图

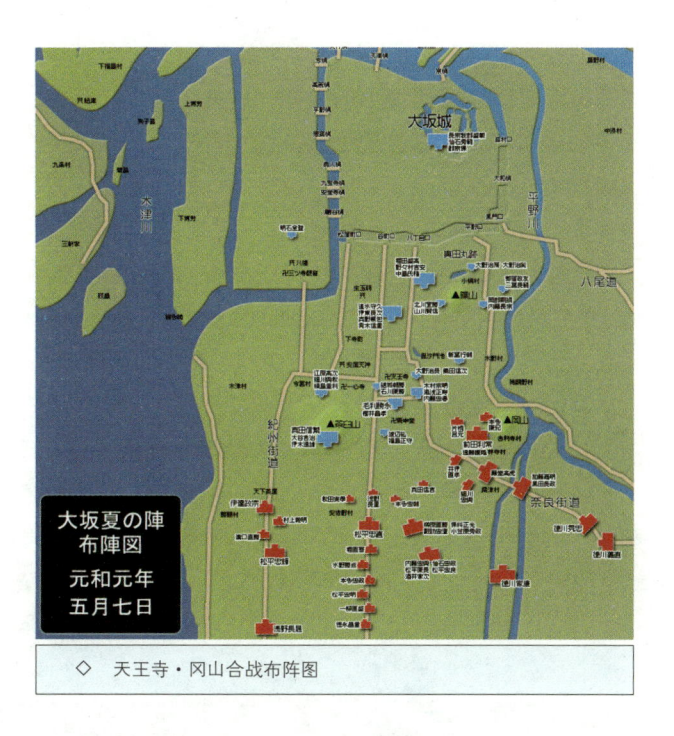

　　当天丰臣军把仅存的3万人全部推到城外，摆出了斜向的"雁行之阵"：位于篠山附近、最靠近大坂城的，是大野治房的4600人，把守着冈山口，以防备德川秀忠；大野治房的右前方，是其兄大野治长的5000人；在大野治长身后有号称"大坂七手组"的丰臣家七支近卫队（速水守久、青木一重、伊东长实、堀田盛高、中岛氏种、真野赖包、野野村吉安、松浦秀任）1万人，这七支部队1万人乃是丰臣军中的嫡系精锐，向来只负责大坂城的警备以及上京时的陪同礼仪，这一次也是秀吉死后第一次被放到战场上，负责守护大坂城的正面；在大野治长的右前方，是真田幸村与毛利胜永组成的箭头，他们把守着天王寺口，正对着的就是德川家康的本阵。

　　德川方面的配置是：最西侧，松平忠辉、伊达政宗的大和路方面军4万人，前卫为松平忠直15000人；最东边的冈山口，前卫为前田利常27500人，前田利常之后是德川秀忠本阵23000人；正中间的天王寺口，从前到后依次是本多忠朝与众多小大名共16200人、德川家康的旗本武士15000人。

　　当天正午，丰臣方的毛利胜永部率先对德川方的本多忠朝队展开铁炮射击，铁炮的开火声马上就扩散到了整个战场。

丰臣军倚靠丘陵摆出的斜向"雁行之阵",给人的第一印象是借助地形之险组成的一条可以互相接应的斜向防守阵线。但是战斗一开始,真田幸村与毛利胜永就如箭头一般脱离了防线,分两路向德川家康本阵的方向发起冲锋,雁行阵尾端的大野治房部,也朝着德川秀忠的阵地展开了突击。

这种突如其来的变化,使得正准备向雁行阵发起冲锋的德川军一时间不知所措。在毛利胜永的叱咤猛突下,德川方摆在天王寺口的先锋本多忠朝瞬间即被突破,而且大将本多忠朝在重整队列时受到毛利胜永部铁炮手的狙击,当场战死。

紧接着赶上前去救援本多的小笠原秀政、小笠原忠修父子也遭到毁灭性的打击:小笠原忠修当场战死,小笠原秀政身负重伤逃离了战线,当天晚上也伤重去世。

德川方在本多忠朝身后第二阵的神原康胜、仙石忠政、诹访忠澄随后也在毛利胜永的突击下陷入了混乱,前两阵的败兵如同雪崩一般退往第三阵。接下来毛利胜永又向家康本阵前方的酒井家次、相马利胤、松平忠良等小大名共 5300 人发起冲锋,这群小大名由于缺乏统一的调度与配合,战不多时便各自四散退走,毛利胜永顾不得歇一口气,又直奔家康的本阵。

另一方面,由真田幸村亲自担任先锋的"真田赤备"在天王寺口与松平忠直部遭遇,一度打得难解难分。不过看到毛利胜永部连连得手,情急之下,真田幸村放出流言:"纪州(浅野长晟)已经倒戈,正在向忠直军的后方袭来!"顿时让松平忠直部产生了动摇。

真田幸村抓紧时机一口气将松平忠直突破,穿梭到了德川家康本阵的左侧,紧接着又进行了连续三次冲锋,使家康的本阵陷入混乱。

◇ 真田幸村骑马冲锋像

自三方原合战以来，近 40 年的时间里，没有对手能够攻击到德川家康的本阵。真田幸村能够突入家康本阵，这是 40 年来的头一次。混乱之中，家康身边的旗奉行丢下旗印仓皇逃走，导致全军向后败退，这也是德川军 40 年来未曾出现过的窘状。

乘着德川方的大乱，毛利胜永队也突入家康本阵，将前来阻挡的本多正纯部击溃。随后毛利胜永与真田幸村高喊着"悬赏求家康首级"，在战场上四处搜捕家康的身影。当时跟随在家康身边的近卫武士大多已经四散逃走，家康自己也抢来一匹马向东奔逃，跟在他身边的，仅是一个名叫小栗正忠的近侍。

但时间一长，德川军的救援部队逐渐由东西两侧赶来。藤堂高虎与井伊直孝两军从右侧开始攻击毛利胜永的侧面，毛利胜永奋起反击，突破了藤堂与井伊的包抄，向北面的冈山口退走。在遭到藤堂高虎紧追之际，毛利胜永点燃了埋在身后的炸药，用冲天的火云将藤堂的先锋送上了天空，随后在"大坂七手组"的接应下退入城内。

而真田幸村向北退走之际，已经重新整编过的松平忠直队横在了他通往茶臼山的必经之路上，对真田幸村部发起了报复式的反攻。幸村本来已经所剩不多的部下迅速溃散，真田幸村本人也已战得筋疲力尽，最后退入战场附近的安居神社内休息，却被松平忠直部的铁炮手西尾仁左卫门宗次打死，享年 49 岁。

在冈山口方向，最开始大野治房也是与前田利常打得难解难分，但是随着天王寺口方面的德川军溃败，井伊直孝、藤堂高虎赶去支援，大野治房乘势突破了前田利常部，又杀奔德川秀忠的本阵。

秀忠本阵的先锋土井利胜在第一时间即被击溃，整个阵地顿时也陷入了混乱。当时德川秀忠因为惊慌失措，向近臣下达的命令前后失据，还一度准备亲自持枪上前作战，但是本多正信一把将他拉住："大势上来说我方胜局已定，将军殿下不需要亲自动手。"此后黑田长政、加藤嘉明等将陆续赶到秀忠身边加强警备，秀忠的旗奉行三枝昌吉则举起旗印向前，与土井利胜一起收拢败兵，并招呼井伊直孝赶回来支援，最终合力将大野治房赶回城内。

在两支主力突击期间，大野治长与七手组要求丰臣秀赖亲自出现在前线以激励己方的士气。不过当他们还在说服淀夫人的时候，毛利胜永与大野治房就已经退回了城内，秀赖出发之事也就此作罢。

下午 3 时左右，丰臣军的各部已经疲劳至极，而且因为最主要的武将战死，士气进一步低迷，最后全部退回了城内。

由于本丸以外的壕沟全部被填平，大坂城已经失去了最基本的防御力，追到城下的德川军随即开始从正面攻城。不多时，松平忠直的越前军就最先攻入城内，紧接着其余各军陆续杀入，大坂城内的内应们也乘机四处放火。

5月7日深夜，随着天守阁被攻落，大坂城终于落到了德川家康的手中，城头燃起的熊熊烈火，照亮了大半个天空。据说远在京都的人们，也能看到大坂方向的赤景。

城池陷落之后，淀夫人与丰臣秀赖一起躲到了城里的谷仓中，而家康的孙女千姬则被坂崎直盛（宇喜多诠家）救出。事后千姬苦苦为秀赖向家康请命，但是德川家康费尽千辛万苦才走到这一刻，怎么会因为孙女的求情而让步？

最终，丰臣秀赖与淀夫人、大野治长一起在谷仓内切腹自杀。秀赖时年23岁，他的嫡子国松丸也被搜出来处斩，女儿奈阿姬则得到千姬的求情活了下来，不过被勒令遁入佛门，取名为"天秀尼"。

丰臣家的灭亡，也代表着由那个白手起家的平民所开创的时代完全谢幕。此后，德川家康又马上废除了丰臣秀吉的"丰国大明神"神号，并将各地的丰国神社与丰国庙关闭。

为了昭示战国时代以来的战争已经完全平息，江户幕府奏请天皇，在这一年7月，将年号由"庆长"改为"元和"，史称"元和偃武"。

— 第五十六章 —

东照大权现

元和元年（1615）6月，幕府发布了"一国一城令"：一家大名的领国内，只允许存留一座城池，即大名的居城，多余的城池要全部破弃。这种措施更进一步加强了幕府对各藩的控制力。

7月，德川家康让金地院崇传起草了一份《禁中并公家诸法度》，规定了江户幕府与天皇、公卿之间的关系，7月17日，大御所德川家康、将军德川秀忠、前关白二条昭实三人在这条法令上共同署名。

与此同时，德川家康又指导秀忠制定了一部《武家诸法度》，对武士社会的秩序做了详细的规定。

以上三条法令，成为江户幕府后来265年统治的基本社会框架。

大坂夏之阵结束后还不到一年，元和二年（1616）正月，德川家康在外出放鹰之后病倒，其病因据说是吃了"鲷鱼天麸罗"导致消化不良。

所谓鲷鱼天麸罗，就是用鲷鱼裹上面粉做成的油炸食品，当时在京都极为流行。豪商第三代茶屋四郎次郎清次将它推荐给了家康。此前许多年来家康一直吃的都是清淡朴素的食物，这一次却因鲷鱼天麸罗实在过于鲜美而放开胃口大吃，最终导致一病不起。

迁延了三个月后，德川家康于4月17日上午10时左右，在骏府城去世，享年75岁。死后他获得了神号："东照大权现"。后世的德川将军为了纪念德川家康，在下野的日光山建起一座富丽辉煌的"东照宫"。

织田信长、武田信玄、上杉谦信、北条氏康这些盖世名将，享年往往也就50岁左右，丰臣秀吉也仅活了62岁。德川家康75岁的享年，在整个日本战国时代的人物中，都是极为罕见的。

◇ 东照宫内的德川家康神像

这个靠寿命活过武田信玄、活过织田信长、活过丰臣秀吉，最后夺取了天下的伟人，留下了一句蕴含着他一生智慧的名言："人生如负重而行远，欲速则不达。"